Reihe

medien
SKRIPTEN

Beiträge zur Medien- und Kommunikationswissenschaft

Herausgeber: Michael Schenk

Band 35

Stefan Schirmer

Die Titelseiten-Aufmacher der BILD-Zeitung im Wandel

Eine Inhaltsanalyse unter Berücksichtigung von

Merkmalen journalistischer Qualität

Verlag Reinhard Fischer
MÜNCHEN

Die Deutsche Bibliothek - CIP-Einheitsaufnahme

Schirmer, Stefan:
Die Titelseiten-Aufmacher der BILD-Zeitung im Wandel / Eine Inhaltsanalyse unter Berücksichtigung von Merkmalen journalistischer Qualität. - München: R. Fischer, 2001
(Reihe Medien Skripten; Bd. 35)

ISBN 3-88927-286-X

Redaktion **medien** SKRIPTEN
Prof. Dr. Dr. Michael Schenk
Universität Hohenheim
Lehrstuhl für Kommunikationswissenschaft
Postfach 70 05 62
70593 Stuttgart

ISBN 3-88927-286-X

Druck und Bindung: Novotny, Söcking

Inhalt

III. EMPIRISCHER TEIL

VERZEICHNIS DER TABELLEN UND ABBILDUNGEN

Tabellen

Abbildungen

Einleitung

1. Fragestellung

„Der Erfolg der Bild-Zeitung ist beispiellos"[1], schrieb Hans Magnus Enzensberger vor einigen Jahren. Nur der Versandhaus-Katalog der Firma „Quelle" sei in der Bundesrepublik ähnlich „ubiquitär verbreitet"[2]. Unter Deutschlands Tagespresse ist die Auflage von BILD hingegen konkurrenzlos: Sie liegt zur Zeit bei rund 4,4 Millionen Exemplaren. Als reichweitenstärkste Tageszeitung auf dem europäischen Kontinent wird BILD täglich von mehr als 11 Millionen Menschen gelesen, das entspricht etwa einem Fünftel der deutschen Bevölkerung.[3] Die „Zeitung der Superlative"[4] ist Deutschlands einziges Boulevardblatt, das überregional vertrieben wird.

Nicht nur wegen ihrer riesigen Verbreitung nimmt die Publikation aus dem Springer-Verlag eine Sonderstellung ein. „Die ‚Bild'-Zeitung hat die bundesdeutsche Presse geprägt wie kaum eine andere. Und sie ist hinsichtlich ihrer Machart und ihres Einflusses auch so umstritten wie kaum eine andere deutsche Zeitung."[5] Kritisiert wurde beispielsweise immer wieder ihr berufsethisch bedenklicher Umgang mit Fakten oder mit den Persönlichkeitsrechten von Menschen.[6] Mit welchen publizistischen Mitteln es BILD gelingt, ihre riesige Leserschaft zu gewinnen und zu halten, wurde dagegen relativ selten systematisch untersucht.[7] An dieser Stelle setzt das Forschungsinteresse der vorliegenden Inhaltsanalyse der Titelseiten-Aufmacher von BILD an. Ausgangspunkt ist ein Spezifikum der Boulevardpresse: Weil deren Vertrieb fast ausschließlich auf dem Straßenverkaufsprinzip beruht, müssen diese Publikationen Tag für Tag „eine besonders attraktive Me-

[1] Enzensberger, Hans Magnus: Der Triumph der BILD-Zeitung oder Die Katastrophe der Pressefreiheit, in: Merkur (1983) 6, S. 651-659, hier: S. 653.

[2] Ebd., S. 657.

[3] Die Reichweite von BILD liegt derzeit bei 18 Prozent der Gesamtbevölkerung über 14 Jahre. Vgl. o.V.: „Bild" liegt an der Spitze, in: Journalist (2000) 1, S. 6.

[4] Sontheimer, Michael: Ein hartes Blatt. Journalismus an der Grenze der Geschmacklosigkeit, in: Spiegel Special (1995) 1: Die Journalisten, S. 38-43, hier: S. 38.

[5] Pürer, Heinz; Raabe, Johannes: Medien in Deutschland. Bd. 1: Presse. 2., korr. Aufl., Konstanz 1996, S. 174.

[6] Siehe hierzu die Ausführungen in ▸ KAPITEL 4.4.

[7] So bemerkt etwa ALBRECHT, dass die über Jahrzehnte ideologisch ausgerichtete Kritik an BILD die „Klärung wesentlicher Mechanismen dieses BILD-‚Erfolgs'" behindert habe. Vgl. Albrecht, Richard: Bild-Wirkung - Annäherung an die Wirksamkeit einer Institution, in: Neue Politische Literatur (1982) 3, S. 351-374, hier: S. 352.

dienleistung ausweisen, [...] Lese- und Kaufmotivation wecken."[8] In diesem Zusammenhang ist vornehmlich die Titelseite, welche an Verkaufsstellen präsentiert wird, von Belang. Ihr Inhalt und ihre Aufmachung dienen dazu, den potentiellen Kunden schon von Weitem auf der Straße „unmittelbar zu erregen, ihn spontan zu ergreifen und zu fesseln, ihn ‚anzuspringen'"[9]

Vor allem mit Hinweis auf seine Schlagzeile wird dem **Titelseiten-Aufmacher** eine herausragende Bedeutung bei der Erzeugung von Interesse beim Leser beigemessen.[10] Unter dem Aufmacher versteht man die Meldung mit der größten Überschrift (Schlagzeile), die meist am Kopf einer Zeitung steht und die wichtigste, interessanteste Nachricht ankündigt.[11] Während die Gestaltung der Schlagzeile schon einige Male Gegenstand wissenschaftlicher Untersuchungen war[12], fehlen hingegen systematische Analysen, die das *Gesamtphänomen* Aufmacher in der Boulevardpresse thematisieren.[13] Daran knüpfen sich in erster Linie Fragen nach typografischen Gestaltungsmitteln, nach der Verwendung von Fotos oder nach den inhaltlichen Selektionskriterien, die den Aufmacher als wichtigsten Beitrag, als „kommerzielle ‚Waffe'"[14] einer Boulevardzeitung, auszeichnen. Auch die konkrete Bedeutung der Schlagzeile innerhalb des Gesamtbeitrags soll in dem Zusammenhang betrachtet werden.

Die vorliegende Arbeit geht der Frage nach, welche **Auswahl- und Gestaltungsmerkmale beim BILD-Aufmacher** eine zentrale Rolle spielen. Für ihre systematischen Betrachtung ist es sinnvoll, zwischen **inhaltlichen**, **formalen** und **sprachlichen Merkmalen** zu unterscheiden. Als Untersuchungszeitraum wurde die Periode seit der Gründung von BILD bis zum Beginn der Untersuchung (Ende 1999) bestimmt.[15] Die Auswahl folgt der

---

[8] Saxer, Ulrich u.a.: 20 Jahre Blick. Analyse einer schweizerischen Boulevardzeitung, Zürich 1979, S. 5f.

[9] Ebd., S. 5. Der Autor bezieht sich insbesondere auf die Aufmacher-Schlagzeile.

[10] Vgl. ebd., S. 128-131.

[11] Vgl. die genauere Darstellung in ▸ KAPITEL 2.1. Dort wird die besondere Bedeutung des Aufmachers zusammenhängend erläutert.

[12] Vgl. einführend: Büscher, Hartmut: Emotionalität in Schlagzeilen der Boulevardpresse. Frankfurt (M.) u.a. 1996. Die Konzentration auf die Schlagzeile wird den komplexen Präsentationstechniken von Boulevardblättern jedoch nicht gerecht, blendet sie doch weitere, mit der Schlagzeile zusammenhängende Gestaltungselemente (Bilder, Farbe etc.) aus.

[13] Neben der Arbeit von Saxer u.a. (1979) über die schweizerische Boulevardzeitung „Blick", die in geringem Umfange auch Gestaltungsmerkmalen beim Aufmacher analysierte, sind dem Verfasser keine Arbeiten speziell über den Boulevard-Aufmacher im deutschsprachigen Raum bekannt.

[14] Starkulla, Heinz: Marktplätze sozialer Kommunikation. Bausteine zu einer Medientheorie, München 1993, S. 88.

[15] Vgl. hierzu den Methodenteil in ▸ KAPITEL 6 und 7.

Forderung von SAXER U.A.: „Will die Boulevardpresse-Forschung zu sachgerechten, allgemeinen Resultaten kommen, so muss sie vermehrt [...] zeitliche Vergleiche anstellen.“[16]

Daneben ist ein zweites Hauptmotiv zu nennen: Vor allem in der Medienkritik wird seit einiger Zeit die These vertreten, BILD habe sich in den 90er Jahren grundlegend verändert, eine „Abkehr vom Haudrauf-Journalismus“[17] des Prinzips *Sex and Crime* vollzogen. Als Grund wird meist die Boulevardisierung der Medienwelt und vor allem die starke Konkurrenz durch das Fernsehen angeführt.[18] Innerhalb der Trendanalyse der BILD-Aufmacher erschien es reizvoll, diese These empirisch zu überprüfen. Der Aufmacher ist ein geeigneter Indikator, denn er ist das prägnanteste Fallbeispiel für die Methoden des „Haudrauf-Journalismus“. Eine Veränderung müsste sich gerade in diesem Bereich ablesen lassen.

Alles in allem lautet die übergeordnete Forschungsfrage: **Wie hat sich die Selektion und Gestaltung des Titelseiten-Aufmachers in der BILD-Zeitung seit ihrem Bestehen gewandelt?**

2. Forschungsstand

Boulevardzeitungen sind für viele Menschen Bestandteil ihres Alltags. In Deutschland erreicht dieser Pressetyp täglich zwischen 15 und 20 Millionen Leser, etwa ein Viertel der Bevölkerung.[19] Boulevardzeitungen prägen das Straßenbild, vor allem in den größeren Städten. Durch ihre plakative und „schlagende, schreiende Aufmachung“[20] sind sie an zahlreichen Kiosken oder Verkaufsständern weithin sichtbar. An mehr als 100.000 Verkaufsstellen wird allein BILD hierzulande angeboten.[21]

Die Bedeutung dieses Zeitungstyps im Alltag steht in einem auffälligen Missverhältnis zu seiner Beachtung in der Kommunikationswissenschaft. Bereits Ende der 70er Jahre stellten SAXER U.A. fest, die Boulevardpresse würde im Fach „ignoriert oder zumindest vernachlässigt“[22]. Unlängst kamen

[16] Saxer u.a. (1979), S. 15.
[17] Koschnick, Wolfgang J.: Abkehr vom Boulevard, in: journalist (1998) 11, S. 12-22, hier: S. 16f.
[18] Vgl. hierzu ausführlich KAPITEL 4.5.
[19] Vgl. Schneider, Wolf; Raue, Paul-Josef: Handbuch des Journalismus, Reinbek 1996, S. 126.
[20] Starkulla (1993), S. 88.
[21] Vgl. Axel-Springer-Verlag (Hrsg.): Ein Bild von BILD, Hamburg 1996, S. 14.
[22] Saxer u.a. (1979), S. 1.

BRUCK & STOCKER zu dem gleichen negativen Ergebnis: Den „Mangel an systematischer Beschreibung und Analyse“ der Straßenverkaufspresse[23] deuten sie damit, dass „zur allgemeinen forscherischen Vernachlässigung des Trivialen und Populären noch seine tendenzielle Verachtung [kommt]: Die Durchsetzung mit Kommerz erregt Abneigung und Abqualifizierung.“[24]

Daher ist es nicht verwunderlich, dass es zum Aufmacher in der Boulevardpresse kaum Forschungsliteratur gibt. Wie erwähnt war am ehesten noch die Schlagzeile dieses Zeitungstyps Gegenstand wissenschaftlicher Arbeiten. Hier sind hauptsächlich die Studien von MITTELBERG (1967), BÜSCHER (1996) und VOSS (1999) zu nennen.[25] Mangels anderer theoretischer Grundlagen greift diese Studie an vielen Stellen auf die einschlägige Praktikerliteratur zurück.

3. Gliederung der Arbeit

- Der Theorieteil folgt dem übergeordneten Prinzip, vom Allgemeinen zum Speziellen fortzuschreiten. So steht am Anfang ein Abschnitt über den Zeitungstyp, der für diese Arbeit den theoretischen Rahmen setzt: die **Boulevardpresse**. In diesem Zusammenhang werden wesentliche Merkmale dieser Gattung definiert, ihre Entstehung sowie Aspekte ihrer Funktion betrachtet.
- Die folgenden beiden Kapitel beschäftigen sich mit dem **Titelseiten-Aufmacher**. Nach einer allgemeinen Definition und Funktionsbeschreibung wird speziell seine Hauptaufgabe in der Boulevardpresse erörtert, nämlich die Herstellung von Aufmerksamkeit. Welche **journalistischen Techniken** dazu dienen können, die Aufmerksamkeit potentieller Leser zu erregen, betrachtet Kapitel 3. Hierbei geht es ebenso um inhaltliche

---

[23] Zur Unterstützung dieser These sei auch darauf hingewiesen, dass z.B. das umfangreiche „Fischer Lexikon Publizistik - Massenkommunikation" zum Begriff „Kaufzeitungen“ zwar sieben (1989: vier) Einträge verzeichnet, es handelt sich dabei aber nur um bloße Nennungen ohne nähere Erläuterung. Vgl. Noelle-Neumann, Elisabeth; Schulz, Winfried; Wilke, Jürgen (Hrsg.): Fischer Lexikon Publizistik - Massenkommunikation. Frankfurt (M.) 1997, S. 661.

[24] Beide Zitate sind entnommen: Bruck; Stocker (1996), S. 10f. Im gleichen Sinne hatten LANGENBUCHER & MAHLE bereits in den 70er Jahren gefordert, dass „der Sozialforscher sich ebenso wenig auf die Elitekultur beschränken [darf] wie der Zoologe auf ‚schöne Tiere’. Langenbucher, Wolfgang R.; Mahle, Walter: Unterhaltung als Beruf. Herkunft, Vorbildung, Berufsweg und Selbstverständnis einer Berufsgruppe. Berlin 1974, S. 12.

[25] Vgl. die Diskussion des mangelhaften Forschungsstandes in: Büscher (1996), S. 8f.

Gesichtspunkte (z.B. Nachrichtenwerte) wie um formale und sprachliche Aspekte.

- In einem nächsten Schritt werden relevante Aspekte die **BILD-Zeitung** vorgestellt, darunter die Grundzüge ihrer konzeptionellen Entwicklung (zum Beispiel ihre vorübergehende Politisierung in den 60er Jahren) sowie zentrale Merkmale ihrer Leserschaft. Zudem wird die These von der Wandlung der BILD-Zeitung in den 90er Jahren dargelegt. Der letzte Teil des Kapitels zeigt, wie der **BILD-Aufmacher** redaktionell hergestellt wird.
- Abschließend wird die Perspektive um den Bereich **Journalistische Qualität** erweitert. Kapitel 5 entwickelt ein Modell, mit dem die erwähnte „Wandlungs-These" einer empirischen Prüfung unterzogen wird.
- Im **empirischen Teil** wird konventionell vorgegangen: Nach der Darlegung des Forschungsinteresses und des methodischen Vorgehens werden die Ergebnisse der Inhaltsanalyse vorgestellt und interpretiert.

★★★

Die vorliegende Untersuchung entstand 1999/2000 als Diplomarbeit am Institut für Kommunikationswissenschaft (Zeitungswissenschaft) der Ludwig-Maximilians-Universität München. Sie wurde für die Buchfassung im März 2001 teilweise aktualisiert.

An dieser Stelle bedanke ich mich bei Prof. Dr. Heinz Pürer, Dr. Thomas Knieper sowie Dr. Ute Nawratil für ihre fachliche und moralische Unterstützung. Herzlich dankbar bin ich auch Dirk von Gehlen, Ania Mauruschat und allen anderen, die mir behilflich waren.

I. Boulevardpresse

„... keine Ehe, sondern ganz auf freie Liebe gestellt.“[26]

Walter LIPPMANN über das Verhältnis zwischen Boulevardzeitung und Leser

1.1 Zeitung

Bevor es um die Boulevardpresse geht, soll zunächst der Überbegriff „Zeitung“ definiert werden. Eine klassische Definition stammt von DOVIFAT & WILKE: „Die Zeitung vermittelt jüngstes Gegenwartsgeschehen in kürzester regelmäßiger Folge der breitesten Öffentlichkeit.“[27] Damit werden implizit einige **Grundmerkmale** der Zeitung genannt: *Aktualität*, *Periodizität* und *Publizität.* Ein weiteres Merkmal ist die *Universalität*, d.h. die Nachrichtenübermittlung ist nicht auf bestimmte Stoff- und Lebensgebiete begrenzt.[28] Zeitungen zeichnen sich auch dadurch aus, dass sie *disponibel* sind, im Grunde unabhängig von Ort und Zeit nutzbar.[29]

Eine **Typologie von Zeitungen** orientiert sich üblicherweise an folgenden vier Unterscheidungskriterien: an der *Erscheinungshäufigkeit* (Tages- oder Wochenpresse), dem *Verbreitungsgebiet* (lokal, regional oder überregional verbreitete Blätter), an der *politischen Richtung* (unabhängige Zeitungen versus Parteipresse) sowie an der *Vertriebsart* (Abonnement- oder Straßenverkaufszeitungen).[30]

---

26 Zit. nach Dovifat, Emil: Der amerikanische Journalismus, hrsg. von Stephan Ruß-Mohl, Berlin 1990, S. 85.

27 Dovifat, Emil; Wilke, Jürgen: Zeitungslehre I: Theoretische und rechtliche Grundlagen. Nachricht und Meinung. Sprache und Form. 6., neu bearb. Aufl., Berlin; New York 1976, S. 17.

28 Vgl. Groth, Otto: Vermittelte Mitteilung: Ein journalistisches Modell der Massenkommunikation, hrsg. von Wolfgang R. Langenbucher, München 1995, S. 20- 57.

29 Vgl. Pürer; Raabe (1996), S. 26.

30 Vgl. ebd. Die Autoren nennen noch weitere Termini von Zeitungsarten (z.B. Heimat- oder Kirchenzeitung), die typologisch schwerer einzuordnen sind. Zu den Anfängen der periodischen Presse und der Ausdifferenzierung des Pressewesens in der Folgezeit siehe ebd., S. 15-23.

1.2 Boulevardzeitung

Für den Terminus Boulevardzeitung[31] bzw. Boulevardpresse sind mehrere, etwa gleichbedeutende Begriffe im Umlauf: „Straßenverkaufs-“ bzw. „Kaufzeitung“, „Markt-“ oder „Geschäftspresse“, „Massenbildpresse“, „Sensationspresse“ sowie „populäre Presse“.[32] Schon die Vielzahl der Begriffe für diesen Zeitungstyp zeigt, dass es schwierig ist, eine eindeutige Definition zu finden. RÜHL konstatiert, als „Mischtyp“ hätten Straßenverkaufszeitungen „den Typologen der Zeitungs- und Publizistikwissenschaft stets Kopfzerbrechen verursacht.“[33] Noch am ehesten den Ansprüchen an eine Definition gerecht wird die vielzitierte Version von KOSZYK & PRUYS. Zur Boulevardpresse zählen sie

> „jene Periodika, die vorwiegend auf der Straße zum Verkauf angeboten werden, eine betont populär-sensationelle Aufmachung (Balkenüberschriften, großflächige Fotos etc.) haben, den Leser durch schockierende Stories ansprechen wollen *(sex, crime, war)* und sich häufig bewußt einer sehr direkten Ausdrucksweise bedienen, die nicht selten die Vulgärsprache zu übertreffen sucht, um Neugier, Sensationshunger und Nervenkitzel einer bei der Lektüre kaum verharrenden Leserschaft permanent zu wecken und zu befriedigen.“[34]

Freilich wird diese Kurzform einer umfassenden Einordnung des Phänomens Boulevardpresse nicht gerecht. Der folgende Abschnitt entwickelt daher einen Katalog wesentlicher Merkmale von Boulevardpresse. Der Charakter von Boulevardpresse als Unterhaltungsmedium wird im Kontext von Medienfunktionen gesondert betrachtet (▸ KAPITEL 1.3). Konsequenzen der Vertriebsform speziell für den Titelseiten-Aufmacher von Boulevardzeitungen erörtert ▸ KAPITEL 2.

---

[31] Die Arbeit bevorzugt den Terminus Boulevardzeitung, da er der geläufigste ist und nicht inhaltlich verengt (wie z.B. „Sensationspresse“) oder wenig spezifisch erscheint („Kaufzeitung“). Im Dienste der sprachlichen Variation werden gelegentlich die Synonyme gebraucht.

[32] Vgl. Nussberger, Ulrich: Das Pressewesen zwischen Geist und Kommerz, Konstanz 1984, S. 27-29; Dovifat, Emil: Boulevard-Presse, in: Heide, Walter (Hrsg.): Handbuch der Zeitungswissenschaft, Bd. 1, Leipzig 1940, S. 645-651; Reumann, Kurt: Journalistische Darstellungsformen, in: Noelle-Neumann, Elisabeth; Schulz, Winfried; Wilke, Jürgen (Hrsg.): Fischer Lexikon Publizistik - Massenkommunikation, Frankfurt (M.) 1997, S. 91-116, hier: S. 115.

[33] Rühl, Manfred (Buchbesprechung), in: Publizistik (1981) 2, S. 294-296, hier: S. 294.

1.2.1 Vertrieb

Als Kernkriterium für die Aufteilung von Zeitungen in Abonnenten- und Boulevardblätter gilt üblicherweise der Anteil der festen Abonnenten an der Verkaufsauflage.[35] Boulevardzeitungen werden zu einem ganz überwiegenden Teil im Einzelverkauf abgesetzt, bei deutschen Straßenverkaufszeitungen z.B. liegt der Einzelverkaufsanteil bei 98 Prozent.[36] Der Vertriebsapparat dieser Blätter, die meist billiger als Abonnementzeitungen sind, umfasst den Verkauf in Tabak-, Buch-, Schreibwaren- und Gemischtwarenläden sowie den Absatz auf der Straße, sei es an Kiosken, durch Straßenverkäufer („fliegende Händler") oder durch Verkaufsständer, auch „stumme Verkäufer" („Zeitungshalbautomaten") genannt.[37] Hier bleibt anzumerken, dass der Einzelverkauf vielfach die *landesübliche* Distributionsart ist.[38]

Aufgrund ihrer Vertriebsform unterliegt die Boulevardpresse permanent einem spezifischen „ökonomischen Imperativ"[39]: Weil dieser Typ Presse nicht auf stabile, über Anlieferverträge gebundene Leserstämme zurückgreifen kann, muss er für jede Ausgabe stets wieder um Aufmerksamkeit werben, neuerlich zum Kauf überreden bzw. regelmäßige Käufer bei der Stange halten.[40] Das Verhältnis zwischen Zeitung und Leser ist, mit den Worten von Walter LIPPMANN, „keine Ehe, sondern ganz auf freie Liebe gestellt."[41] Maßgeblich für den kommerziellen Erfolg einer Zeitung ist in erster Linie

---

34 Koszyk, Kurt; Pruys, Karl Hugo (Hrsg.): Wörterbuch zur Publizistik, 3. Aufl., München 1973, S. 61 (Hervorhebung im Original).

35 Typologisierungen arbeiten meist mit der Bezeichnung „überwiegend"; die Marke von 50 Prozent gilt als Scheidepunkt. Die meisten Boulevardblätter haben keinen bzw. einen marginalen Stamm fester Abonnenten. Vgl. Wilke, Jürgen: Presse, in: Noelle-Neumann u.a. (1997), S. 382-417, hier: S. 393.

36 Der Wert ist seit Jahrzehnten konstant. Vgl. BDZV (Hrsg.): Zeitungen `98, Bonn 1998, S. 70.

37 Vgl. Ossorio-Capella, Carles: Der Zeitungsmarkt in der Bundesrepublik Deutschland, Frankfurt (M.) 1972, S. 96.

38 So überwiegt z.B. in Großbritannien, Frankreich und den USA bei weitem der Einzelverkauf. Vgl. Faulstich, Werner: Zeitung, in: Ders. (Hrsg.): Grundwissen Medien, 2. verb. Aufl., München 1995, S. 362-375, hier: S. 373.

39 Der Begriff ist entlehnt: Weischenberg, Siegfried: Journalistik. Theorie und Praxis aktueller Medienkommunikation. Bd.2: Medientechnik, Medienfunktionen, Medienakteure, Opladen 1995, S. 237.

40 Die Risiken dieser Produktpolitik zeigen sich etwa an der Remissionsquote. Das ist der Anteil der im Einzelverkauf angebotenen aber nicht abgesetzten Exemplare. Die Quote liegt bei deutschen Kaufzeitungen zwischen 10 und 20 Prozent - bei Abo-Zeitungen hingegen selten über 2 Prozent. Vgl. Schütz, Walter J.: Pressewirtschaft, in: Noelle-Neumann u.a. (1997), S. 452-475, hier: S. 459.

41 Zit. nach Dovifat (1990), S. 85.

die Höhe ihrer verkauften Auflage.[42] Das ergibt sich aus der zweigeteilten Erlösstruktur beim „Koppelprodukt“[43] Zeitung: Außer durch den Verkaufspreis erwirtschaftet die Presse einen Großteil der Einnahmen durch den Verkauf von Anzeigenfläche und den Transport von Werbebeilagen. Diese Erlöse wiederum hängen, neben der Reichweite – der maximalen Leserzahl eines Mediums, primär mit der Auflagenhöhe zusammen. Bei deutschen Kaufzeitungen stammt der Umsatz derzeit etwa zur Hälfte aus Vertrieb und Anzeigen. Dagegen beträgt die Relation bei Abonnementzeitungen rund ein Drittel (Umsatz aus Vertrieb) zu zwei Dritteln (aus Anzeigen).[44]

Für den Kontext dieser Arbeit bleibt festzuhalten: Weitaus mehr als die Abonnentenpresse sind Kaufzeitungen „jeden Tag von der Auflösung bedroht, dann nämlich, wenn keine oder zu wenige Käufer/Leser ihrem Appell Folge leisten und hierauf auch die Inserenten sich verflüchtigen.“[45]

1.2.2 Boulevard-Themen

Mit Blick auf ihr Themenspektrum schrieb DOVIFAT 1930 über die Boulevardpresse: „Wer auf ihre Lektüre allein angewiesen ist, würde glauben, das Leben sei eine Kette von Verbrechen, Selbstmorden, Schändungen, Ehebrüchen, Korruptionen, Unterschleifen und Sittlichkeitsverbrechen, knapp verbunden mit einigen Sportrekorden und der Anbetung ihrer Helden.“[46] Nimmt man der Aussage ihre polemische Spitze, so bleibt eine Tatsache: Was die Themenauswahl angeht, so rangiert in der Boulevardpresse das Kriterium **Publikumsinteresse** weit vor dem Faktor **Bedeutung**.[47]

Den höchsten Stellenwert haben demnach Themen aus der Sparte *Sex and Crime* – ein Begriff, der geradezu ein Synonym für Boulevardjournalismus geworden ist: Verbrechen aller Art, Skandale und Katastrophen, Klatsch und Sensationen, weitest möglich personalisiert und mit dem Attraktivitäts-

---

[42] Zu weiteren Erfolgsfaktoren, wie sie vor allem in der Mediaplanung eine Rolle spielen (z.B. Leser-Blatt-Bindung, Produktimage, etc.) siehe Stahmer, Frank: Ökonomie des Presseverlages, München 1995.

[43] Pürer; Raabe (1996), S. 204. Einführend zu den wirtschaftlichen Grundlagen der Presse siehe: ebd., S. 200-230.

[44] Vgl. Schütz (1997), S. 464f.

[45] Saxer u.a. (1979), S. 20.

[46] Dovifat, Emil: Auswüchse der Sensations-Berichterstattung, Stuttgart 1930, S. 24.

[47] Zu den aus der US-Nachrichtenwertforschung abgeleiteten Kriterien Publikumsinteresse *(reader interest)* und Bedeutung *(importance)* vgl. Weischenberg, Siegfried: Nachrichtenschreiben. Journalistische Praxis zum Studium und Selbststudium, 2. durchges. Aufl., Opladen 1990, S. 18.

faktor Prominenz[48] angereichert, nehmen in Boulevardblättern einen ebenso breiten wie formal hervorgehobenen Raum ein.[49] Hinzu gesellen sich auffallend oft Themen aus dem Bereich Sport, „der mit seinen ewig wiederkehrenden Geschichten von Siegen und Niederlagen der Alltagswelt Spannung verleiht und dem Ablenkungs- und Unterhaltungsbedürfnis entgegenkommt.“[50] BÜSCHER resümiert:

> „Außer über die vom Leser verehrten Idole (Film- und Fernseh-‚Stars', Angehörige europäischer Königshäuser, Sporthelden usw.) wird häufig über höchst Romantisches, Ungewöhnliches, Pikantes oder moralisch Verwerfliches aus dem Bereich ‚Liebe und Sexualität', über besonders Niedlich-Fragiles (Babys, Haustiere usw.) sowie über besonders Entsetzliches oder Trauriges (Gewalt, Verbrechen, Krankheit, Tod usw.) berichtet – oft auch kombiniert (kranke Idole, Sex mit Babys usw.) –, wobei gern das individuell Schicksalhafte oder das (vermeintlich) Sensationelle hervorgehoben und all dies soweit möglich als Geschichte (vgl. ‚human interest story') dargeboten wird.“[51]

Sogenannte **„harte“ Themen** aus den klassischen Ressorts Politik, Wirtschaft oder Kultur, mit denen Abonnementzeitungen traditionell einen erheblichen Teil ihrer Berichterstattung bestreiten, werden von der Boulevardpresse zwar aufgegriffen; sie sind aber tendenziell von nachrangiger Bedeutung. Ihre Abhandlung geschieht meist oberflächlich und knapp.[52]

1.2.3 Präsentation

Unter den Aspekt „Präsentation“ fällt sowohl die formale als auch die sprachliche Art der Darstellung. Ursächlich ist auch hier das Bemühen um die maximale Verkäuflichkeit der Zeitung. Daraus leitet sich das Gebot einer möglichst attraktiven, schnell und leicht konsumierbaren Gestaltung ab, vor allem auf der Titelseite: An Verkaufsstellen weithin sichtbar zur Schau gestellt, sollen ihre Inhalte Hinwendung erzeugen. Grundsätzlich wird der Leser „nicht verstandesmäßig angesprochen, sondern über das Auge und

[48] Zu Nachrichtenfaktoren wie Personalisierung und Prominenz vgl. ▸ KAPITEL 3.1.

[49] Zu den typischen Themen der Boulevardpresse vgl. etwa Nusser, Peter: Trivialliteratur, Stuttgart 1991, S. 144; sowie: Bruck; Stocker (1996), S. 22f.

[50] Ebd., S. 23. Zur besonderen Relevanz von Sportberichterstattung als „Verkaufsfaktor“ in der Boulevardpresse vgl. Eilers, Jürgen: Sport in 12 Cicero: Gesetze der Boulevardpresse, in: Hackforth, Josef; Weischenberg, Siegfried (Hrsg.): Sport und Massenmedien, Bad Homburg 1978, S. 215-224.

[51] Büscher (1996), S. 12. Einige diskursive Strategien der Boulevardpresse, die der Autor hier andeutet, werden in einem der folgenden Abschnitte noch ausführlicher betrachtet.

[52] Vgl. Saxer u.a. (1979), S. 6; Bruck; Stocker (1996), S. 22f.

mit Gefühlen."[53] Gerade die Emotionalisierung in Text und Bild ist ein konstitutives Merkmal der Kaufzeitung. „Boulevard-Presse erlaubt sich ständig Emotionalität, erlaubt sich mit jeder Schlagzeile, mit jeder Art des Textes, zu rühren, Wut, Empörung [...], Mitleiden hervorzurufen."[54]

Die **grafische Gestalt** der Boulevardzeitung kann man als reißerisch und plakativ beschreiben. Dieser Eindruck entsteht durch den großflächigen Einsatz von Typografie und Farbe in einem „platzverschlingenden"[55] Layout: überdimensionierte, fette Überschriften sowie farbige (häufig rote) Raster und Linien dienen als Augenfang und zur schnellen Identifizierung dieses Zeitungstyps. Hinzu kommt vor allem eine ausführliche, um Aufmerksamkeit heischende Bebilderung: „Boulevardzeitungen [...] arbeiten mit größeren Bildern und messen ihnen einen höheren Stellenwert zu als Abonnementzeitungen."[56] Dagegen ist der Textumfang relativ gering. Untersuchungen bei britischen Boulevardblättern ergaben, dass etwa 60 Prozent ihres Inhalts aus dem angesprochenen „look at"-Material bestehen.[57]

Während die Aufteilung und Anordnung des Stoffes bei Abonnementzeitungen überwiegend nach Sachgebieten und der nachrichtlichen Bedeutung erfolgt, richtet sie sich bei der Kaufzeitung meist nach der Eindrücklichkeit, nach ihrer optischen Opulenz: Elemente werden kaleidoskopartig nach dem Prinzip Attraktivität sortiert.[58] Die formale Gestaltung passt sich dem Lesemodus des raschen Überfliegens an.

Die **Sprache** in Boulevardzeitungen ist auf Simplifizierung und Alltagsnähe hin angelegt. Denn „für ein breites, nicht kategorial anvisiertes Publikum müssen Texte so zubereitet werden, daß die Rezipienten keinen kognitiven Aufwand leisten müssen, daß ihr Interesse und ihre Neugier geweckt werden und daß keine Langeweile entsteht."[59] Die Leser finden dementspre-

---

53 Schulte-Willekes, Hans: Schlagzeile. Ein „BILD"-Reporter berichtet. Reinbek 1977, S. 18.

54 So die frühere stellvertretende BILD-Chefredakteurin Eva Kohlrusch, zit. nach: Boulevard-Zeitungen – Zwischen Geschäft und Verantwortung. Auszüge aus der Diskussion, in: Medientage München 1991 Dokumentation, München 1992, S. 188-204, hier: S. 190.

55 Bruck; Stocker (1996), S. 20.

56 Hermann,Viktor: Elektronik in der Redaktion, in: Pürer (1996), S. 264-272, hier: S. 266.

57 TUNSTALL spricht von „about 60% of a tabloid's content". Wahrscheinlich ist damit eine Flächenrelation gemeint. Als „look at material" werden hier in erster Linie Fotos, Headlines und Cartoons verstanden. Vgl. Tunstall, Jeremy: The Media in Britain, New York 1983, S. 134.

58 Vgl. Nusser (1984), S. 147.

59 Schwitalla, Johannes: Textsortenwandel in den Medien nach 1945 in der Bundesrepublik Deutschland. Ein Überblick, in: Biere, Bernd Ulrich; Henne, Helmut (Hrsg.): Sprache in den Medien nach 1945, Tübingen 1993, S. 1-29, hier: S. 7.

chend ein vertrautes wie reizstarkes Vokabular vor. Die Sprache wird charakterisiert durch eine hohe Verständlichkeit und vielfältige emotionalisierende Aussageweisen.[60]

1.2.4 Diskursive Strategien

Kaufzeitungen kultivieren in der Berichterstattung bestimmte Erfahrungswelten. Diese entstehen, indem narrative Ur- und Grundmuster ständig aktualisiert und variiert werden: „Simplifizierung, die Konstruktion von übersichtlichen Weltbildern und die Redaktion komplexer, unpersönlicher gesellschaftlicher Vorgänge auf das anschauliche Handeln einzelner Personen, die dann der moralischen Bewertung durch die Zeitung unterliegen, sind zentrale diskursive Strategien."[61]

Das **Eindampfen von Sachverhalten auf das Einfache, Konkrete und Vertraute** soll einerseits sicherstellen, dass Boulevardzeitungen ihre Leser nicht kognitiv überfordern. Boulevardeske Erzählstrukturen sollen zudem emotionale Anteilnahme – von Freude bis tragische Erregung – beim Leser provozieren, ihm erlebnisstarke Gefühlswelten vermitteln. Aus **Trivialmythen** hinlänglich bekannte Handlungskerne in den Bereichen Liebe, Tod, Macht etc. werden aus dem Grund immer wieder recycelt.[62] Kritiker sehen darin den „krampfhaften" Versuch der populären Presse, „shakespearsche Größe in (ihre) Inszenierungen zu zwingen."[63]

Außerdem ist die Boulevardpresse bemüht, **emotionale Adäquanz**[64] herzustellen, d.h. sie interpretiert Sachverhalte oft in einer Weise, die Wertkonflikte zwischen Medium und Leser vermeiden und eine eindeutige Urteilsbildung erleichtern soll – nicht zuletzt durch eine mediale Darstellungen nach Schwarz-Weiß-Mustern. Diese Strategie erscheint besonders mit Bezug auf die klassische Theorie der Kognitiven Dissonanz (FESTINGER 1973) plausibel: Diese besagt, dass Medienkonsumenten bevorzugt Informationsangebote rezipieren, die ihren Grundüberzeugungen und Meinungen nicht

---

[60] Der Bereich Präsentation wird, im Zusammenhang mit der Aufmacher-Gestaltung in der Boulevardpresse, noch eingehender in den ▶ KAPITELN 2 und 3 betrachtet.

[61] Bruck; Stocker (1996), S. 25.

[62] Handlungskerne von Trivialmythen sind z.B.: die Erfüllung von Träumen, Rettung in letzter Minute, Bestrafung des Bösen, Liebe trotz Hindernissen, Rebellion im Zusammenhang mit Idealen, plötzliches Unglück, Machtanwendung gegen Unschuldige usw. Vgl. Saxer u.a. (1979), S. 167-169.

[63] Rust, Holger: Im Wechselbad von Spaß und täglicher Entrüstung, in: Rheinischer Merkur, 31.7.92.

[64] Vgl. Büscher (1996), S. 98f.

widersprechen.[65] Normativ bestimmend für das Weltbild der Boulevardpresse ist in der Regel die (vermutete) Meinung der Bevölkerungsmehrheit, die **Perspektive des „kleinen Mannes“**.[66] Sie wird von Kaufzeitungen nicht selten in populistischer Manier publizistisch bedient, durch eine „Inszenierung des gesunden Volksempfindens“[67]. In der Berichterstattung über Politik äußert sich das etwa in der Reduzierung komplexer Sachverhalte auf simple Schlagwortlosungen und -lösungen.

Unter den Gefühlen, welche die Boulevardpresse beim Leser herzustellen versucht oder die sie darstellt[68], spielt neben anderen starken Affekten wie Jubel und Angst die Emotionsfärbung **Empörung** eine zentrale Rolle.[69] Dieses Prinzip Medienpranger stillt soziale Bedürfnisse, wie BRUCK & STOCKER in ihrer Studie zur Rezeption der „Neuen Kronen Zeitung“ aus beobachtetem Leseverhalten schließen:

> „In der Empörung, die sich zumeist gegen das Fremde oder gegen die als gesellschaftlich mächtig Titulierten richtet, dreht sich die soziale Rangordnung der individuell erfahrenen Lebenswelt um. Im Gefühl der Empörung ist der/die Zeitungsleser/in im Besitz der Macht, indem er/sie die sonst Mächtigen oder scheinbar Mächtigen verurteilt und straft.“[70]

Die zuletzt genannten diskursiven Strategien muss man als Mittel zur Integration des Rezipienten in die Gemeinschaft der Leser ansehen; sie sind geeignet, Leser-Blatt-Bindung herzustellen bzw. zu vertiefen. Dem gleichen Zweck dienen auch semantische Strukturen der **Ab- und Ausgrenzung von**

---

[65] Indes gilt die Eindeutigkeit des Dissonanzmodells inzwischen als problematisch. Zu theoretischen und methodischen Defiziten des Modells vgl. Donsbach, Wolfgang: Medienwirkung trotz Selektion. Einflussfaktoren auf die Zuwendung zu Zeitungsinhalten, Köln u.a. 1991, S. 47-54.

[66] LUGER verwendet hier den treffenden Ausdruck „kleinbürgerliche Internationale“. Vgl. Luger, Kurt: Normalität als Ideologie. Die Lebenswelt der Kronen Zeitungs-Gemeinde, in: Bruck, Peter A. (Hrsg.): Die Mozart Krone. Zur Empörung eines Boulevardblattes und der medialen Konstruktion eines Kulturkampfes, Wien u.a. S. 53-64, hier: S. 64.

[67] Bürgi, Jürg (Hrsg.): BLICK - immer dabei. Die tägliche Inszenierung des gesunden Volksempfindens, Basel 1984. „Oberstes Gebot (einer Massenzeitung) ist die sogenannte Lesernähe, was nichts Anderes heisst als Meinungsbestätigung: Ziel ist, die Meinung der Mehrheit zu bestätigen.“ Strehle, Res: „Wichtig ist die Betroffenheit“, in: ebd., S. 122-140, hier: S. 124.

[68] Vgl. Saxer, Ulrich; Märki-Koepp, Martina: Medien-Gefühlskultur. Zielgruppenspezifische Gefühlsdramaturgie als journalistische Produktionsroutine, München 1992.

[69] Vgl. beispielhaft: Bruck (1991b).

[70] Bruck; Stocker (1996), S. 29.

„den Anderen“[71], beispielsweise die Produktion eines „Wir“-Gefühls durch die häufige Verwendung von Personalpronomen in der 1. Person Plural. Dadurch soll dem Leser unmittelbare Bestätigung zuteil werden. Ein ähnliches Integrations- und Bestätigungs-Prinzip steht auch etwa hinter der Tendenz, den sozialen Abstand zu statushohen (prominenten) Menschen zu verkleinern – sie als „Menschen wie du und ich“ zu präsentieren. Dieser Abbau von Rollendistanz geschieht beispielsweise über die Verwendung von Vor- und Kosenamen.[72]

1.3 Zur Entstehung und Geschichte der Boulevardpresse

Die Entwicklung der Boulevardpresse lässt sich in vier Phasen einteilen: Während die Anfänge der Sensationsberichterstattung ins 16. und 17. Jahrhundert zurückreichen und die Pioniere einer boulevardesken Massenpresse im 19. Jahrhundert zu finden sind, markiert der Beginn des 20. Jahrhunderts die erste Blüte der Boulevardpresse, die nach 1945 eine zweite Gründergeneration hervorbrachte.[73]

Bereits die „**Neuen Zeitungen**“ – ein- oder mehrseitige Drucke, die zwischen 1500 und 1700 erschienen – berichteten in sensationsheischender Weise über Kriege, Verbrechen, Hexenverfolgungen, Katastrophen oder seltsame Naturerscheinungen (Missgeburten, Blutregen etc.).[74] Die eigentlichen Anfänge der Boulevardpresse hängen eng mit dem Aufkommen der **Massenpresse** im 19. Jahrhundert zusammen. In den früh industrialisierten Metropolen der USA und Frankreichs kamen erstmals die Pioniere einer innovativen, über Anzeigen finanzierten Billigpresse in hoher Auflage auf den Markt: die sogenannten „**Penny Papers**“. 1833 etablierte Benjamin Day die „New York Sun“, die mit ihrem Preis vom einem (statt der üblichen

---

71 Eine Konkretisierung dieses abstrakten Konzepts liefert BÜSCHER (1996: S. 293-306). Demnach gehören zu den „Anderen“ aus BILD-Perspektive vor allem folgende Gruppen: [1.] „unmoralische“ bzw. sich sittenwidrig verhaltende Menschen; [2.] Intellektuelle (bzw. „Veränderer“) sowie [3.] durch Reichtum Privilegierte. Vgl. dagegen auch den Befund höherer Flexibilität in der Normenwelt von BILD bei: Vogtel, Roland: Die Gefühle der BILD-Zeitung, in: Psychologie und Gesellschaftskritik (1986) 1, S. 41-70.

72 Vgl. Saxer u.a. (1979), S. 72f. und S. 93.

73 Vgl. einführend: Bollinger, Ernst: Pressegeschichte II. 1840-1930: Die goldenen Jahre der Massenpresse, Freiburg (Schweiz) 1996; sowie: Saxer u.a. (1979), S. 10-14.

74 Siehe hierzu etwa die Beispiele in: Hortzitz, Nicoline: Von den unmenschlichen Taten des Totengräbers Heinrich Krahle zu Frankenstein. Und andere wahrhaftige „Neue Zeitungen“ aus der Frühzeit der Sensationspresse, Frankfurt (M.) 1997.

sechs) Cent den Zeitungsmarkt revolutionierte: Die „Penny Press“ machte den Bezug von Zeitungen für breitere Bevölkerungsschichten erschwinglich.[75] Auch der Journalismus wandelte sich tiefgreifend. Die „Sun“ minimierte die Politik-Berichterstattung; stattdessen ballten sich lokale Nachrichten über die Exzesse von Triebtätern, Trunken- und Raufbolden.[76] Damit wurde die „Human Interest Story“ im großen Stil eingeführt.[77]

■ Entstehungsursachen der Massenpresse

Zündend für die Entstehung der Massenpresse war die Idee, aus Zeitungen über Anzeigen finanzierte Billigprodukte zu machen. Freilich haben auch Fortschritte bei der mechanischen Massenproduktion von Texten und Grafiken (später auch bei Bildern) diesen Schritt begünstigt; ebenso das starke Bevölkerungswachstum und Urbanisierungstrends der damaligen Epoche.[78] Dass sich Massen- bzw. Boulevardpresse entwickeln konnte, hat darüber hinaus hauptsächlich drei Gründe:

1. Zensur und andere Methoden staatlicher Pressekontrolle wurden durch den Siegeszug der bürgerlichen Gesellschaft schrittweise abgebaut. Der hierbei entstandene Rechtsstaat brachte **Pressefreiheit** hervor.[79]
2. Zur Industrialisierung bedurfte es zahlreicher Arbeitskräfte, die wenigstens eine Basisbildung besaßen. Dies bewirkte eine **Alphabetisierungswelle** – und damit auch eine große Nachfrage nach Presseprodukten .
3. Die immer höhere Entwicklung des Industriekapitalismus erforderte eine Ausweitung und Dynamisierung der Warenzirkulation, was die **Nachfrage nach Produktwerbung** enorm steigerte. [80]

---

[75] So verdreifachte sich der Anteil der Zeitungskäufer an der Bevölkerung in New York von 7 Prozent (1830) auf 23 Prozent (1840). Maßgeblich an der Expansion beteiligt war nicht zuletzt der „New York Herald“ von James Gordon Bennet (Senior). Vgl. Dovifat (1990), S. 63; Bollinger (1996), S. 52.

[76] „William Luvoy got drunk because yesterday was so devilish warm. (...) Bridget McMunn got drunk and threw a pitcher at Mr. Ellis, of 53 Ludlow Street.“ Zwei Lead-Sätze einer Nachricht aus dem täglichen Polizeibericht der „New York Sun“ vom 4.7.1834, zit. nach: ebd., S. 50.

[77] Zur Genese der „Human Interest Story“ vgl. Stevens, John D.: Sensationalism and the New York Press, New York 1991, S. 10-28.

[78] Innovationen betrafen v.a. die Drucktechnik (Erfindung von Rotationsdruck, Setzmaschine etc.) und die Nachrichtenübermittlung (Einsatz von Telegraf, Telefon). Vgl. Faulstich (1995), S. 366.

[79] In den USA beispielsweise wurde die Pressefreiheit bereits 1791 verbrieft, in Deutschland und Frankreich erst in der zweiten Hälfte des 19. Jahrhunderts. Vgl. ebd., S. 367f.

■ Die Blütezeit der Boulevardpresse

In den USA, wo das Wochenabonnement und der Straßenverkauf mit der Zeit zu den Hauptvertriebsarten wurden[81], entfaltete die Boulevardpresse in den beiden letzten Jahrzehnten des 19. Jahrhunderts erstmals ihre volle Blüte. Hier ist insbesondere der New Yorker „Zeitungskrieg" zwischen **Joseph Pulitzers „World"** und **William R. Hearsts „Morning Journal"** zu nennen. Beide köderten ihre Leser mit Skandal- und Klatschgeschichten, die nicht selten in rohen „keyhole journalism"[82] abglitten. Neben der Arbeitsweise der Journalisten änderte sich auch die Darbietung. Die Comic-Figur „The Yellow Kid" wurde ab 1896 zum „Symbol eines neuen melodramatischen Sensationsjournalismus mit großen, farbigen Schlagzeilen und vielen Bildern, der an die Gefühle der Leser appellierte."[83] Um 1900 war jede dritte Tageszeitung in den größeren US-Städten ein Boulevardblatt.[84]

■ Boulevardpresse in Deutschland

Mit Blick auf seine Massenpresse war Deutschland ein Nachzügler unter den führenden Industrienationen. Zur massenhaften Verbreitung von Zeitungen kam es erst gegen Ende des 19. Jahrhunderts, angefangen mit Friedrich Scherls „Berliner Lokal-Anzeiger" (ab 1883). „Er wurde der Wegweiser für einen neuen Zeitungstyp [...]: den unpolitischen, nur auf seine Auflagen und Anzeigeneinnahmen, auf Unterhaltung, spannenden Roman und

---

80 Vgl. Hummel, Roman: Journalistische Spielarten. Zur Einordnung des Boulevardjournalismus, in: Bruck, Peter A. (Hrsg.): Das Österreichische Format, Wien 1991, S. 184-197, hier: S. 190f. Sowie: Schulz, Winfried: Nachricht, in: Noelle Neumann u.a. (1997), S. 307-337, hier: S. 312f.

81 Straßenverkäufer waren gleichzeitig auch Abonnentenvermittler und -zuträger. Einen genauen Übergang zum Typ Boulevardpresse – bezüglich des Merkmals Straßenverkauf – bei US-Zeitungen zu markieren, erscheint daher schwierig. Vgl. Dovifat (1990), S. 60f.

82 „Schlüsselloch-Journalismus" meint das gezielte Eindringen von Reportern in die Privat- und Intimsphäre von (meist prominenten) Menschen. Vgl. ebd., S. 72.

83 Bollinger (1996), S. 82. „The Yellow Kid", Titelfigur eines wöchentlichen Cartoons von Richard Felton Outcault, erschien erstmals 1896 in Pulitzers „World", später in Hearsts „Journal". In Anlehnung an das gelb gedruckte „Kid" kam der Schmähbegriff „yellow journalism" auf. Die typografischen Veränderungen dieser Zeit behandelt ▸ KAPITEL 2.2.

84 Eines der ersten Boulevardblätter überhaupt war das 1863 in Paris von Moise Millaud gegründete „Le Petit Journal". Das nur an Kiosken und bei mobilen Händlern erhältliche Blatt erreichte 1864 eine Auflage von 200.000 Exemplaren. Prototyp für die Kaufpresse in Großbritannien ist die 1896 von Alfred Harmsworth (alias Lord Northcliff) gegründete „Daily Mail". In wenigen Jahren etablierte sich eine Reihe von Massenblättern (u.a. „Daily Mirror", „Daily Express"), deren *New Journalism* sich optisch wie stofflich an US-Vorbilder, etwa Pulitzers „World", anlehnte. Vgl. Bollinger (1996), S. 24-26; Münder, Peter: Amüsieren und Auflage machen, in: Medium Magazin (1996) 12, S. 58-61.

vermischte Nachrichten bedachten Generalanzeiger."[85] Dieser hatte ebenfalls einen niedrigen Verkaufspreis, im Gegensatz zur angelsächsischen oder französischen Massenpresse wurde er aber im Abonnement vertrieben. Der Generalanzeiger markiert in soweit eine Station im Entstehungsprozess der Boulevardpresse, als er sich durch sein Streben nach Publikumsgefälligkeit von der damals stark vertretenen Gesinnungspresse abhob.[86]

Die erste deutsche Boulevardzeitung war ab 1904 in Berlin die „**BZ am Mittag**" aus dem Ullstein-Verlag. Mit einer für die damalige Zeit erstaunlichen Aktualität, optisch ansprechender Gestaltung, Nachrichten in Kurzform sowie reichlich Sport überschritt die Auflage bald die Marke von 100.000 Exemplaren.[87] **Die große Ära der deutschen Boulevardpresse** waren die 20er Jahre, in denen bis zu elf jener Blätter auf dem Berliner Markt konkurrierten.[88]

Nach dem Zweiten Weltkrieg etablierte sich in Europas Presselandschaft eine **neue Generation von Boulevardblättern**. So wurde 1959 in Österreich die „Neue Kronen Zeitung" und in der Schweiz die Zeitung „Blick" gegründet, 1964 in Großbritannien die „Sun"[89]. Als eine der ersten Boulevardzeitungen in dieser Gründungswelle entstand 1952 auch BILD.[90]

---

[85] Müller, Hans Dieter: Der Springer-Konzern. Eine kritische Studie, München 1968, S. 22.

[86] Einführend zum Aufkommen der Massenpresse in Deutschland: Koszyk, Kurt: Deutsche Presse im 19. Jahrhundert, Berlin 1966, S. 268-275 und S. 290-295; sowie: Mendelssohn, Peter de: Zeitungsstadt Berlin. Menschen und Mächte in der Geschichte der deutschen Presse, überarb. und erw. Aufl., Frankfurt (Main) u.a. 1982, S. 114-126.

[87] Vgl. Dovifat, Emil: Boulevard-Presse, in: Heide, Walther (Hrsg.): Handbuch der Zeitungswissenschaft, Bd. 1, Leipzig 1940, S. 645-651, hier: S. 648f.

[88] Vgl. Kimmel, Regine: Schmuddelkinder der Großstadt, in: Sage & Schreibe (1995) 3, S. 13.

[89] In manchen Fällen muss man von „Wieder-" statt von „Neugründungen" sprechen. Bereits seit 1900 hatte es eine „Kronen Zeitung" gegeben, die 1945 durch Beschluss der Siegermächte nach dem Zweiten Weltkrieg eingestellt wurde. Vgl. Frank, Michael: Wenn Cato dichtet, in: Süddeutsche Zeitung, 3.1.2000, S. 19. Die „Sun" war aus dem eingestellten „Daily Harald" hervorgegangen. Vgl. Münder (1996), S. 60.

[90] Auf die Gründungsumstände von BILD geht ▸ KAPITEL 4.1.1 näher ein.

1.4 Funktion

1.4.1 Information und Unterhaltung

In der Diskussion von Funktionen[91] der Massenmedien in hoch entwickelten, pluralistischen Gesellschaften werden in der Regel zwei Bereiche idealtypisch unterschieden: Information und Unterhaltung.[92]

Die **Informationsleistung**[93] der Medien, ihre ursprünglichste Funktion, betrifft sowohl Teilsysteme wie das politische, ökonomische oder soziale System[94] als auch Gruppen oder Individuen einer Gesellschaft. „Ihre Bedeutung für den einzelnen wie für das System liegt dabei in der Erweiterung des Kenntnisstandes im Bereich der Sekundärerfahrung, also bei Wissen und Erfahrung, die wir nicht primär aus dem direkten Umgang mit unserer unmittelbaren Umwelt gewinnen können."[95] Die Informationsfunktion wird häufig mit normativen Erwartungen an die Massenkommunikation in Verbindung gebracht: Zur „Öffentlichen Aufgabe" der Massenmedien zählen demnach die Herstellung von Öffentlichkeit, politische Sozialisation und Integration, Kritik und Kontrolle sowie die politische Bildungsfunktion.[96]

Im Gegensatz zu Informations- und Bildungsleistungen der Massenmedien wurde der Bereich **Unterhaltung** (auch: „Rekreations-" bzw. „Gratifikationsfunktion"[97]) lange in der Forschung vernachlässigt, galt Unterhaltung doch als marginales Phänomen, „als primitives Mittel zur Bewältigung von Lebensproblemen für den weniger intelligenten und gebildeten Bevölke-

---

[91] Die folgenden Ausführungen basieren hauptsächlich auf: Pürer; Raabe (1996), S. 305-318; Burkart, Roland: Kommunikationswissenschaft. Grundlagen und Problemfelder. 3. überarb. und aktual. Aufl., Wien u.a. 1998, S. 368-400; Schulz, Winfried: Kommunikationsprozeß, in: Noelle-Neumann u.a. (1997), S. 140-171, hier: S. 163-171; Weischenberg (1995), S. 93-146.

[92] Davon wird bisweilen eine *Meinungsäußerungsfunktion* und *Erziehungs- und Bildungsfunktion* unterschieden. Vgl. Rühl, Manfred: Operation „Gebrauchsverstehen" – Plädoyer für eine Funktionsverlagerung im Journalismus der Gegenwartsgesellschaft, in: Schmitz, Hermann-Josef; Tompert, Hella: Professionalität und Profil: Essentials eines engagierten Journalismus, Stuttgart 1990, S. 49-68.

[93] Die Begriffe Funktion, Leistung und Aufgabe werden hier synonym verwendet. Der Verfasser ist sich der Unschärfen bewusst. Vgl. die Terminologie-Kritik bei: Weischenberg (1995), S. 102f.

[94] Vgl. hierzu die Einteilung in soziale, politische und ökonomische Funktionen der Massenmedien bei Burkart (1998), S. 372-391.

[95] Pürer; Raabe (1996), S. 306.

[96] Vgl. ebd., 308f.

[97] Vgl. Burkart (1998), S. 376.

rungsanteil."[98] Während die Informationsfunktion meist demokratietheoretisch hergeleitet wird, sind es hinsichtlich der Unterhaltung psychologische, psychotherapeutische und sozialwissenschaftliche Theorien, die eine Unterhaltungsfunktion des Journalismus rechtfertigen bzw. begründen sollen. Welche Gratifikationen der als aktiv verstandene Rezipient von medialen Angeboten erwartet und unter Umständen auch erhält, ist Gegenstand der Gratifikationsforschung, klassischerweise etwa des Nutzen- und Belohnungsansatzes (Uses-and-Gratifications Approach).[99] Alles in allem dient Unterhaltung wahlweise etwa zur Entspannung, zur kulturellen oder ästhetischen Erbauung, zur Wirklichkeitsflucht, zur emotionalen Entlastung, zur sexuellen Stimulation – oder einfach dazu, die Zeit tot zu schlagen.[100]

Als eines der zentralen Unterhaltungsbedürfnisse von Rezipienten sei hier der **Eskapismus** genannt, das Streben nach der Flucht aus Alltagsproblemen. Die Boulevardpresse scheint dieses Bedürfnis durch die Darbietung von „Human Interest-" und „Heile Welt"-Stoffen vor allem aus der Welt der Prominenten zu bedienen. Mit der emotionsgeladene Reproduktion der Lieblingsthemen unterhaltsamer Medienangebote: Liebe, Erfolg und Sicherheit.[101] Zum Unterhaltungsrepertoire der Kaufzeitungen gehört aber ebenso das schiere Gegenteil – die detaillüsterne Darstellung von Gefahr und Gewalt, der Horror bei Verbrechen und Unglücken. Hinter diesem Phä-

---

[98] Dehm, Ursula: Fernsehunterhaltung. Zeitvertreib, Flucht oder Zwang? Eine sozialpsychologische Studie zum Fernseh-Erleben, Mainz 1984, S. 630.

[99] Vgl. Blumer, Jay G.; Katz, Elihu: The Uses of Mass Communication: Current Perspectives on Gratification Research, Beverly Hills; London 1974. Einen aktuellen Forschungsüberblick findet sich bei: Bonfadelli, Heinz: Medienwirkungsforschung I: Grundlagen und theoretische Perspektiven, Konstanz 1999, S. 160 -192.

[100] Vgl. den Katalog bei: McQuail, Denis: Mass Communication Theory. An Introduction, 3. Aufl., London u.a. 1994, S. 320; sowie: Rühl (1990).

[101] Vgl. Bosshart, Louis: Überlegungen zu einer Theorie der Unterhaltung, in: Ders.; Hoffmann-Riem, Wolfgang (Hrsg.): Medienlust und Mediennutz. Unterhaltung als öffentliche Kommunikation, München 1994, S. 28-40, hier: S. 30. In dem Zusammenhang differenziert STARKULLA (1993: S. 56): „Die wirkliche und unentbehrliche Bedeutung der *Sensationszeitungen* liegt [...] genau darin, daß sie kommunikative Kontakte auf der unteren Ebene des Banal-Menschlichen, des Allzu-Menschlichen, der noch konfliktfreien, unverbindlichen Geselligkeit *anbahnen*, die dann jedoch – in *anderen* Medien – im individual- wie im sozial-kommunikativen Bereich weitergeführt werden." (Hervorhebungen im Original)

nomen steht das Prinzip der **„Unterhaltungsangst“** („Safe Thrills“) [102]: Der Rezipient kann starke vergnügliche Gefühlsregungen erleben, ohne sich selbst Gefahren oder bedrohlichen Situationen aussetzen zu müssen. Mediennutzung kompensiert, was die Zivilisation weitgehend domestiziert, verdrängt oder unterdrückt und was Realitätsprinzipien wie Leistung oder Rationalität gewöhnlich verbieten, kurzum: „Wenn in der Realität nichts mehr ‚los ist‘, machen wenigstens die Medien ‚etwas los‘.“[103]

Unzweifelhaft dürfte schließlich auch sein, dass der Faktor **Lesespaß**, das Empfinden von Spannung und Vergnügen bei der Lektüre, in der Boulevardpresse eine wichtige Rolle spielt.[104]

1.4.2 Die Boulevardzeitung – ein Hybridmedium?

Die Grenzen zwischen der (künstlichen) Dichotomie Information und Unterhaltung sind fließend. Das zeigt nicht zuletzt die Begriffsprägung „Infotainment“.[105] „Der seltsam schillernde, unscharfe Begriff ‚Unterhaltung‘ ist zunächst ein neutraler und offener Begriff.“[106] Was als Unterhaltung gelten darf, hängt freilich in erster Linie von der subjektiven Beurteilung des jeweiligen Rezipienten ab: Unterhaltung ist, was unterhält.[107]

Bezüglich der Funktion von Boulevardpresse wird hier die Ansicht vertreten, dass man am ehesten von einem **hybriden Charakter** auszugehen hat. Boulevardzeitungen haben gewissermaßen eine Zwitterfunktion: Einerseits orientiert sich dieser Pressetyp, wie angedeutet, stark an den Unterhaltungsbedürfnissen seiner Leserschaft, er vernachlässigt z.B. „harte“ Nachrichten und verwendet diskursive Strategien, die den Informationsgehalt ihrer Inhalte regelmäßig reduzieren. NUSSBERGER argumentiert, dass aber andererseits „auch die ‚Marktpresse‘ insofern eine nützliche Informationsleistung

[102] Vgl. Grimm, Jürgen: Lust an der Angst. Grenzerfahrungen der Unterhaltung, in: Bertelsmann Briefe (Oktober 1992), S. 58-61; Donohew, Lewis: Newswritig Styles: What Arouses the Reader? In: Newspaper Research Journal (1982) 3, S. 3-6, hier: S. 6.

[103] Rogge, Jan-Uwe: Gefühl, Verunsicherung und sinnliche Erfahrung. Zur Aneignung von populären Medien im Prozess der Zivilisation, in: Publizistik (1988) 2-3, S. 243-263, hier: S. 248.

[104] Vgl. Rager, Günther: Unterhaltung – Mißachtete Produktstrategie? In: Ders.; Müller-Gerbes, Sigrun; Weber, Bernd (Hrsg.): Leselust statt Pflichtlektüre: Die unterhaltsame Tageszeitung, Münster; Hamburg 1993, S. 7-19.

[105] Zur Genese des Begriffs „Infotainment“ vgl. Wittwen, Andreas: Infotainment. Fernsehnachrichten zwischen Information und Unterhaltung, Bern u.a. 1995, S. 15-26

[106] Thomas, Hans: Was scheidet Unterhaltung von Information, in: Bosshart; Hoffmann-Riem (1994), S. 61-80, hier: S 70.

[107] Vgl. Rager 1993, S. 9.

erbringt, als sie – wo sie nicht einfach als unterhaltende Zweitlektüre betrachtet wird – ihren Lesern eine wenn auch mit Trivialem durchsetzte und nur punktuelle Information vermittelt, die sonst gar nicht stattfände."[108]

1.5 Zwischenfazit

Das zurückliegende Kapitel behandelte spezifische Merkmale, historische Herkunft sowie Funktions-Aspekte der Boulevardpresse. Es sollte deutlich werden, dass dieser Pressetyp wegen seiner speziellen Vertriebsart den „Kampf gegen Gleichgültigkeit, Leserunlust und gegen die Verlockungen der Konkurrenz täglich neu (führen muß)"[109], was – idealtypisch aufgefasst – „ein restloses Eingehen auf die Ansprüche des Marktes"[110] zur Folge hat. Die Thematik von Boulevardzeitungen ist somit nur eingeschränkt universell. Priorität genießen „Human Interest"-Neuigkeiten, die Nachrichtenauswahl „ist vor allem auf persönliche Geschichten, auf das Subjektive, das Familiäre und Nahe konzentriert."[111] Die Häufung von Themen, die um das „Allzumenschliche" kreisen, ihre Aufbereitung nach der diskursiven Strategie der Personalisierung – all dies ist auf eine bestimmte Interessenstruktur beim Menschen zurückzuführen. Wie SENNETT konstatiert, wird ein wirkliches Interesse an Ereignissen und Institutionen nur noch geweckt, „wenn wir in ihnen Personen am Werk sehen, wenn sie sich für uns in Personen verkörpern."[112] Als Identifikations- und Projektionsobjekte für eine breite Lesermasse spielen dabei Prominente eine zentrale Rolle. Bei der Präsentationsweise der Boulevardblätter fällt, nicht nur wegen ihrer Bildlastigkeit, eine Nähe zum Fernsehen auf.[113] Die formale, sprachliche und diskursive Struktur von Kaufzeitungen ist geprägt von Simplifikation und Emotionalität, was den Rezeptionsbedingungen – zum Teil niedrige Lesekompetenz und starkes Unterhaltungsbedürfnis – ihrer massenhaften Leserschaft entgegen kommen soll.[114]

[108] Nussberger (1984), S. 149.
[109] Dovifat (1990), S. 85.
[110] Nussberger (1984), S. 28.
[111] Bruck; Stocker (1996), S. 23.
[112] Sennett, Richard: Verfall und Ende des öffentlichen Lebens. Die Tyrannei der Intimität, Frankfurt (M.) 1983, S. 425.
[113] Vgl. Bruck; Stocker (1996), S. 19.
[114] Vgl. ebd., S. 31-33. Mit den Merkmalen der Leserschaft von Boulevardzeitungen, speziell der von BILD, setzt sich ▸ KAPITEL 4 näher auseinander.

Die Beschreibung typischer Merkmale der Boulevardpresse musste sich auf wenige zentrale Punkte beschränken. Die folgende Tabelle fast zum Vergleich wesentliche Definitionsansätze aus der Literatur zusammen:

Tabelle 1: *Zentrale Merkmale zur Definition der Boulevardpresse*

KOSZYK & PRUYS (1973)	SAXER U.A. (1979)	PÜRER (1996)	BRUCK & STOCKER (1996)
• Vertrieb • Form • Sprache • Themen • Leserschaft	• Massenpresse • Vertrieb (Straßenverkauf) • Aggressives Konkurrenz- und Werbegebaren • Themen (Selektives Angebot) • Spezifischer Populärjournalismus (Form/Sprache) • Publikumspresse • Unterhaltungs-ausrichtung	• Vertrieb • Form • Sprache • Themen • Informations-defekt	• Vertrieb • Form • Sprache • Themen • Erzähl-strukturen • Leser-adressierung • Ideologie, Weltbild

Das Charakteristische der Boulevardzeitung zeigt sich besonders gut im Vergleich zu ihrem Pendant: „Die Abo-Zeitung will den Kopf des Lesers erreichen, die Boulevardzeitung den Bauch.“[115] Ebenso könnte man vereinfachen: Bei dem einen spielt die Informationsvermittlung eine herausragende Rolle, beim anderen die Unterhaltung. Jedoch lässt sich beides, wie in ▸ KAPITEL 1.3 dargestellt, nicht ohne weiteres fein säuberlich trennen.

Man sollte sich der Schablonenhaftigkeit solcher Gegenüberstellungen bewusst sein, vor allem auch angesichts von Konvergenz-Entwicklungen in der jüngsten Zeit. So stellt etwa MEYER für den Bereich Zeitung fest: „Ein Hauch von Boulevard weht selbst durch die ernsthaftesten deutschen Zeitungen. [...] Wohin man schaut: Kürzer die Aussagen, munterer, boulevardhafter selbst die strenge Nachrichtensprache.“[116]

---

[115] Schneider, Raue (1996), S. 125.

[116] Meyer, langjähriger Chefreporter der Münchner „AZ“, zit. nach ebd., S. 129f. Vgl. zur These von der Auflösung der Mediengattungen: Groebel, Jo: Analysen der Analysten, in: Sage & Schreibe (1997) 10, S. 14-16. Zur Boulevardisierung der Medienwelt vgl. Holly, Werner; Biere, Bernd Ulrich (Hrsg.): Medien im Wandel, Opladen; Wiesbaden 1998.

2. Der Titelseiten-Aufmacher

Nach einer allgemeinen, alle Zeitungstypen übergreifenden Definition des Begriffs Aufmacher und einer kurzen historischen Einordnung wird seine Funktion innerhalb des Gesamtprodukts Zeitung beschrieben und im Anschluss für den Typus Boulevardzeitung spezifiziert. Hierbei wiederum wird der besondere Status der Schlagzeile herausgestellt.

Unter dem **Aufmacher** versteht man „die wichtigste, interessanteste Meldung des Tages, die an die Spitze des Blattes gesetzt wird“[117] und die dadurch „der Zeitung das Gepräge gibt.“[118] RÜHL definiert den Aufmacher als

> „Nachrichtenkomplex [...], dem nach Auffassung der Redaktion die prominente Position auf der Titelseite der Zeitung, unmittelbar unterhalb des Zeitungskopfes zusteht. Er wird mit einer Schlagzeile versehen, deren Schriftgröße in der Regel nur einmal im redaktionellen Teil vorkommt.“[119]

Als derjenige Beitrag auf der Seite 1 mit der größten Überschrift ist der Aufmacher eindeutig identifizierbar.[120] Zumindest in wesentlichen Teilen ist er über dem sogenannten Bruch[121] platziert, muss aber nicht ganz oben stehen.[122] Der Aufmacher setzt sich im allgemeinen aus typografischen Elementen (wie Überschrift, Vorspann oder Haupttext[123]) sowie aus visualisierenden Bestandteilen (bildhafte Darstellungen aller Art) zusammen.

---

[117] Meyer, Werner; Frohner, Jürgen: Journalismus von heute. Loseblattsammlung, (Stand: 18. Ergänzungslieferung: 1996), Starnberg 1979ff., XIII, S. 4.

[118] Schneider, Wolf; Esslinger, Detlef: Die Überschrift: Sachzwänge – Fallstricke, Versuchungen – Rezepte. 2. Aufl. München 1998, S. 124. Vom Aufmacher zu unterscheiden ist der „Seitenaufmacher“ als Bezeichnung für „das tragende Thema auf anderen Seiten als der ersten.“ Schneider; Raue (1996), S. 310.

[119] Rühl, Manfred: Die Zeitungsredaktion als organisiertes soziales System, Freiburg (Schweiz) 1979, S. 84.

[120] In seltenen Fällen werden auch mehrere Aufmacher gleichberechtigt nebeneinander gestellt. Vgl. Brielmaier, Peter; Wolf, Eberhard: Zeitungs- und Zeitschriftenlayout, Konstanz 1997, S. 50.

[121] Der Bruch ist die Falz- bzw. Faltstelle auf halber Höhe einer Zeitungsseite.

[122] Z.B. bei BILD und dem „Hamburger Abendblatt“. Vgl. Schneider; Raue (1996), S. 310.

2.1 Anfänge des Aufmachers

In den Anfängen der periodischen Presse, beginnend mit dem „Aviso“ (Wolfenbüttel) und der „Relation“ (Straßburg) von 1609[124], waren Zeitungen knapp und wurden dementsprechend auch nicht selektiv gelesen sondern meist ganz. „Das Sammelprinzip beherrschte die Informationsbeschaffung ebenso wie die Informationspräsentation.“[125] Das Layout von Zeitungen glich daher lange Zeit dem von Bücherseiten: Bis ins 19. Jahrhundert waren Zeitungen meist einspaltig umbrochen, überwiegend aus einer einzigen Brotschrift zusammengesetzt, kaum durch Überschriften strukturiert oder aufgelockert; aus heutiger Sicht liegt dafür die Bezeichnung „Bleiwüste“ nahe.

Die Evolution der Zeitungstechnik und die damit einher gehenden Zunahme von Lesestoff machte es möglich und nötig, selektives Lesen zu realisieren. Zivilisatorische Umbrüche der Industrialisierung und Urbanisierung taten ein Übriges: „Aus den Notwendigkeiten und Zwängen eines Kundenkontaktes in der Flüchtigkeit des städtischen Verkehrs ergeben sich, historisch entwickelt, Erscheinungsbild und Aufmachung, Titelseite und Schlagzeilenformulierung“[126] von Zeitungen. Fortschritte bei der Aufmachung[127] sind auch, wie in ersten Kapitel dargelegt wurde, auf die stärkere Zeitungskonkurrenz – nicht zuletzt auf dem Boulevardsektor – zurückzuführen.

2.2 Funktion des Aufmachers allgemein

Im Zusammenspiel von Bild und Text (wobei auf der Textebene der Schlagzeile, wie noch gezeigt wird, eine große Bedeutung zukommt) erfüllt der Titelseiten-Aufmacher in der Zeitung gleich mehrere Funktionen.[128]

[1.] Indem er den dargebotenen Beitrag gewöhnlich als den wichtigsten der aktuellen Ausgabe ausweist, dient der Aufmacher der **Orientierung des Lesers**; er soll ihm die Auswahl der Lektüre stellenweise erleichtern. Durch

---

[123] Synonym sind die Bezeichnungen Fließtext, Lauftext oder Lesetext gebräuchlich. Vgl. Brielmaier; Wolf (1997), S. 259.

[124] Vgl. Pürer; Raabe (1996) S. 16.

[125] Blum, Joachim; Bucher, Hans-Jürgen: Die Zeitung: Ein Multimedium. Textdesign – ein Gestaltungskonzept für Text, Bild und Grafik, hrsg. von Michael Haller, Konstanz 1998, S. 12f.

[126] Bruck; Stocker (1996), S. 13.

[127] Auf diesen Aspekt geht ▶ KAPITEL 3.2 im Einzelnen noch etwas näher ein.

[128] Angelehnt an Starkulla (1993), S. 79-119.

die besondere Platzierung und Aufmachung wird eine redaktionelle Wertung und Gewichtung von Informationen auf den ersten Blick ersichtlich.

[2.] Damit verwoben ist eine weitere Funktion des Aufmachers: Insbesondere durch seine formalen Bestandteile trägt er dazu bei, die **Titelseite zu gliedern** und übersichtlich zu machen.

[3.] Schließlich dient der Aufmacher auch der **Kontaktherstellung**. Diese Funktion kommt besonders stark beim Boulevard-Aufmacher zum Tragen und soll deshalb nachfolgend im Kontext Straßenverkaufspresse näher betrachtet werden.

2.3 Spezielle Funktion des Aufmachers in der Boulevardpresse

Weitaus mehr als bei der Abonnementpresse unterliegen die Produzenten von Boulevardzeitungen dem ökonomischen Imperativ der maximalen Verkäuflichkeit, des täglichen „Verkaufen-Müssens"[129]. Wie schon mehrfach erwähnt, ist hierbei die Gestaltung der redaktionellen Fläche über dem Bruch von entscheidender Bedeutung: Nur die obere Hälfte der Titelseite ist gewöhnlich an Verkaufsständen ausgestellt und hat somit überhaupt die Chance, von potentiellen Kunden *en passant* wahrgenommen zu werden.[130] In diesem Zusammenhang erfüllt der Aufmacher von Boulevardzeitungen, darin insbesondere die Schlagzeile, zwei zentrale Aufgaben. BÜSCHER beschreibt sie aus Kommunikatorsicht folgendermaßen:

> „Aus der Situationseinschätzung (Antizipation der Bedürfnisse des Lesers, Berücksichtigung der Bedingungen des Straßenverkaufs) und den eigenen Präferenzen (Umsatz machen, verkaufen) ergeben sich die Ziele: a) die Aufmerksamkeit des Lesers erregen und ihn spontan für den Kauf der Zeitung gewinnen (‚Leserfang') und b) den Leser längerfristig an sich binden (‚Leserbindung')."[131]

Kurzum: Der Aufmacher muss **Leserkontakt und Leserbindung herstellen und erhalten**.[132] Er soll demnach nicht nur Leseanreiz für den einzelnen Beitrag oder für die gesamte Titelseite bieten, sondern er soll das gesamte publizistische Produkt „verkaufen" helfen, sowohl augenblicklich als auch (möglichst) langfristig.

---

[129] Nicht zufällig verwenden Journalisten im Redaktionsalltag nach der Erfahrung des Verfassers für die Gesamtheit der Aufmacher-Elemente den Ausdruck „(die) Verkaufe".

[130] Vgl. Meissner, Michael: Zeitungsgestaltung. Typografie, Satz und Druck, Layout und Umbruch. 2., erw. Aufl., München 1994, S. 88.

[131] Büscher (1996), S. 56.

2.4 Aktivierung als selektive Zuwendung

Der Titelseiten-Aufmacher in Boulevardzeitungen ist folglich in erster Linie ein Mittel zur **Aktivierung**. Das bedeutet: Er soll bei Personen, die mit der Zeitung an Absatzstellen in (Blick-) Kontakt kommen, **situativ die Motivation zum Kauf bzw. zum Lesen verstärken**. Der Aufmacher soll selektive Zuwendung erzeugen. Allgemein ist Selektion „ein Verhalten, bei dem ein Organismus aus einer praktisch unendlichen Vielfalt von Reizen jene auswählt, die er aufnehmen und gegebenenfalls weiterverarbeiten will."[133] Hierbei unterscheidet man grundsätzlich physische Reize von psychischen. Während die Selektion aufgrund **physischer Reize** auf allgemeinen, evolutionär fixierten Reiz-Reaktions-Schemata beruht, hängt die Selektion wegen **psychischer Reize** von individuellen Entscheidungen und Prädispositionen ab.

> „In der Massenkommunikation wäre z.B. eine Selektion aufgrund von physischen Reizen die Zuwendung zu Artikeln, die besonders große Überschriften haben [...] oder zu Werbebotschaften, die bestimmte Reizfarben einsetzen. Eine Selektion aufgrund von psychischen Reizen wäre demgegenüber die Zuwendung zu Kommunikationsinhalten, die eine starke Betroffenheit auslösen, die zu bekannten Schemata passen oder die geeignet sind, eine bestehende Dissonanz zu reduzieren."[134]

Unter den Faktoren, von denen die Selektion abhängt, seien an dieser Stelle andeutungsweise die kognitiven Fähigkeiten des Rezipienten (der Aspekt Verstehen) sowie individuelle Relevanzzuweisungen erwähnt.[135]

■ Bedeutung der Schlagzeile

Im Zusammenhang mit dem publizistischen Primärziel, den Leser „unmittelbar zu erregen, ihn spontan zu ergreifen und zu fesseln, ihn ‚anzuspringen'"[136], wird gewöhnlich die Bedeutung der Schlagzeile hervorgehoben. Als Schlagzeile bezeichnet man im engsten Sinne die **größte, auffallendste Überschrift der Seite 1**. Der Begriff wird bisweilen auch synonym für die Aufmacher-Überschrift einer beliebigen Seite oder für Titel

[132] Vgl. hierzu auch Saxer u.a. (1979), S. 151.
[133] Vgl. Donsbach (1991), S. 23.
[134] Donsbach (1991), S. 24.
[135] Vgl. Früh, Werner: Lesen, Verstehen, Urteilen: Untersuchungen über den Zusammenhang von Textgestaltung und Textwirkung, Freiburg 1980, S. 81f; sowie Büscher (1996), S. 92.
[136] Ebd., S. 5. Der Autor bezieht sich in erster Linie auf die Aufmacher-Schlagzeile.

ganz allgemein verwendet.[137] Schlagzeilen, wie sie hier verstanden werden, kamen gegen Ende des 19. Jahrhunderts in den USA auf. Der amerikanische Verleger William R. Hearst „ist als der *headline pioneer* anzusprechen, der die *screaming and scare bannerlines*, die schreienden und schreckenerregenden Schlagzeilen, die über die ganze Seite der Zeitung liefen, seinen Sensationsblättern vorausstellte."[138] In der Vergangenheit wurde versucht, die Aktivierungsleistung der Schlagzeile zu quantifizieren, d.h. herauszufinden, ob und in welchem Maße die Beschaffenheit von Schlagzeilen den Absatz von Boulevardzeitungen beeinflussen können. MEYER & FROHNER resümieren:

> „In extremen Fällen – das zeigen Untersuchungen an ‚Stummen Verkäufern' – lassen sich 20 bis 30 Prozent der Leser durch die Schlagzeile verlocken, ein bestimmtes Blatt zu kaufen. [...] Selbst wenn [...] im Durchschnitt der Gesamtauflage – also nicht nur an ‚Stummen Verkäufern' – lediglich zehn Prozent der Kunden durch die Schlagzeile den letzten Kaufanstoß erhalten, so ist dieser Anstoß für die Boulevardblätter überlebenswichtig."[139]

Abschließend sei angemerkt, dass in der Praktikerliteratur nicht nur der Aufmacher als wichtigstes publizistisches Marketinginstrument im Boulevardjournalismus angeführt wird, sondern bisweilen auch der ausgestellte Teil der Titelseite als komponiertes Ganzes: „Die Fülle der Zeilen und Ankündigungen erweckt das Gefühl: Es ist viel im Blatt. Je reichhaltiger das Angebot auf der ersten Seite ist, desto besser ist die Zeitung zu verkau-

[137] Der Begriff Schlagzeile etabliert sich Ende des 19. Jahrhunderts in Wörterbüchern. MEYER datiert die erste bekannte Erwähnung in einem journalistischen Lehrbuch (in: „Die Zeitung" von J.H. Wehle) auf das Jahr 1879. Im Journalismus gebräuchliche Synonyme für Schlagzeile im Sinne von „Überschrift" sind: Titel, Rubrik oder Headline. Vgl. Meyer; Frohner (1979ff.), XIII, S. 14f.

[138] Starkulla (1993), S. 97. (Hervorhebungen im Original.) Die Herausbildung von Schlagzeilen in Amerikas Presse ist in hohem Maße ein Produkt von Kriegen: Sie wurde vor allem durch die sensationshafte Berichterstattung im US-Bürgerkrieg (1861-1865) und im Spanisch-Amerikanischen Krieg (1898) forciert. Vgl. Hutt, Allen: The Changing Newspaper. Typographic Trends in Britain and America 1622-1972, London 1973, S. 81; sowie: Dovifat (1930), S. 135.

[139] Meyer; Frohner (1979ff.), X, S. 5. Ähnliche Ergebnisse finden sich bei: Fasel, Christoph: Monogramme des Inhalts, in: Journalist (1999) 9, (Beilage „Sage & Schreibe Werkstatt"), S. 2-4, hier: S. 2. Ergebnisse wie die zitierten bergen allerdings Unschärfen: So werben Zeitungen an „Stummen Verkäufern" (oder Kiosken) nicht nur mit der sichtbaren oberen Hälfte des aktuellen Blattes, sondern bieten in der Regel auch ein zusätzliches Ankündigungsplakat („Zeitungsschürze") mit Schlagzeilen, neuerdings z.T. auch mit Faksimiles einer Seite der beworbenen Ausgabe.

fen."[140] Diese Meinung ist aber eher die Ausnahme. Der Tenor unter den Produzenten von Boulevardzeitungen lautet vielmehr: „Eine Chefredaktion muss auf das größte Thema setzen. [...] Der Gemischtwaren-Laden auf Seite 1 – der ist passé."[141]

[140] Ewald Struwe, langjähriger Chefredakteur der „Bild am Sonntag" 1979, zit. nach Frohner III, S. 46 (20).
[141] Michael H. Spreng, Chefredakteur der „Bild am Sonntag", zit. nach Meyer III, S. 46 (23).

3. Journalistische Techniken bei der Aufmachergestaltung

Eine Boulevardzeitung, die auf dem Zeitungsmarkt bestehen will, bildet laut SAXER U.A. „ein sehr komplexes und nicht etwa einfaches System von Ansprechweisen, einen überaus kompakten Kommunikationsstimulus, der maximale Rezeptions- und Kauflust auslösen soll und kann.“[142] Ausgehend von den Überlegungen zur Aufgabe des Aufmachers in Boulevardzeitungen sollen wesentliche **Techniken**[143] eines solchen „Reizjournalismus“ identifiziert und erläutert werden.[144] Bei der systematischen Bestandsaufnahme von Gestaltungstechniken bot es sich an, die Ebenen **Inhalt**, **Form** und **Sprache** zu unterscheiden.

Insgesamt steht der im vorigen Kapitel erörterte Bereich der physischen – also der „sensorischen, anthropologisch konstanten“[145] – Reize für die Theoriebildung im Vordergrund, denn dort lassen sich am ehesten verallgemeinerbare Prinzipien finden. Als weiterer Grund ist anzuführen, dass sich Publikationen wie BILD an ein heterogenes Massenpublikum richten, bei dem recht unterschiedliche Prädispositionen zu erwarten sind. Gelegentlich wird auch der Bereich psychischer Reize angesprochen. Von ihm war schon implizit die Rede, etwa im Zusammenhang mit der Herausstellung von spezifisch boulevardesken Themenbereichen oder bei der Beschäftigung mit diskursiven Strategien wie Simplifizierung oder der Bereitstellung emotionaler Adäquanz (siehe ▸ KAPITEL 1.1).

---

[142] Saxer u.a. (1979), S. 7.

[143] Man könnte auch, dem Beispiel von GRIMMINGER (1972: S. 23) folgend, von „Strategien“ sprechen.

[144] Psychologische Prozesse, die bei der Leseraktivierung ablaufen, sind nicht Gegenstand dieser Arbeit. Einführend sei etwa verwiesen auf: Donsbach (1991), S. 30-39; Büscher (1996), S. 94-96; Meissner (1994), S. 80-82.

[145] Donsbach (1991), S. 27.

3.1 Inhalt

3.1.1 Themenbereiche

Dass die Boulevardpresse bestimmte Themenbereiche (Verbrechen, Unglücke, Sport etc.) bevorzugt, wurde bereits dargelegt. Im Rekurs auf die klassische Arbeit von SCHRAMM (1949) lässt sich diese Präferenz damit erklären, dass solche Themen unmittelbare Gratifikationen („immediate rewards“) erzeugen.[146] Bei der Analyse der inhaltlichen Struktur von Aufmachern in der Boulevardpresse stützt sich diese Arbeit darüber hinaus auf Kriterien der Nachrichtenselektion, welche die Nachrichtenwert-Theorie hervorgebracht hat.

3.1.2 Nachrichtenwert-Theorie

Eine fundamentale journalistischen Leistung besteht darin, die Komplexität der Realität für die daraus generierte Berichterstattung in den Medien zu reduzieren. Jeder veröffentlichten Nachricht geht zwangsläufig ein Selektions- und Interpretationsprozess voraus.[147] Dieser Prozess der Nachrichtenauswahl ist in der Kommunikationswissenschaft eingehend untersucht worden, wobei sich drei Forschungstraditionen[148] herauskristalisiert haben: die Nachrichtenwert-, die „Gatekeeper“- und die „News Bias“-Forschung.[149] Während die „Gatekeeper“-Forschung[150] verallgemeinerbare Einflussfaktoren im freien Nachrichtenfluss hauptsächlich auf selektionsrelevante Eigenschaften beim Kommunikator zurückführt, beschäftigt sich die „News Bias“-Forschung sowohl mit Kommunikator als auch mit der Berichterstat-

---

146 Vgl. Schramm, Wilbur: The Nature of News, in: Journalism Quarterly (1949) 3, S. 259-269.

147 Vgl. Schulz, Winfried: Die Konstruktion von Realität in den Nachrichtenmedien, Freiburg; München 1976, S. 7.

148 Diese Forschungstraditionen „schließen sich nicht gegenseitig aus, sondern ergänzen sich zumindest partiell, da sie jeweils andere Variablen-Zusammenhänge in den Blick nehmen.“ Staab, Joachim F.: Nachrichtenwert-Theorie. Formale Struktur und empirischer Gehalt, Freiburg 1990, S. 202.

149 Vgl. Kepplinger, Hans Mathias: Theorien der Nachrichtenauswahl als Theorien der Realität, in: Aus Politik und Zeitgeschehen. Beilage zur Wochenzeitung Das Parlament, 7. April 1989, S. 3-16.

150 Die „Gatekeeper“-Forschung konzentrierte sich zunächst auf individuelle Präferenzen von Journalisten („Mr. Gates“), dann auf institutionell-organisatorische Umstände (die Redaktion als Nachrichtenbürokratie), schließlich wurden Redaktionen auch als kybernetische Systeme aufgefasst. Vgl. Joch-Robinson, Gertrude: 25 Jahre Gatekeeper-Forschung: Eine historische Rückschau und Bewertung, in: Aufermann u.a. (Hrsg.): Gesellschaftliche Kommunikation und Information, Frankfurt (M.) 1973, S. 344-355.

tung, wobei „die Perspektive hier stark auf die politischen Einstellungen der Journalisten und die daraus resultierenden Tendenzen der Berichterstattung eingeengt (ist).“[151] Dem gegenüber versucht die Nachrichtenwert-Theorie,

> „die Nachrichtenauswahl und -gestaltung der Massenmedien auf spezifische Eigenschaften und Qualitäten von Ereignissen und Meldungen zurückzuführen. ‚Objektive' Merkmale eines Ereignisses (Nachrichtenfaktoren) bestimmen danach, ob und wie – d.h. mit welchem Umfang, welcher Platzierung und mit welcher Aufmachung – die Medien darüber berichten.“[152]

Dieses Resultat der redaktionellen Gewichtung nach Umfang, Platzierung und Aufmachung bezeichnet man als „Nachrichtenwert“. Er wird einer Nachricht durch entsprechende Nachrichtenfaktoren verliehen. Prinzipiell werden Ereignisse, auf die viele Nachrichtenfaktoren in hohem Maße zutreffen, eher zur Veröffentlichung ausgewählt als entsprechende Ereignisse mit niedrigem Nachrichtenwert.

Die europäische Forschungstradition[153] setzte 1965 mit einer Arbeit von ÖSTGAARD ein, der darin drei Faktorenkomplexe identifizierte: Simplifikation, Identifikation und Sensationalismus. Darauf aufbauend entwickelten GALTUNG & RUGE einen ausdifferenzierteren Katalog von 12 Faktoren sowie insbesondere auch fünf Hypothesen über deren Zusammenwirken.[154] SCHULZ (1976) überarbeitete den Faktoren-Katalog von GALTUNG & RUGE hinsichtlich der operationalen Definitionen und erweiterte ihn um Faktoren, die auch Untersuchungen über nationale bzw. unpolitische Ereignisse zuließen.[155] Damit ging eine erkenntnistheoretische Umorientierung einher: SCHULZ versteht Nachrichtenfaktoren nicht mehr als Merkmale von Ereig-

---

[151] Eilders, Christiane: Nachrichtenfaktoren und Rezeption. Eine empirische Analyse zur Auswahl und Verarbeitung politischer Information, Opladen 1997, S. 15.

[152] Staab (1990), S. 203.

[153] Die amerikanische Forschungstradition, die man bis zur Einführung des Begriffs „news value“ bei Walter LIPPMANN zurückverfolgen kann, wurde v.a. in der dortigen Praktikerliteratur entwickelt, weniger durch empirische Arbeiten. Häufig identifizierte Faktoren sind: *Unmittelbarkeit, Nähe, Prominenz, Ungewöhnlichkeit, Konflikt und Bedeutung (Konsequenzen)*. Vgl. Staab (1990), S. 42-55.

[154] Zur Selektions-, Verzerrungs-, Wiederholungs-, Additivitäts- und Komplementaritäts-Hypothese vgl. die Ausführungen bei Staab (1990), S. 62f.

[155] Die genannten Vorgängerstudien untersuchten ausschließlich internationale Ereignisse. SCHULZ (1976) operationalisierte anhand mehrstufiger Skalen erstmals die Intensität von Nachrichtenfaktoren. Dazu zählte er: *Persönlicher Einfluss, Prominenz, Erfolg, Zeitliche Ausdehnung, Räumliche Nähe, Politische Nähe, Kulturelle Nähe, Struktur, Relevanz, Ethnozentrismus, Überraschung, Thematisierung, Nationale Zentralität, Personalisierung, Konflikt, Kriminalität, Schaden und Regionale Zentralität.*

nissen, sondern als „journalistische Hypothesen von Realität“[156]. Die Nachrichtenwert-Theorie kann damit „nicht mehr zur Erklärung des eigentlichen Selektionsprozesses herangezogen werden, ihr Geltungsbereich beschränkt sich vielmehr auf die Frage nach der Bedeutung von Nachrichtenfaktoren für die Gewichtung von Beiträgen durch Umfang, Platzierung oder Aufmachung.“[157]

Trotz teilweise widersprüchlicher Ergebnisse bei einzelnen Faktoren gilt die Nachrichtenwerttheorie für die journalistische Selektion als empirisch bestätigt[158] – zuletzt durch Arbeiten von STAAB (1990)[159] und EILDERS (1997). Letztere hat den theoretische Geltungsbereich auch auf die Rezeption ausgedehnt: „So lassen sich Nachrichtenfaktoren als allgemein menschliche Wahrnehmungs- und Selektionskriterien begreifen, die die Nachrichtenauswahl von Journalisten und Rezipienten gleichermaßen steuern.“[160] Erklärt wird dies in erster Linie mit der Existenz evolutions- und wahrnehmungspsychologischer Mechanismen, die dem Menschen helfen sollen, bei der Umweltbeobachtung relevante Umweltreize herauszufiltern und so die vorhandene Komplexität zu reduzieren.[161]

■ Bezugsrahmen Boulevardpresse

Die soeben erwähnte Rückbindung von Nachrichtenwerten an das Publikum klingt auch schon in der Arbeit von WILKE (1984) an, der darauf hinweist, man müsse „die Funktion von Nachrichtenwerten instrumentell verstehen [...]. Nachrichtenwerte haben somit ihre journalistische Funktion darin, die Aufmerksamkeit des Publikums zu gewinnen.“[162] Nicht zuletzt aus dieser

---

[156] Schulz (1976), S. 12ff.

[157] Staab (1990), S. 205.

[158] Vgl. Eilders, Christiane; Wirth, Werner: Die Nachrichtenwertforschung auf dem Weg zum Publikum: Eine experimentelle Überprüfung des Einflusses von Nachrichtenfaktoren bei der Rezeption, in: Publizistik (1999) 1, S. 35-57.

[159] Zur finalen Betrachtungsweise von Nachrichtenfaktoren (Finalmodell), wonach Kommunikatoren bei der Nachrichtenselektion bestimmte Ziele verfolgen, vgl. Staab (1990), S. 96-99.

[160] Eilders; Wirth (1999), S. 35. Schon GALTUNG & RUGE hatten Nachrichtenfaktoren als allgemein menschliche Auswahlkriterien aufgefasst; vgl. ebd., S. 37. In diesem Zusammenhang ist vor allem noch ungeklärt, in wieweit Rezeptionsentscheidungen mit der Aufmachung von Beiträgen zusammenhängen; vgl. ebd., S. 39.

[161] Vgl. Eilders (1997), S. 85-123.

[162] Wilke, Jürgen: Nachrichtenauswahl und Medienrealität in vier Jahrhunderten. Eine Modellstudie zur Verbindung von historischer und empirischer Publizistikwissenschaft, Berlin; New York 1984, S. 234.

Perspektive sind Nachrichtenfaktoren relevante Charakteristika[163] im Forschungskontext dieser Arbeit: Sie ermöglichen Aussagen über inhaltliche Strukturen, die Boulevardzeitungen wie BILD aufweisen, um Aufmerksamkeit zu erzeugen. Der Aufmacher ist in diesem Zusammenhang die höchste Stufe des Beachtungsgrades, der einer Nachricht zugestanden wird.

Abschließend ist zu erwähnen, dass aus der Nachrichtenwert-Forschung nur sehr wenige, vereinzelte Befunde zu „[spezifischen] Selektions- und Aufmerksamkeitskriterien“[164] der Mediengattung Straßenverkaufszeitung vorliegen.[165] Zudem beschränken sich diese Ergebnisse meist auf das Ressort Politik. So ermittelte STAAB, dass speziell der Faktor „Personalisierung“ auf den Umfang der politischen Gesamtberichterstattung in den Kaufzeitungen BILD und „Abendpost“ großen Einfluss nahm. Besonders relevant waren auch die Faktoren „Kontroverse“, „möglicher Nutzen“ und „möglicher Schaden“ – allerdings traf dieser Befund auf alle untersuchten Mediengattungen zu.[166]

Was unpolitische Nachrichten in BILD betrifft, so ergab eine Faktorenanalyse von SCHULZ: „Ein relativ großes Gewicht haben [...] kurzfristige Ereignisse, Vorkommnisse in politisch und kulturell eng mit der Bundesrepublik verbundenen Ländern, Ereignisse in politisch und ökonomisch bedeutenden Regionen und Ländern, einfaches und eindeutiges Geschehen und stark personalisierte Vorgänge.“[167]

---

[163] Im einzelnen geht es um Charakteristika von *Ereignissen* (z.B. Prominenz der beteiligten Akteure), der *Nachricht* (z.B. Personalisierung) sowie der *Relation zwischen Ereignis und Rezipient* (z.B. räumliche Nähe). Vgl. Staab (1990), S. 58f.

[164] Ebd., S. 151.

[165] Bereits im theoretische Ansatz von ÖSTGAARD war von der Faktorendimension „Sensationalismus“ die Rede, in die vornehmlich „soft news“ fallen: für Boulevardzeitungen typische Nachrichten über Unglücke, Verbrechen, Kuriositäten oder Klatschgeschichten. Vgl. Schulz (1976), S. 14.

[166] Vgl. Staab (1990), S. 151 und S. 165. Die Untersuchung umfasste die Gattungen Qualitäts- und Abonnementzeitungen, Hörfunk, Fernsehen und den dpa-Basisdienst.

[167] Schulz (1976), S. 92. Die entsprechenden Faktoren lauten: *Dauer, politische Nähe, kulturelle Nähe, nationale Zentralität, Struktur* und *Personalisierung.* Die Ergebnisse bei BILD unterschieden sich wohlgemerkt kaum von denen der untersuchten Abonnementzeitungen.

3.2 Form

Wesentliche formale Bestandteile des Aufmachers in der Boulevardpresse sind Überschriften und Haupttext (auch Fließtext genannt) sowie Fotos. Oft enthält der Aufmacher auch weitere grafische Gestaltungselemente, zum Beispiel Linien und Raster.

3.2.1 Grundsätze beim Layout

Das Layout einer Zeitung erfüllt mehrere **Hauptfunktionen**:[168] Es soll die Zeitung mit den Mitteln der Übersichtlichkeit, Ordnung und Lesbarkeit **schnell benutzbar** machen; es soll **inhaltliche Wertungen** der Redaktion optisch umsetzen und nicht zuletzt auch ein **redaktionelle Konzept signalisieren**: „welchen Stil eine Zeitung pflegt, wen sie ansprechen will, und was sie für eine Anmutung hat: seriös oder unterhaltend, konservativ oder fortschrittlich."[169] Bei Boulevardzeitungen erfüllt das Layout naturgemäß vor allem den Zweck, Aufmerksamkeit für das Produkt zu erzeugen. Vor diesem funktionalen Hintergrund bieten Boulevardblätter gewöhnlich eine größere Bandbreite und Häufigkeit formaler Gestaltungsmittel als Abonnementzeitungen. Jene bevorzugen bei der Informationspräsentation eine klar und wiederkehrend gegliederte, farblich und größenmäßig eher zurückhaltende Anmutung. Dagegen

> „(sind) *Bild* und ihre Schwestern das reine Gegenteil: Sie wechseln Spaltenzahl und -breiten, feiern Orgien der Schriftmischung, lassen Aufmacher mit Balkenüberschriften brüllen, vergewaltigen Schriftschnitt und -duktus, verwenden Fotos in vielfältigen Größen und Beschnitten, lassen die Schmuck- fast zur Grundfarbe werden."[170]

Die Details dieses visuellen Konzepts werden in den folgenden Abschnitten erörtert. Zunächst sei noch von zwei Layout-Grundsätzen die Rede. Fundamental (wie vielleicht auch etwas banal) ist der Hinweis darauf, dass **große Elemente** auf einer Zeitungsseite **auffälliger** sind als kleine. Für den Aufmacher z.B. bedeutet dies: Er „kann in seinem Text kürzer sein als das Hintergrundstück am Fuß der Seite. Er muss jedoch als Gesamtkomplex mit der Überschrift und in seiner Spaltigkeit optisch größer wirken als alles andere, um tatsächlich als das Wichtigste wahrgenommen zu werden."[171]

---

[168] Zu den Layoutfunktionen vgl. Brielmaier; Wolf (1997), S. 13-22.
[169] Ebd., S. 20.
[170] Meissner (1994), S. 89.
[171] Meissner (1994), S. 222f.

Die eminente Bedeutung der oberen Seitenhälfte für den Absatz von Boulevardblättern wurde bereits angesprochen.[172] Innerhalb dieser Fläche besteht eine weitere Wahrnehmungshierarchie. Wie Studien mit Augenbewegungskameras zur Blickführung des Lesers auf Zeitungsseiten ergaben, verläuft der Blick gewöhnlich entlang einem umgedrehten „S“. Demnach ist die linke obere Ecke einer Zeitungsseite „the primary optical area.“[173] Entsprechend der Blickführung steht das etwas weniger Wichtige auf der Seite oben rechts, das Nachrangigc unten.[174]

3.2.2 Typografie

Unter Typografie versteht man die Schriftgestaltung und -verwendung. „Die Typografie hat in erster Linie dem komfortablen Lesen zu dienen.“[175] Bei Kaufzeitungen steht gleichermaßen ihre Werbefunktion im Vordergrund. Die Erregung von Aufmerksamkeit hängt auch hier, neben Fettungen oder dem Einsatz farbiger Typografie, primär mit der Größenverwendung zusammen: Große Schriften erzeugen mehr Auffälligkeit als kleine. Ab einer Buchstabenhöhe von 14 Punkt (5,25 Millimeter) spricht man von „Schaugrößen“. „Mit ihnen wird entweder Wichtiges mitgeteilt oder auf größere Entfernung lesbar gemacht. Mit solchen Graden werden Überschriften, Titel, Anzeigen, Plakate und Buchumschläge versehen.“[176] Bei der selektiven Zuwendung zu Texten kommt Überschriften generell eine bedeutende Funktion zu.[177] Ein Extremfall unter den Schaugrößen einer Zeitung ist die **Schlagzeile**, deren fundamentale Bedeutung für die Boulevardzeitung das vorigen Kapitel bereits angesprochen hat. SAXER U.A. fassen sie neben Text und Bild als sogar eigenes (drittes) formales Hauptelement dieses Zeitungstyps auf.[178] Diese Bedeutung ist auch in ihrer Flächenrelation zum Aufmacher, für den sie werben sollen, ersichtlich: Beim schweizerischen

---

[172] Bei Kleinformaten („Tabloids“) entfällt dieses Prinzip, weil sie meist ganzseitig ausgestellt sind.

[173] Edmund Arnold, zit. nach Meyer; Frohner (1996), III., S. 18.

[174] Vgl. Meissner (1994),S. 88f.

[175] Barmettler, Clemens: Kommunikations-Design, in: Pürer (1996), S. 273-300, hier: S. 276.

[176] Meissner (1994), S. 35. Der Punkt ist das typografische Maß für die Angabe der Schrifthöhe. Ein (europäischer) Punkt entspricht 0,375 Millimetern. Vgl. Meyer; Frohner (1996), III, S. 54.

[177] Vgl. hierzu: Donsbach (1991), S. 91.

[178] Vgl. Saxer u.a. (1979), S. 151.

Boulevardblatt „Blick“ etwa machte die Schlagzeile im Durchschnitt 30 Prozent der Aufmacherfläche aus.[179]

Riesige Schlagzeilen sind nicht nur aus großer Entfernung und ohne große Anstrengung sichtbar – und damit kaum zu übersehen; sie suggerieren dem Leser auch eine enorme Bedeutung der Nachricht, sie geben ihm das Gefühl, besonders Wichtiges zu lesen: „Viele Leser glauben [...], je größer die Überschrift, desto bedeutender müsse auch die Schlagzeile sein.“[180] In vielen Fällen wird die Schlagzeile mit **Vor- oder Nachzeilen** (auch Über- bzw. Unterzeile genannt) kombiniert: „They can provide additional information that will attract the reader.“[181] Neben der Größe beeinflusst auch die **Schriftart** die Wahrnehmung von Typografie.[182] „The key to choosing headline typeface is instant readability.“[183] Grundsätzlich unterscheidet man Schriften mit Serifen (Antiqua-Schriften) von denen ohne Serifen (Grotesk-Schriften).[184] Bei Boulevardblättern dominiert die Gattung „Grotesk“ die Schaugrößen: „Als Titelzeilen wirken Grotesk lauter und dominierender als alle anderen Schriftgruppen, besonders wenn man die fetten und extra fetten Schnitte dieser Gattung betrachtet.“[185]

■ Weitere Gestaltungsmerkmale in Verbindung mit Typografie

Unter den übrigen typografischen Gestaltungsmerkmalen[186] tragen vor allem **Rot-Elemente** und **Negativ** (meist in Schwarz) dazu bei, zum Verkauf ausliegende Zeitungen zur Kenntnis zu nehmen. „Der Kontrast von Rot und Schwarz ist weltweit Kennzeichen von Boulevard-Zeitungen.“[187] Dafür gibt es mindestens zwei Gründe: Als kräftige, warme Farbe tritt **Rot** gegenüber anderen Farben deutlich hervor und kann sich selbst neben schwarzer Balkentypografie behaupten. Das Layout einer Zeitungsseite wird dadurch

---

179 Durchschnittswert einer Stichprobe aus dem Zeitraum 1959-1979. Vgl. Saxer u.a. (1979), S. 151.

180 Maurer, H.: Die Entwicklung der englischen Zeitungsschlagzeile von der Mitte der zwanziger Jahre bis zur Gegenwart, Bern 1972, S. 11.

181 Rehe, Rolf F.: Typography and design for newspapers, Darmstadt 1985, S. 50.

182 Diese Darstellung vernachlässigt einige Faktoren, die ebenso die Lesbarkeit beeinflussen, z.B. Zeilenbreite, Zeilenabstand, Druckträger (Art des Papiers) sowie Schriftschnitt. Vgl. Barmettler (1996), S. 276; sowie: Brielmaier; Wolf (1997), S. 210-213.

183 Ames, Steven E.: Elements of newspaper design, mit einem Vorwort von Edmund C. Arnold, New York 1989, S. 123.

184 Serifen: Abschlussstriche am Kopf oder Fuß von Zeichen. Vgl. Barmettler (1996), S. 277.

185 Brielmaier; Wolf (1997), S. 200.

186 Einen Überblick gibt: Meissner (1994).

187 Küpper, Norbert: Farbe (Beilage „Werkstatt“), in: Medium Magazin (1999) 8, S. 9.

kontrastreicher und wirkt interessanter. Daneben bedient sich die Boulevardpresse der Farbe Rot (als Linien, Rahmen, Raster, Pfeile, etc.), um ihre thematischen Präferenzen auf dem Gebiet von *Sex and Crime* zu visualisieren: „Rot kann [...] starke Emotionen wie Spannung oder Angst vermitteln."[188] KÜPPER zählt in diesem Zusammenhang einen Katalog von Themen auf, bei denen Rot gerne eingesetzt wird: „Kriege, Katastrophen, Revolutionen, Feuer, Hitze, Gefahr, aber auch Liebe, Leidenschaft, Begierde, Aktivität, Hektik, Dynamik."[189] Dagegen lässt sich die kulturelle Bedeutung der Farbe **Schwarz** „zu eindrucksvollen Inszenierungen der Bedrohung, des Unheimlichen und Bösen oder der Trauer nutzen."[190] Eine häufige Anwendung in Boulevardzeitungen ist die Unterlegung von Überschriften oder ganzer Beiträge mit schwarzem Raster (Negativ).

3.2.3 Bilder

Die Bezeichnung „Bild" wird hier als Sammelbegriff für alle denkbaren Visualisierungsformen verwendet: Fotos, Karikaturen, Infografiken, Vignetten etc. Der Aufstieg der Boulevardpresse (wie auch der Massenpresse allgemein) ist eng mit Innovationen auf dem Gebiet der Illustration verbunden.[191] Waren es anfangs Holzschnitte, deren Abbildung den Sensationsmeldungen Authentizität verleihen sollten, wurden mit Einführung der fotomechanischen Rastertechnik (ab 1880) in den USA erstmals auch Fotografien abgebildet, zunächst aber nur gestellte Szenen: „‚Show it in action' sagen die Amerikaner und haben die Notwendigkeit so früh begriffen, daß sie bei mangelhafter Pünktlichkeit der Kamera zum Zeichenstift griffen und in die Photographie des Kassenraums z.B. die eindringenden Räuber und die abwehrenden Bankbeamten einfach hereinzeichneten."[192] Durch den Einsatz neuer handlicherer Kameras (z.B. der Leica) ab etwa 1925 gewannen dynamische, spontane Fotografien an Bedeutung. Innovationen in der Bildübertragungstechnik steigerten die aktuelle Verfügbarkeit und damit auch ihre Bedeutung für die Berichterstattung der Presse.

---

188 Stark, Pegie: Einige Anmerkungen zum Einsatz von Farbe in der Zeitung, in: Zeitungstechnik (1992) 6, S. 18-20, hier: 20.

189 Ebd.

190 Saxer; Märki-Koepp (1992), S. 189.

191 Die folgende Darstellung basiert auf: Macias, José: Die Entwicklung des Bildjournalismus, München u.a. 1990, S. 1-60.

192 Dovifat (1990), S. 148.

3.2.3.1 Funktion von Fotos

Die Visualisierung in Boulevardblättern wird seit langem von Fotografien dominiert. Pressefotos erfüllen im Wesentlichen drei **Funktionen.**[193]

[1.] Sie haben die Aufgabe, (in der Regel: aktuelle) Realität zu *dokumentieren* oder zumindest Authentizität zu *suggerieren* (**Belegfunktion**). Obwohl Fortschritte der Bildmanipulation in jüngster Zeit häufiger das Gegenteil nahe legen[194], haftet Fotos aus Sicht der meisten Leser offenbar weiter der „Nimbus des Wahren“[195] an, getreu der Erkenntnismaxime: „Es ist photographiert worden, also existiert es!“[196]

[2.] Fotos werden zudem verwendet, um Textinhalte zu veranschaulichen (**Darstellungsfunktion**).

[3.] Für den Kontext der vorliegenden Untersuchung von vorrangiger Bedeutung ist schließlich die **Werbefunktion** von Fotos: Sie können als Blickfang zur Lektüre von Texten motivieren.

3.2.3.2 Fotos als Blickfang

Für die Fotoanalyse bei Boulevardzeitungen erscheint vornehmlich eine Frage relevant: Welche Fotoformen und -inhalte eignen sich besonders, um die Aufmerksamkeit des Lesers zu steigern, Emotionen zu wecken? Der Versuch einer entsprechenden Typologisierung erweist sich als schwierig: Als empirisches Forschungsfeld ist die Pressefotografie (vor allem hierzulande) bislang eher unterbelichtet.[197] Diese Arbeit greift daher im folgenden häufiger auf die einschlägige Praktikerliteratur zurück.

---

193 Vgl. hierzu: Blum; Bucher (1997), S. 64f; Saxer; Märki-Koepp (1992), S. 88-94.

194 Zu den schier grenzenlosen Manipulationsmöglichkeiten durch digitale Bildbearbeitung sowie zum manipulativen Potential der herkömmlichen Fotografie vgl. Blum; Bucher (1997), S. 69f. Zur begrenzten „Objektivität“ von Fotos vgl. Beifuß, Hartmut u.a.: Bildjournalismus. Ein Handbuch für Ausbildung und Praxis, 2., völlig neu überarb. Aufl., hrsg. von Rolf Sachsse, München 1994, S. 125f.

195 Vgl. ebd.

196 Karl Pawek, zit. nach: Waller, Klaus: Fotografie und Zeitung. Die alltägliche Manipulation. Düsseldorf 1982, S. 21.

197 Vgl. die Würdigung vorliegender Literatur – mit Schwerpunkt auf dem Genre Zeitschriftenfoto – bei Saxer; Märki-Koepp (1992), S. 90. Zur Kritik an der mangelhaften Systematisierung vgl. auch: Jungmeister, Walter-Alexander: Das Bildmaterial von Schweizer Tageszeitungen. Wirklichkeitskonstruktion durch rituelle Redundanz. Eine vergleichende inhaltsanalytische Untersuchung zu Form und Funktion der Presseillustration, Zürich 1991, S. 7.

■ Formale Kriterien

Bestimmte formal-ästhetische Kriterien können offenbar das emotionale Wirkungspotential von Fotos steigern. Einige wichtige Regeln fasst BARMETTLER zusammen:

> „So würde der Blick des Lesers laufen, wenn er die Wahl zwischen einem jeweiligen Gegensatzpaar hätte:
>
> - Große vor kleinen Bildern
> - Nahaufnahmen (Detail) vor Weitwinkel
> - Menschen vor Gegenständen
> - Bewegung vor Ruhe
> - Mehrfarbige Bilder vor einfarbigen
> - Bildsequenzen vor Einzelbildern."[198]

Aus diesem Katalog sei noch einmal der Bereich **Bildausschnitt** herausgestellt. „Generally, the axiom ‚less is more' applies to photo editing."[199] Ausdrucksstarke, fesselnde Fotos zeichnen sich in ihrem Bildschnitt durch die Konzentration auf das Wesentliche aus. Allgemein zeigt die Bildgestaltung in den Printmedien einen Trend in Richtung Nahaufnahme.[200] Eine Extremform ist das **Freistellen** von Fotos: „Freistellen heißt, daß man unwichtige Partien wegschneidet und dadurch wichtige Bildteile hervorhebt. [...] Das Freistellen darf nicht zu oft eingesetzt werden, weil dieser Effekt sich leicht abnutzt."[201] Auch das **Format** und ausgeprägte **Hell-Dunkel-Kontraste** können die Eindrücklichkeit eines Fotos verstärken.[202] Werden mehrere Fotos in einem Beitrag verwendet, entstehen **Kontraste durch die Varianz von Größe** und Format. „Ein großes Bild wird größer, wenn ein kleines daneben steht, und das kleine wird durch das große Bild wichtiger."[203]

■ Fotoinhalte

Die Tendenz zur Personalisierung in den Medien allgemein – und den Boulevardmedien im Besonderen – spiegelt sich auch in der Pressefotografie wieder. „‚Der Mensch' ist und bleibt das vorherrschende und sowohl von der Abbildlichkeit als auch vom Interesse des Rezipienten her bestimmende

---

[198] Barmettler (1996), S. 287.
[199] Rehe (1985), S. 65.
[200] Vgl. Barmettler (1996), S. 286.
[201] Küpper, Norbert: Das Zeitungs-Layout, in: Medium Magazin (1994) 3, Beilage „Journalisten-Werkstatt", S. 22.
[202] Vgl. Meyer; Frohner (1979ff.), III., S. 27.

Objekt."[204] Die Dominanz von Personendarstellungen hat z.B. WALLER bei deutschen Tageszeitungen, SAXER & MÄRKI-KOEPP bei schweizerischen Zeitschriften empirisch belegt.[205] Auch die Studie über die Boulevardzeitung „Blick" (SAXER U.A. 1979) verzeichnet einen hohen Anteil Personenfotos.[206] Neben dem sehr allgemeinen Befund, dass Menschen sich für Menschen interessieren, stehen in der Literatur weitere Aussagen über **spezielle fotografische Sujets zur Leseraktivierung** zur Verfügung:

⇒ An erster Stelle ist die **Erotik** zu nennen. Sexuelle Reize zeichnen sich dadurch aus, dass sie sich „kaum abnutzen, immer neu wirken und fast alle Zielgruppen ansprechen"[207]. In Boulevardzeitungen sind insbesondere sexuell attraktive Frauenkörper Teil einer warenästhetischen Strategie („sex sells"), wie man sie auch aus der Produktwerbung kennt.[208] Hier wie dort wird Erotik „ähnlich einer reisserischen Schlagzeile"[209] zur Aufmerksamkeitsbindung eingesetzt.

⇒ Ein hohes Aktivierungspotential besitzt auch ein Sujet, das man im weitesten Sinne mit dem Etikett „**Gewalt und ihre Opfer**" (v.a. im Rahmen von Verbrechen und Unglücken) versehen könnte.[210] Hierzu zählen traditionell grauenerregende Abbildungen etwa von verunglückten oder ermordeten Menschen, die von Boulevardblättern seit den frühen Tagen der Fotografie eingesetzt wurden.[211] Wie beim hohen Interesse an Themen und

[203] Barmettler (1996), S. 275; vgl. ebenso: Blum; Bucher (1997), S. 65.

[204] Saxer; Märki-Koepp (1992), S. 90f. Zur Personen-Zentriertheit von Pressebildern siehe auch: Hartmann, Thomas: Transfer-Effekte – Der Einfluß von Fotos auf die Wirksamkeit nachfolgender Texte, Frankfurt (M.) u.a. 1995, S. 11.

[205] Vgl. Waller (1982), S. 37f.; Saxer; Märki-Koepp (1992), S. 177.

[206] Vgl. Saxer u.a. (1979), S. 176f.

[207] Meissner (1994), S. 80.

[208] Vgl. Weber, Klaus: Die Sprache der Sexualität in der BILD-Zeitung. Ein interdisziplinärer Versuch über formal-synthetische Literatur, Berlin 1980, S. 60-62; Suter, Ruedi: Barfuss bis zum Hals. Die sauberen Miezen von Seite 3, in: Bürgi (1984), S. 175-184; Malcolm, Gregory: Die nackte Wahrheit: Die Mädchen auf Seite 5, in: Bruck (1991a), S. 169-183.

[209] Klein, Marie-Luise; Pfister, Gertrud: Goldmädel, Rennmiezen und Turnküken. Die Frau in der Berichterstattung der BILD-Zeitung, Berlin 1985, S. 26.

[210] BÜSCHER (1996: S. 139f.) spricht sinngleich von „erschreckenden Fotos"; SAXER; MÄRKI-KOEPP (1992: S. 92) ordnen den Bildtyp in den Bereich des „Sensations-Fotos" ein. Dieses wirkt ebenfalls mit dem emotionalen Prinzip des Schocks, ist aber stark von Live-Charakter geprägt.

[211] Vgl. Dovifat, Emil: Auswüchse der Sensations-Berichterstattung, Stuttgart 1930, 16f. Berühmt wurde z.B. die heimliche Aufnahme der Hinrichtung von Ruth Snyder auf dem elektrischen Stuhl, 1928 abgedruckt im Boulevardblatt „New York Daily News". Vgl. Kobré, Kenneth: Photo Journalism: The Professional's Approach, Boston u.a. 1996, S. 329f.

Schilderungen im Bereich *Crime* ist hierfür offenbar das Bedürfnis nach dem Erleben kontrollierter Angst („Safe Thrills")[212] ursächlich.

⇒ Emotionale Reaktionen kann auch die Abbildung von **Kindern** provozieren. Ursache hierfür sind eine Reihe von Schlüsselreizen („Kindchenschema"), die sich besonders auf das Klischee vom kleinen Kind mit großen Augen, vollen Wangen, rundlichen Körperformen, etc. beziehen.[213]

⇒ „Einen ähnlichen Effckt rufcn die ‚positiven' **Tiere** (z.B. Hunde, Katzen, Rehe) hervor, der noch verstärkt wird, wenn es sich [...] um junge Tiere handelt."[214]

3.2.4 Zusammenfassung

- Wie vor allem die Auswertung der Praktikerliteratur ergab, ist die optische Aufdringlichkeit von **Schlagzeilen** ein wesentliches Reizmittel der Boulevardpresse; **Größe** und **Position** auf der Seite sind hierbei wichtige abhängige Variablen. Eine bedeutende Rolle spielen auch grafische Elemente in der Farbe **Rot** sowie **Negativraster**.
- Bei **Fotos** ist ihre Größe nur einer von mehreren Wahrnehmungsfaktoren; Bildschnitt, Format, Farbe oder ausgeprägte Hell-Dunkel-Kontraste entscheiden mit darüber, welche Aufmerksamkeit Fotos erzeugen. Bestimmten reizstarken Bildinhalten (z.B. Erotik, das Sujet „Gewalt") wird das Potential zugeschrieben, das Aktivierungsniveau des Betrachters zu erhöhen. Entsprechend bringt etwa Hans DICHAND das fotografische Konzept der „Neuen Kronen Zeitung" auf die Formel: „Kinder, Mädchen, Tiere"[215].
- Die hohe **Bedeutung von Fotos für die Leseraktivierung** in der Boulevardpresse ist unbestritten. Ob in aller Regel über das Bild sogar der *erste Blickkontakt* zustande kommt – und nicht über die Schlagzeile, wie Studien Anfang der 90er Jahre feststellten[216], ist dagegen im Bezug auf die

[212] Vgl. ▸ KAPITEL 1.4.
[213] Vgl. Meissner (1994), S. 80.
[214] Ebd.
[215] Dichand, Verleger der Neuen Kronen Zeitung, zit. nach: Malcolm, Gregory: Am Busen des Erfolges: Hans Dichand (Interview), in: Bruck (1991a), S. 162-168, hier: S. 165.
[216] Bei einer Studie (1990) des Poynter Institute anhand dreier amerikanischer Regionalzeitungen stiegen 85 Prozent der Leser über Fotos in die Zeitungslektüre ein. Vgl. Koschnick, Wolfgang: Am Anfang steht das Bild, in: Die Zeitung (1990) 10, S. 6. Zu ähnlichen Ergebnissen kam 1989 eine Studie des Zeitungsdesigners Norbert Küpper mit Lesern des „Badischen Tagblattes", vgl. Blum; Bucher (1997), S. 66.

Boulevardpresse fraglich. Denn diese Studien beschäftigten sich ausschließlich mit Abonnementzeitungen. Bei BILD und anderen Kaufzeitungen lautet dagegen die Diagnose, dass sie sich in den meisten Fällen über ihre Schlagzeilen, weniger über die Bilder verkaufen.[217] „In der Boulevardzeitung kommt das Foto erst an zweiter Stelle. Der Text, die Story, das Thema sind heute verkaufsentscheidend. [...] Wenn das Thema wirklich spannend ist und interessiert, wird es auch ohne Illustration gelesen.“[218] Zumindest aber kann man von komplementären Effekten ausgehen, etwa dem: „Schon ein kleines Foto kann den Aufmerksamkeitswert auch einer großen Schlagzeile deutlich steigern.[219]

Im zurückliegenden Abschnitt wurden formale Aspekte der Leseraktivierung relativ ausführlich betrachtet. Auch im praktischen Teil dieser Studie wird der Bereich Form einen breiten Raum einnehmen. Hintergrund ist die hohe Priorität optischer Reize in der Boulevardpresse. Dies gilt auch für die BILD-Zeitung, wie MEISSNER feststellt: „In der *Bild* regiert die Form. Sie inszeniert den Inhalt.“[220]

---

[217] Vgl. Brielmaier, Peter (1997), S. 23.

[218] Ewald Struwe, langjähriger Chefredakteur der „Bild am Sonntag“, zit. nach Meyer; Frohner (1979ff.) III, S. 46 (22).

[219] Beifuß (1994), S. 184.

[220] Meissner (1994), S. 202.

3.3 Sprache

Welche semantischen Merkmale sind geeignet, um als „Attraktivmacher"[221] beim Rezipienten Interesse zu erzeugen? In der Pressesprache weisen bestimmte Stilmittel Texte als „kontaktorientiert"[222] aus. „Als kontaktorientiert können nur solche Äußerungen bezeichnet werden, denen die dominierende Intention zuschreibbar ist, die Aufmerksamkeit des Empfängers auf eine bestimmte Information (bzw. Aspekte davon) oder auf den Informationsträger selbst zu lenken."[223] Damit ist im Grunde nichts anderes als „emotionale Sprache" gemeint. Im Anschluss werden wichtige sprachliche Mittel aufgeführt, die ein starkes emotionalisierendes Potential aufweisen und daher sehr häufig in der Boulevardpresse zum Einsatz kommen.[224] Im gegebenen Umfang dieser Arbeit kann nur ein relativ grobes Merkmalsraster erstellt werden. Weil sich die anschließende Textanalyse auf Überschriften beschränkt, wird auf die Darstellung narrativer Aspekte verzichtet.

Bei aller Heterogenität der folgenden Sprachmittel kommt doch immer wieder ein Selektions- bzw. Konstruktionsprinzip zum Tragen, das **Prinzip Abweichung**: „Verfahren der Abweichung sind – das lehrt schon die klassische Rhetorik – ein wichtiges Mittel, um Äußerungen aufzuwerten, auffällig zu machen, Texte aufzulockern und dadurch dem Adressaten Vergnügen zu bereiten."[225]

3.3.1 Syntax

⇒ Bei den Satzarten heben sich **Ausrufesätze** („Sie wollen wieder die 40-Stunden-Woche!", „Was für eine Explosion!"), **Aufforderungssätze** („Gauweiler: Kohl muss abtreten!") und **Anreden** („Majestät, es ist nur

---

[221] Lüger, Heinz-Helmut: Pressesprache, 2., neu bearb. Aufl., Tübingen 1995, S. 35. Der Begriff stammt ursprünglich aus der Werbesprache.

[222] Ebd., S. 72. Der Autor unterscheidet als vier weitere Grundtypen von Pressetexten: informationsbetonte, meinungsbetonte, auffordernde und instruierend-anweisende Texte. Vgl. ebd., S. 66-72.

[223] Ebd., S. 73.

[224] Die folgenden Ausführungen basieren wesentlich auf: Kroppach, Dieter: Journalistische Aussageweisen. Ein Beitrag zur Sprache der Presse, in: Publizistik 21 (1976) 2, 196-207. Wittwen, Andreas: Infotainment: Fernsehnachrichten zwischen Information und Unterhaltung, Bern u.a. 1995, S. 56-58 und S. 132-136; Ahlke, Karola; Hinkel, Jutta: Sprache und Stil: ein Handbuch für Journalisten, Konstanz 1999, S. 55-138. Die beigefügten Beispiele stammen, wenn nicht anders belegt, aus BILD (Ausgabe München) im Zeitraum Dezember 1999 bis einschließlich Februar 2000.

[225] Lüger (1995), S. 104; vgl. auch Schneider (1984), S. 167; Büscher (1996), S. 96.

Blechschaden!“[226]) vom vergleichsweise verhaltenen Aussagesatz als affektgeladenes Stilmittel ab.

⇒ Gleiches gilt für **Fragesätze**, welche „ein geeignetes Mittel (sind), um die Neugierde des Lesers zu entfachen.“[227] (Beispiel: „[Riesen-Asteroid rast auf Erde zu] Leben wir nur noch 22 Jahre?“) Dies gilt erst recht für eine bestimmte Variante: „Ein vor allem in der Boulevardpresse beliebtes Mittel, Texte zu emotionalisieren, ist die Häufung oder Wiederholung von drängenden und bohrenden Fragen, die beim Rezipienten Unruhe stiften sollen“[228], wobei die aufgebaute Spannung keinesfalls immer durch eine Antwort gelöst wird.

⇒ Was das **Satzgefüge** angeht, so „(schaffen) expressive Wortstellungen, Doppelpunkt- bzw. Gedankenstrichkonstruktionen, Ellipsen oder kurzatmiger Satzbau (Steno-, Morse-, Mini-, Hacksyntax) Unruhe und Spannung, die sich dramatisch darbietet.“[229]

3.3.2 Wortschatz

⇒ Dem Leseanreiz dient ein **affektischer Wortschatz**. Im wesentlichen beinhaltet er Wörter aus dem Vorstellungsbereich „Erregung“, zum Beispiel die Lexeme: *Angst, Schrecken, Verbrechen, Wut, Trauer, Glück, Spannung, Sensation* (und die zugehörigen Wortfelder).[230] Hier ist jedoch anzumerken, dass die exzessive Verwendung solcher Wörter langfristig ihre emotionale Wirkung abstumpfen kann.[231] Im Umfeld des Konzepts „affektischer Wortschatz“ hebt BÜSCHER den konnotationsgeladenen Charakter von „Reizwörtern“ wie *Krebs* oder *Aids* hervor. „Aids“ z.B. stehe für „Siechtum mit tödlichem Verlauf“, „Sexualität (speziell Homosexualität und Promiskuität)“, „Ansteckungsgefahr“, „Ratlosigkeit der Medizin“ etc.[232]

---

[226] Das Beispiel stammt aus: Mittelberg (1967), S. 20.
[227] Ebd., S. 22.
[228] Kroppach (1976), S. 197.
[229] Wittwen (1995), S. 57.
[230] Vgl. Kroppach (1976), S. 196f. Welche speziellen Wortfelder in den Texten eines Massenmediums vermehrt vorkommen, ist in der Hauptsache stoffbedingt.
[231] Vgl. Pürer, Heinz: Grundsätze der Mediensprache, in: Pürer (1996), hier: S. 231. Reizwörter aus dem Bereich Sensation sind z.B.: *furchtbar, grauenhaft, entsetzlich, wahnsinnig* und *rasend.*
[232] Vgl. Büscher (1996), S. 179.

⇒ Die Aufmerksamkeit des Lesers kann zudem durch **Umgangssprache**[233] gefördert werden. Darunter fallen Sprachformen, die von den Normen der Hoch- bzw. Schriftsprache („Standardsprache") abweichen, der mündlichen Kommunikation entspringen, z.B. Mundart, Jargon[234] oder alltagssprachliche Verkürzungen („Wie war's?" statt „Wie war es?"). Die Verwendung von Alltagssprache und umgangssprachlichen Wendungen „dient der schnellen Verständlichkeit, dem ‚Farbigmachen' der Geschichten und dem Aufbau populärer Identifikationsmöglichkeiten."[235] Umgangssprache steht besonders gut im Einklang mit dem sensationalistisch-ausreizenden Duktus von Boulevardzeitungen, denn „sie scheut sich nicht, zu vergröbern und zu übertreiben; sie liebt das Imponiergehabe und das Drastische."[236] Die Bandbreite umgangssprachlicher Formulierungen reicht vom saloppen, hemdsärmeligen Stil bis hin zu recht derben Wortschöpfungen der Vulgär- bzw. Fäkalsprache („Bayern eine Scheiß-Elf"[237]).

⇒ Wie Satzgefüge an Frische und Kraft gewinnen können, wurde zuvor angedeutet. Auf der Wortebene findet die Raffung und Dynamisierung der Sprache ihre Entsprechung in **Komposita** (Wortzusammensetzungen), seien sie substantivisch („Schieber-Million"; „Euro-Angst"; „Deutsche-Bank-Chef", „Wunderstürmer") oder adjektivisch („computerverrückt").

3.3.3 Rhetorische Mittel

⇒ Zu einer Sprache, die auf Reizwirkung bedacht ist, gehören in erster Linie Gestaltungsmittel der *uneigentlichen* Rede, d.h. Stilfiguren mit übertragener Bedeutung, häufig etwa in Form einer **Metapher**. Dies ist ein verkürzter bildlicher Vergleich, meist vom Typ: ein „x" ist ein „Y".[238]

---

233 Henne, H.: Stichwort Umgangssprache. Werkstattbericht zum neuen ‚Paul', in: Munske, H.H. u.a. (Hrsg): Deutscher Wortschatz. Lexikologische Studien, Berlin; New York 1988, S. 813-826.

234 Jargon bezeichnet die Sondersprache einer Berufsgruppe oder Gesellschaftsschicht.

235 Bruck; Stocker (1996), S. 21.

236 Kroppach (1976), S. 200.

237 Das Beispiel ist entnommen: Voss (1999), S. 56.

238 Ein Beispiel ist Thomas Hobbes' berühmter Satz „Der Mensch ist des Menschen Wolf". Hier werden bildhafte Elemente der Wolfsnatur, z.B. seine Raubtierzähne, assoziativ hervorgerufen. Die eigentliche Aktivierung entsteht durch einen Erkenntnisprozess: Die Kombination *zunächst* unvereinbar anmutender Begriffe schafft erst Spannung, ihre Auflösung Gratifikationen. Zu „motivationalen" Eigenschaften der Sprachmetapher vgl. Schuster, Martin; Wickert, Johannes: Die Metapher als Figur der Bildkommunikation, in: Schuster, Martin; Woschek, Bernard P.: Nonverbale Kommunikation durch Bilder, Stuttgart 1989, S. 53-57.

Mit Hilfe der Metapher, dem „semantisch vielleicht raffiniertesten Mittel (...), können assoziative Verbindungen geschaffen werden, die weit unter den kognitiven Wahrnehmungsschwellen liegen,“ und die „emotional eindringen, ohne anzuklopfen.“[239] So können Metaphern Sprache bildhaft akzentuieren und auflockern, sie können selbst Abstraktes plastisch, nah und lebendig erscheinen lassen.[240] SCHNEIDER führt an, es sei „die königliche Funktion der Metapher, mit den alten Worten das Neue zu sagen.“[241] Daneben können Metaphern aber auch mit der „Überhöhung des Altbekannten“[242] selbst für gewöhnliche Sachverhalte immer wieder aufs Neue Aufmerksamkeit herstellen. So eignet sich das Sprachmittel Metapher beispielsweise hervorragend, um das im Grunde auf Sieg und Niederlage beschränkte Aktionsfeld der Sportberichterstattung rhetorisch aufzurüsten und zu variieren.[243]

⇒ Affektische Mittel sind neben der Metapher auch weitere spezielle Stilfiguren bildhafter Sprache, z.B. der **„echte“ Vergleich** (in der Regel mit dem Vergleichspartikel „wie“) sowie **Redewendungen** (z.B. „jemanden auf die Schippe nehmen“) und **Sprichwörter** – wobei besonders auch der leichten, frappierenden Abwandlung von Redewendungen und Sprichwörtern (im weitesten Sinne: Wortspielen) eine große emotionale Wirkung beigemessen wird.[244]

⇒ Der **Superlativ**, die höchste Steigerungsform eines Lexems, „verleiht einer Aussage eine hochexpressive und sensationelle Wirkungskraft.“[245]

⇒ Zur Attraktivitätssteigerung eines Textes dienen auch klangbildnerische Mittel, allen voran die **Alliteration,** z.B. **„**Wahnsinniger Würger“ oder

---

[239] So die metaphorisch angehauchte Formulierung in: Saxer u.a. (1979), S. 155.

[240] Vgl. Reger, Harald: Die Metaphorik in der Boulevardpresse, in: Muttersprache 84 (1974), S. 314-325. Im gleichen Sinne: Lüger (1995), S. 38.

[241] Schneider (1984), S. 169. Der Autor nennt z.B. „Geisterfahrer“ und „Butterberg“.

[242] Ebd.

[243] Vgl. Reger (1974), S. 315 und S. 324f. sowie Bruck; Stocker (1996), S. 23. Zur besonderen Relevanz von Sportberichterstattung als „Verkaufsfaktor“ in der Boulevardpresse vgl. Eilers (1978), S. 215-224. Spezielle Varianten uneigentlicher Sprache sind z.B. die Metonymie („Ich lese Goethe“) oder die Allegorie („Justitia war blind“).

[244] Vgl. Ahlke; Hinkel (1999), S. 86; Schneider; Esslinger (1998), S. 52f.; sowie: Meyer, Werner: Zeitungspraktikum, 3., überarb. Aufl., hrsg. von Mercedes Riederer, Starnberg 1997, S. 216-220.

[245] Voss (1999), S. 58. Zur superlativischen Ausdrucksweise zählten neben dem eigentlichen Superlativ „all die Mittel, die einen hohen Grad ausdrücken: die einfache Wortwahl (Typus ‚sagenhaft'), die sogenannten Volkssuperlative (Typus ‚Bombenstimmung'), die Gradadverbien und -adjektive (Typus ‚unheimlich schwach')." Kroppach (1976), S. 198.

(in Form einer doppelte Alliteration) „Deutscher Kasinokönig entführt – ermordet?“.[246] Alliterationen sind beispielsweise auch in der Werbesprache sehr verbreitet („Milch macht müde Männer munter“).

⇒ Das stilistische Metaprinzip „Abweichung“ entfaltet sich am naheliegendsten durch das Mittel der inhaltlichen **Kontrastierung** (Antithese). Diese „wohl beste Form, sprachlich Spannung zu erzeugen“[247], wird oft durch passende syntaktische Mittel wie Bindestrich oder Doppelpunkt-Konstruktionen unterstützt.

⇒ Zudem gilt **direkte** (wörtliche) **Rede** als geeignetes Mittel, um Texte emotional aufzuladen: Sie schafft Authentizität und Nähe zu den beteiligten Personen eines übermittelten Geschehens. „Sie läßt den Leser an der originären (Gesprächs-) Situation [...] teilhaben. Das entspricht einer expliziten Absicht der Boulevardpresse: ‚dabei zu sein‘, wann und wo immer etwas geschieht, so schnell und so gut informiert zu sein wie kein anderer.“[248]

⇒ Schließlich sei noch ein semantischer Modus angeführt, der vor allem für die diskursive Strategie der Leserintegration eine wichtige Rolle spielt: die **Wir-Form**. ARENS spricht gar von einem „fetischisierten Wir“[249], das in vielen Boulevardblättern zum Ausdruck komme. Zweck des einbeziehenden Pronomens „wir“ ist es, den Leser einzeln anzusprechen und ihn gleichzeitig in das „Kollektiv der Lesergemeinde“[250] einzubinden.

3.3.4 Semantische Besonderheiten der Schlagzeile

Innerhalb der Pressesprache ist die Schlagzeile ein Sonderfall. Sie unterscheidet sich durch eine oft extreme Verknappung der Syntax, durch die Eliminierung möglichst aller redundanten Wörter (wie Artikel, Hilfsverb, Präposition), was sich in den meisten Fällen in einem „Telegrammstil“[251] niederschlägt. Damit werden Schlagzeilen schnell erfassbar. Als Richtwert

---

[246] Als phonetisches Mittel wirken Alliterationen am besten in gesprochener Sprache. Sie entfalten ihre Wirkung aber auch beim stummen Lesen. Vgl. Büscher (1996), S. 195, Anm. 30. Von dort stammen auch die Beispiele.

[247] Saxer u.a. (1979), S. 155.

[248] Burger, Harald: Sprache der Massenmedien, Berlin; New York 1984, S. 55. Vgl. ebenso: Kroppach (1976), S. 198; Lüger (1995), S. 108;

[249] Arens, Karl P.: Manipulation. Kommunikationspsychologische Untersuchung mit Beispielen aus den Zeitungen des Springer-Konzerns, Berlin 1973, S. 27.

[250] Mittelberg (1967), S. 20.

[251] Schneider; Esslinger (1998), S. 39.

nennt MEYER: „Mehr als zehn Wörter in der Überschrift nimmt der Leser gar nicht auf.“[252]

Die zuvor ausgeführten Sprachmittel kommen in Überschriften, insbesondere in Schlagzeilen, besonders konzentriert und komprimiert vor.[253] Eine spezielle Spielart der Schlagzeile ist es, Informationen unvollständig oder sogar völlig rätselhaft darzubieten, um auf diese Art Leseanreize zu schaffen. Solche Überschriften, deren Bedeutung sich erst aus dem Textinhalt erschließt, fungieren als „Neugierigmacher“.[254]

252 Meyer (1997), S. 213.
253 Vgl. hierzu etwa die Analyse der BILD-Schlagzeilen in: Mittelberg (1967), S. 19-45.
254 Meyer (1997), S. 215; vgl. hierzu auch: Saxer u.a. (1979), S. 151-153.

4. Bild

4.1 Konzeption

4.1.1 Von der Tagesillustrierten zur Boulevardzeitung

Am 24. Juni 1952 erschien in Hamburg die erste Ausgabe der BILD-Zeitung in einer Auflage von 250.000 Exemplaren. Ein Gründungsmotiv des Verlegers Axel Springer war der kommerzielle Erfolg des Konkurrenten „Hamburger Morgenpost".[255] Der erklärte Filmfan Springer hatte außerdem den rasanten Aufstieg des neuen Massenmediums Fernsehen in den USA vor Augen, den er auch in Deutschland erwartete, und dem er BILD als „gedruckte Antwort"[256], sozusagen als „Fernsehen in starren Bildern"[257] entgegen setzen wollte.

Deshalb war BILD zuerst konsequent als visuelle Zeitung konzipiert. Auf den Vor- und Rückseiten des vierseitigen Blattes dominierten großformatige tagesaktuelle Fotos mit kurzen Unterschriften.[258] Der Innenteil dieser „Tagesillustrierten" enthielt knappe „Human Interest"-Berichte und „zeitgeschichtliche Kolportage auf geringem Niveau"[259], zudem wiederkehrende Textformen wie Leitartikel, Horoskope, Witze und gemütvolle Tagessprüche. Bei der inhaltlichen und typografischen Konzeption der Zeitung im unkonventionellen Großformat orientierte sich Springer an erfolgreichen Boulevardblättern in England („Daily Mirror"), Skandinavien („Stockholms Tidningen"), den USA („San Francisco Chronicle", („New York Daily News"); sowie im eigenen Haus, beim alles andere als reißerischen „Ham-

[255] Die 1949 von Heinrich Braune gegründete „MoPo" konkurrierte vor Ort mit Springers „Hamburger Abendblatt". Zu Springers Gründungsmotiven bei BILD vgl. seine Rede im Hamburger „Übersee-Club" 1967, exzerpiert in: Lohmeyer, Henno: Springer: Ein deutsches Imperium. Geschichte und Geschichten, Berlin 1992, S. 150.

[256] Springer, Axel: Von Berlin aus gesehen. Zeugnisse eines engagierten Deutschen. Stuttgart 1972, S. 144, Anm. 1. In den USA wurden Anfang der 50er Jahre bereits 10 Millionen Fernsehapparate genutzt. In Deutschland liefen kurz vor der BILD-Gründung die ersten Pilotsendungen des Nordwestdeutschen Rundfunks (NWDR). Vgl. Naeher, Gerhard: Axel Springer: Mensch, Macht, Mythos. Erlangen u.a. 1991, S. 92.

[257] Müller (1968), S. 74.

[258] MARCIAS (1990: S. 18) konstatiert, Springers BILD habe 1952 „das Zeitalter der Bildpublizistik in der jungen Bundesrepublik [eingeläutet]."

[259] Müller (1968), S. 76.

■ *BILD vom 12. Januar 1953: Die erste Ausgabe mit Titelseiten-Aufmacher (Ausschnitt):*

BREDA-Häftling im Bundeshaus KUMPELS wollen streiken

Typhus in Stuttgart: bisher über 200 Kranke

10 Pfg Bild Zeitung

UNABHÄNGIG ÜBERPARTEILICH

„Kein Grund zur Panik"

Notkrankenhäuser eingerichtet

United Press

Stuttgart, 12. Januar

Mit 161 klinischen Typhusfällen in Stuttgart und rund 40 Erkrankungen in den nordwürttembergischen Kreisen Eßlingen, Ludwigsburg, Böblingen und Waiblingen hat die seit fünf Tagen grassierende Typhusepidemie über 200 Menschen ergriffen. Zwei Tote sind bisher zu beklagen. Notkrankenhäuser werden eingerichtet.

Die Gesundheitsbehörden, die Tag und Nacht jeden Fall untersuchen, haben die Ursache und den Herd der Seuche noch nicht ermittelt. Die Ärzte sehen sich außerstande, Voraussagen über die weitere Entwicklung der Epidemie zu machen. Es könne noch nicht gesagt werden, ob sie schon ihren Höhepunkt erreicht habe.

Trotz wiederholter Mahnung der Stuttgarter Stadtverwaltung, daß kein Grund zur Panik bestehe, hat sich der Bevölkerung doch eine gewisse Unruhe bemächtigt. Die Ärzte sagen, daß sie nun bei jedem unbedeutenden Erkältungsfall zu Rate gezogen werden. Immer besteht die Furcht, daß es sich um Typhus handeln könne. In den Apotheken und Drogerien werden ungewöhnlich große Mengen Desinfektionsmittel gekauft. Von den Hausfrauen wird kaum noch Salat und Rohgemüse gekauft, aus Furcht, es könnten Typhusbazillen daran hängen.

Der amerikanische Soldatensender AFN hat für die Soldaten und die Zivilangestellten Vorkehrungsmaßnahmen bekanntgegeben. Die Soldaten im Stuttgarter Militärbezirk werden aufgefordert, ihren Pflichtimpfungen sofort nachzukommen.

Ausdrücklich wird betont, daß genügend Medikamente vorhanden seien. Vor allem werde das von amerikanischen Wissenschaftlern entwickelte Chloromycetin zur Heilung verwandt.

An einschneidendere Maßnahmen, die das Leben der Stadt hemmen könnten, wird von der Stuttgarter Stadtverwaltung noch nicht gedacht. Die Schulen zu schließen, erscheine noch nicht zweckmäßig, heißt es, da die Kinder ja beim Spiel auf der Straße und auch durch ihre berufstätigen Eltern mit der Krankheit in Berührung kommen könnten.

Während die ersten Typhusfälle, die am 31. Dezember bekannt wurden, fast ausschließlich Frauen ergriffen hatten, hat die Seuche jetzt fast gleichmäßig Frauen, Männer und vor allem Jugendliche bis zu zwanzig Jahren überfallen. Der Grad der Erkrankung wird von den Ärzten als „in den meisten Fällen mittelschwer" beschrieben. Da die Inkubationszeit beim Typhus zwei bis drei Wochen beträgt, müssen sich die ersten Kranken schon vor Weihnachten infiziert haben.

Er fand einen guten Richter

Von unserer westdeutschen Redaktion

ch. Köln, 12. Januar

Ein 64jähriger Postschaffner fand einen guten Richter vor dem Kölner Amtsgericht. In seiner Freizeit besohlte er für einen kleinen Kreis Minderbemittelter manches Paar Schuhe. Hierfür ließ er sich ganz geringfügig entlohnen. Aber die Konkurrenz zeigte ihn an. Der Staatsanwalt wollte diese Schwarzarbeit mit 20 DM sühnen. Der Richter allerdings meinte: „Diese Strafe ist bei dem kleinen Monatsgehalt des Angeklagten von 164 DM zu hoch. Im übrigen hat er fachmännisch besohlt und diese Arbeiten nur für minderbemittelte Menschen durchgeführt." Der Richter stellte daher das Verfahren wegen Geringfügigkeit ein. Die Handwerkskammer hat daraufhin dem Beamten nach einer mit dem Prädikat „gut" abgelegten Prüfung eine Ausnahmegenehmigung zur Ausübung des Schuhmacherhandwerks erteilt.

Ausführliche Sport… vom Wochenende si…

Altona 93 mit geball…

Eigener Bericht

bl. Hamburg, 12. Januar

Altona 93 stürmte in der Bahrenfelder Kampfbahn in Hamburg mit einer Wucht, die einen Sieg über die Kieler Störche gerechtfertigt hätte — wenn die Gäste von der Förde nicht Peper als unfehlbaren Schlußmann gehabt hätten. Schützend flankiert von den Kieler Abwehrspielern box… Peper (unser Photo) gerad… eine gefährliche Flanke ins Feld zurück, so daß Altonas Halbstürmer Reich das Leder…

Schönheitskönigin heiratet

Hochzeitsreise von Hamburg nach Suez

Eigener Bericht

Hamburg, 12. Januar

„Trau - schau - wem", dachte der Standesbeamte Schick von Hamburg-Winterhude, als er einem aparten Paar den Weg zur Steuerermäßigung ebnete. „Das ist doch Sonny Sonetta, die erste ‚Miß Hamburg' (1950)."

In die Annalen von Winterhude schrieb sich die 19jährige ehemalige Klosterschülerin und Schönheitskönigin als Eva-Maria Ysaza, geborene Kafanke, ein. Der Bräutigam ist kein geringerer als der 31jährige Generalkonsul von Panama, Edwardo Ysaza. Die feierliche Handlung der Eheschließung vollzog sich im Hause des ersten Konsuls der Vereinigten Staaten, H. L. Rose.

Von der kleinen bildhübschen Klosterschülerin zur Generalkonsulin? Von der anspruchslosen Stadtwohnung zum luxuriösen Apartement in Suez — wohin das frischgebackene Ehepaar in Kürze ziehen wird. Wer spürt da nicht das Märchen, das sich in der nüchterngeschäftigen Großstadt vor unseren Augen abspielt?

Bild notierte auf der Hochzeit Namen wie: H. L. Rose, der gleichzeitig als erster Trauzeuge fungierte, Julio Richart, Generalkonsul der Dominikanischen Republik in Hamburg und zweiter Trauzeuge, Guillermo Fabrega, der neu ernannte Generalkonsul von Panama, Herr Sandino, Generalkonsul von Nikaragua und Frau, Mrs. und Mr. Martin von der Arthur-Rank-Organisation u. a. m.

Ein Schwert spielte bei dieser Hochzeit eine gewichtige Rolle. Es ist ein Mashusett-Schwert, mit dem das Paar den mit Turteltauben dekorierten Hochzeitskuchen anschnitt. Es soll ihnen Glück bringen — vorausgesetzt, daß die junge Frau den Kuchen, ohne ihn mit den Händen zu berühren, aufißt. Sie tat es wirklich. Nicht endende Fruchtbarkeit für die Familie verspricht dazu noch dieser alte Brauch aus Panama.

Es war eine prächtige Hochzeit. Das Paar und die Gäste, alle in strahlender Stimmung. Das übertrug sich auch auf einen Hund, der an dieser Hochzeit teilnahm, nämlich die Dogge von Frau Rose. Der Vierbeiner war über alle Maßen vergnügt, weil es bei dem Fest für eine Hundenase so köstliche Dinge zu schnuppern gab, daß er seiner Freude Ausdruck geben mußte. Er riß mit viel Schwung eine Riesensalatschüssel vom Tisch. „Scherben bringen Glück", sagt man bei uns. Es lebe das Brautpaar!

Eva-Maria Kafanke und Edwardo Ysaza: Einst Klosterschülerin und Schönheitskönigin — nun Generalkonsulin von Panama mit ihrem Generalkonsul.

Exkönig mit Pudelmütze und Wollschal

Eigener Bericht

St. Moritz, 12. Januar

Von der Sonne Ägyptens in den Schnee der Schweiz: Exkönig Faruk schaute mit wollener Pudelmütze und dickem Wollschal durch seine Sonnenbrille den Vorführungen einer Eisrevue auf dem See in St. Moritz zu. Seine junge Gattin neben ihm scheint die Kälte besser zu ertragen.

Ein großer Meister der Melodie

burger Abendblatt".[260] Als der Absatz trotz des Niedrigpreises von zehn Pfennig nach wenigen Monaten weit unter der Druckauflage stagnierte, wurde BILD Anfang 1953 grundlegend umgestaltet: Die Bilder hatten nur noch eine illustrierende Funktion, die Texte wurden fortan dynamischer umbrochen; vor allem aber wurden die Überschriften nach und nach erheblich vergrößert. In der Folge der Blattreform 1953 entwickelte sich BILD also rasch in Richtung auf den konventionellen Typ Boulevardzeitung.

4.1.2 Die Phase der Politisierung

Der optischen Reform folgte ein halbes Jahrzehnt später eine inhaltliche. In der Frühzeit von BILD war für „harte" politische Themen kaum Platz gewesen. Berichterstattung aus dem politischen Alltag von Wiederaufbau, Vergangenheitsbewältigung und Kaltem Krieg war – bis auf das Unverzichtbare – ausgeklammert. Beliebt waren stattdessen sensationelle Prozessberichte.[261] „Nicht der Kanzler sorgte für Titelgeschichten, sondern der Kinderschänder, nicht der NATO-Beitritt, sondern der Nutten-Mord auf der Reeperbahn."[262] Axel Springer verwirklichte damit seine Erkenntnismaxime, dass „der deutsche Leser [seit Kriegsende] eines auf keinen Fall wollte, nämlich nachdenken"[263]. MÜLLER bilanziert:

> „Wäre ein Historiker späterer Jahrhunderte auf die ersten sechs Jahrgänge der Bild-Zeitung als einzige Quelle angewiesen, so könnte er die wichtigsten innen- und weltpolitischen Ereignisse kaum in Umrissen rekonstruieren; sie kommen zum großen Teil gar nicht vor, und wenn, dann nur als punktuelle, explosionsartige Ereignisse."[264]

Eine konzeptionelle Wende brachte das Jahr 1958, als Springer sich berufen sah, in den festgefahrenen Ost-West-Dialog über die Wiedervereinigung Deutschlands einzugreifen. Auf seine Anweisung hin gab BILD die Abstinenz bei politischen Themen zugunsten einer explizit antikommunistischen Grundlinie auf.[265] Die „Umstellung vom Sorayanismus zur Politik"[266] zeigte

---

[260] Vgl. Jakobs, Hans-Jürgen; Müller, Uwe: Augstein, Springer & Co. Deutsche Mediendynastien. Zürich; Wiesbaden 1990, S. 345.

[261] Vgl. Naeher (1991), S. 95.

[262] Lohmeyer (1992), S. 156.

[263] Zit. nach Brumm, Dieter: Sprachroh oder Volksseele? Die BILD-Zeitung, in: Thomas, Michael Wolf: Portraits der deutschen Presse. Politik und Profit. Berlin 1980, S. 127-143, hier: S. 137.

[264] Müller (1968), S. 77f.

[265] Ein Gespräch mit dem sowjetischen Parteichef Nikita Chruschtschow in Moskau brachte keine konkreten politischen Ergebnisse, wohl aber publizistische: Springer initiierte in

sich besonders anlässlich hoch kontroverser Ost-West-Themen wie etwa beim Mauerbau 1961 oder den Ostverträgen Anfang der 70er Jahre. Ab 1967 führte die BILD-Zeitung zeitweise vier publizistische Leitsätze Springers im Impressum – auch dies ein Indiz für die Politisierung von BILD.[267] Verlagsintern wurde die aggressive politische Linie und eine daraus resultierende Anti-Springer-Kampagne, die das Ansehen des Blattes minderte, für Auflagenverluste verantwortlich gemacht.[268] Zwischen 1967 und 1971 fiel die verkaufte Auflage um etwa eine Million.[269] Um den Verfall zu bremsen, vollzog BILD mit dem Chefredakteur Günter Prinz (1971-81) einen erneuten Kurswechsel: Statt Politik

> „[sollte wieder] das Grundprinzip stärker zum Vorschein gebracht werden: Eine Volkszeitung, die auf die Bedürfnisse ihrer Leser zugeschnitten war und die nicht an Geschichten mit ‚Herz, Gefühl und Liebe' sparte. Spezielle Aktionen wie beispielsweise ‚Bild kämpft für Sie!' sollten die Leser-Blatt-Bindung verbessern."[270]

Unter Prinz, einem früheren Polizeireporter, gewann die Berichterstattung in den Sparten „Sex, *Crime* und Skandale" erheblich an Bedeutung.[271]

4.1.3 Regionalisierung

Schon seit ihrer Gründung gab BILD neben der Bundesausgabe eine Hamburger Ausgabe heraus; 1955 kam eine Berliner, 1969 eine Münchner Aus-

seinen Zeitungen, inklusive BILD, eine streng anti-kommunistische Kampagne. Der Bau der Berliner Mauer im August 1961 verschärfte diesen Kurs. Ein Merkmal dieser politischen Haltung war z.B. bis 1989 die konsequente Schreibweise „DDR" - in despektierlichen Anführungszeichen. Vgl. Brumm (1980), S. 138f; Lohmeyer (1992), 243f.; Müller (1968), S. 83 und S. 199.

266 Jürgs, Michael: Der Fall Axel Springer. Eine deutsche Biographie, München 1995, S. 175. Sorayanismus (nach der früheren persischen Kaiserin Soraya) bezeichnet den auf Prominentenklatsch spezialisierten Journalismus der *Yellow Press*.

267 Es sind dies: „1. Das unbedingte Eintreten für die friedliche Wiederherstellung der deutschen Einheit in Freiheit; 2. die Aussöhnung zwischen Juden und Deutschen; dazu gehört auch die Unterstützung der Lebensrechte des israelischen Volkes; 3. die Ablehnung jeglicher Art von politischem Extremismus; 4. die Bejahung der freien sozialen Marktwirtschaft." Zit. nach Kruip, Gudrun: Das „Welt"-„Bild" des Axel Springer Verlags. Journalismus zwischen westlichen Werten und deutschen Denktraditionen, München 1999, S. 111. Diese Grundsätze, die bis heute für alle journalistischen Mitarbeiter des Springer-Verlages Gültigkeit haben, waren so weit gefasst, dass sie - als eine Art politischer Konsens der Nachkriegszeit - dem Konzept von BILD als Volksblatt nicht zuwider liefen. Vgl. ebd.

268 Vgl. Naeher (1991), S. 265f.

269 Vgl. Abbildung 1 im Anhang, S. A5.

270 Naeher (1991), S. 265.

271 Vgl. Jürgs (1995), S. 176-188.

gabe hinzu. Die Lokalausgaben dienen dazu, das örtliche Anzeigengeschäft zu besetzen.[272] Sie wurden möglich durch die dezentrale Herstellung des Blattes an gegenwärtig acht Druckstandorten.[273] In der 70er Jahren in Westdeutschland sowie nach 1989 in Ostdeutschland wurde die Regionalisierung erheblich forciert, so dass BILD heute bundesweit in 32 Regionalausgaben erscheint. Für BILD arbeiten rund 800 Redakteure.[274]

4.2 Stellung auf dem deutschen Pressemarkt

BILD nimmt in der deutschen Presse eine herausragende Stellung ein. Zur Verkaufsauflage aller werktags erscheinenden Boulevardblätter von gegenwärtig 5,82 Millionen Exemplaren (1999) steuert sie 4,45 Millionen bei – das entspricht einem Anteil von 76,5 Prozent.[275] Mit dieser Auflage ist BILD Europas größte Tageszeitung, weltweit die Nummer Vier.[276]

Durch mehrere Neugründungen in den 50er und 60er Jahren wuchs der Auflagenanteil der Kaufzeitungen an Deutschlands Tagespresse bis Mitte der 60er Jahre auf 33 Prozent; seit Anfang der 80er Jahre verringerte sich der Anteil bis auf gegenwärtig 24 Prozent. Ebenso stetig zurückgegangen ist die *Anzahl* der Kaufzeitungen (publizistische Einheiten), sieht man von den Jahren rund um Deutschlands Wiedervereinigung ab, als es 11 Zeitungen dieser Gattung gab; heute sind es sieben. BILD ist die **einzige überregional erscheinende Zeitung dieses Typs.**[277]

In den 90er Jahren ist öfter von einer „**Krise der Kaufzeitung**"[278] die Rede. Die Pressestatistik scheint diese These zu untermauern. So haben deutsche

[272] Vgl. Ossorio-Capella (1972), S. 102f.

[273] Vgl. Axel-Springer-Verlag (1996), S. 16.

[274] Vgl. Koschnick (1998), S. 17.

[275] Vgl. Schütz, Walter J: Deutsche Tagespresse 1999, in: Media Perspektiven (2000) 1, S. 8-29, hier: S. 21.

[276] Die BILD-Auflage wird weltweit nur noch von drei japanischen Zeitungen übertroffen. Vgl. Koschnick (1998), S. 14f.

[277] Ein Sonderfall in der Konkurrenz auf dem Boulevardsektor war 1991/92 die ostdeutsche „Super! Zeitung", die zur zweiten nationalen Boulevardzeitung avancieren wollte. Mit einer aggressiven publizistischen Grundlinie, die mitunter Ressentiments gegen die Bürger in der alten Bundesrepublik schürte, konnte das Blatt zwar bezüglich seiner Auflage reüssieren, nicht aber bei potentiellen Werbekunden, und wurde eingestellt. Als weiterer Grund für das Scheitern gilt das im Vergleich zu BILD weit unterlegene Vertriebsnetz von „Super!". Vgl. Pürer; Raabe (1996), S. 459-462; Held; Simeon (1994), S. 216f.

[278] Vgl. etwa Koschnick (1998). Regionale Kaufzeitungen erscheinen in Berlin („Berliner Kurier", „B.Z.") Hamburg („Hamburger Morgenpost"), Köln, Düsseldorf („Express"), München („Abendzeitung", „tz"), Chemnitz, Dresden, Halle und Leipzig. Dazu und zur Auflagenverteilung vgl. ebd., S. 15.

Kaufzeitungen in den vergangenen acht Jahren 15,5 Prozent Verkaufsauflage eingebüßt. Die Verluste liegen beträchtlich – um die Hälfte – höher als die der Abonnementzeitungen, wobei das Minus bei einzelnen Titeln noch dramatischer ausfällt.[279]

4.3 Leserschaft

Mit ihrem publizistischen Konzept eines „Reizjournalismus“[280] erreichte BILD einen in der deutschen Pressegeschichte beispiellosen Zuwachs an Lesern: Die **verkaufte Auflage** übertraf bereits 1953 an manchen Tagen die Millionen-Marke, 1955 erstmals zwei Millionen, 1956 drei Millionen, 1962 vier Millionen, anlässlich der Ermordung des US-Präsidenten Kennedy 1963 fünf Millionen Exemplare.[281] Die Entwicklung der verkauften Auflage im Jahresdurchschnitt zeigt Abbildung 1 im Anhang, Seite 189.

Gegenwärtig erreicht BILD täglich 11,17 Millionen Leser bzw. 17,5 Prozent der deutschen Bevölkerung ab 14 Jahre.[282] Dies ist eine **Reichweite**, die heutzutage selbst Fernsehsendungen in Deutschland nur selten erzielen.[283] BILD wird ganz überwiegend als **Zweitzeitung** genutzt. Nur rund ein Drittel aller BILD-Leser informiert sich ausschließlich aus diesem Blatt, wobei seit dem Bestehen die Zahl der Exklusivleser leicht rückgängig war.[284] Ein Drittel der Leserschaft haben die BILD-Lektüre schon soweit habitualisiert, dass sie die Zeitung täglich lesen. Bei einem weiteren Drittel ist dies zumindest mehrmals in der Woche der Fall.[285] Die durchschnittliche Lesedauer beträgt 36 Minuten.[286]

Eine Analyse der **Sozialstruktur** der BILD-Leserschaft ergibt im Vergleich zur Gesamtbevölkerung einige Abweichungen: So sind Männer leicht überrepräsentiert. Im Hinblick auf Alter und Einkommen repräsentiert der BILD-Leser in etwa den typischen deutschen Durchschnittsbürger. Die

---

279 Vgl. Schütz (2000), S. 21.
280 Müller (1968), S. 79.
281 Vgl. Sontheimer (1995), S. 40.
282 Laut Mediaanalyse 2000, Pressemedien II.
283 Zur täglichen maximalen Reichweite deutscher Fernsehprogramme siehe z.B. unter www.kress.de.
284 Sie sank von 37 Prozent (1963) auf etwa 30 Prozent in den 90er Jahren. Vgl. Mittelberg (1967), S. 14f.; Held; Simeon (1994), S. 213f.
285 Vgl. Klingemann, Hans-Dieter und Ute: „Bild“ im Urteil der Bevölkerung. Materialien zu einer vernachlässigten Perspektive, in: Publizistik (1983) 2, S. 239-259, hier: S. 239. Dem Verfasser lagen keine neueren Daten vor als diese aus dem Jahre 1982.
286 Vgl. Axel Springer Verlag (Hrsg.): Bild: Daten und Fakten, Hamburg 1999, o.S.

markantesten Abweichungen betreffen den **Bildungsstatus**: „Zurückhaltend ausgedrückt, gehören Bild-Leser mehrheitlich nicht gerade zu den gehobenen und gebildeten Ständen.“[287] BILD erreicht weit mehr Volksschulabgänger und weniger Personen mit höherem Schulabschluss als im gesellschaftlichen Durchschnitt: 1999 haben 49,2 Prozent der Leser „Volksschule mit Lehre“ als Bildungshintergrund (Bevölkerungsdurchschnitt: 36,3 %), nur 8,8 Prozent fallen in die Kategorie „Abitur, Hochschule, Universität“ (Bevölkerungsdurchschnitt: 17,6 %).[288] Im großen und ganzen sind diese Befunde zur Sozialstruktur der BILD-Leserschaft seit Jahrzehnten gleich.[289]

4.4 BILD in der Kritik

Nicht nur wegen ihrer Auflage ist BILD eine singuläre Erscheinung unter Deutschlands Presse. Wie kaum eine andere Zeitung rief das „Monster aus dem Hause Springer“[290] heftige Kritik hervor, in erster Linie bei Vertretern aus Kultur[291], Wissenschaft[292] und Medien[293]. In den 60er und 70er Jahren stand hierbei die ideologische Dimension der BILD-Inhalte im Mittelpunkt, die häufig von einem „links-alternativen Netzwerk politisch-publizistischer Flora und Fauna“[294] sowie von Studien in der Tradition der Frankfurter Schule thematisiert wurden.[295] Die Kritik kulminierte erstmals zur Zeit der Studentenproteste 1967/68, deren Anhänger sich einer Hetzkampagne in

[287] Held; Simeon (1994), S. 212. Die Autoren weisen gleichzeitig darauf hin, dass BILD „qua schiere Masse“ alle demografischen Gruppen dominiere, also z.B. mehr Menschen mit Abitur und Studium erreiche als die vergleichsweise elitäre Frankfurter Allgemeine Zeitung.

[288] Die Daten (nach der MA 99 Pressemedien II) sind entnommen: Axel Springer Verlag (Hrsg.): Anzeigenpreisliste Nr. 53, gültig ab 1.1.2000, Hamburg o.J., S. 15.

[289] Vgl. Klingemann (1983).

[290] Enzensberger (1983), S. 653.

[291] Herausragend: Böll, Heinrich: Die verlorene Ehre der Katharina Blum oder: Wie Gewalt entstehen und wohin sie führen kann, Köln; Berlin 1974. Die auf BILD gemünzte Erzählung hat darüber hinaus Volker Schlöndorff mit einem „als BILD-Reporter kaum [getarnten] Widerling“ verfilmt. Weischenberg (1995), S. 403. In einen Appell („Offener Brief wider das journalistische Rowdytum“) beklagten deutsche Intellektuelle, darunter Günter Grass, dass „Springers BILD-Zeitung Schindluder mit Menschen und ihren Schicksalen treibt, um auflagensteigernde Sensationsmeldungen produzieren zu können.“ Zit. nach Wallraff, Günter: Das BILD-Handbuch bis zum Bildausfall, Berlin 1981, S. 232.

[292] Vgl. einführend: Albrecht (1982) sowie: Albrecht, Richard: BILD-Wirkung (II): Neue Ansichten einer alten Einrichtung, in: Neue Politische Literatur (1986) 1, S. 274-286.

[293] Beispielhaft: O.V.: Pest und Cholera, in: Der Spiegel, 06.07.1992, S. 46f.

[294] Albrecht (1986), S. 274.

[295] Vgl. Bruck; Stocker (1996), S. 30f.

BILD ausgesetzt sahen.[296] Eine weitere Zäsur im Kampf gegen BILD war die Affäre um Günter Wallraff. Als „Hans Esser" getarnt arbeitete er 1977 drei Monate lang bei BILD Hannover. Sein Erlebnisbericht brachte – milde ausgedrückt – zweifelhafte journalistische Praktiken ans Licht: Darin schildert Wallraff repressive Arbeitsbedingungen, die zu einen bedenklichen Umgang mit journalistischer Sorgfalt und Persönlichkeitsrechten führten.[297] MEYN fasst die zentralen Vorwürfe gegen die Zeitung zusammen: BILD

- „vereinfache viele Sachverhalte bis zur Verfälschung des Nachrichtenkerns,
- bausche unwichtige Themen auf und lasse wichtige weg,
- verwende zuweilen illegale Methoden der Nachrichtenbeschaffung,
- schüre Emotionen und appelliere an niedere Instinkte der Leserschaft,
- verstoße häufiger als andere Presseorgane gegen die „Publizistischen Grundsätze" des Deutschen Presserats."[298]

Beim Thema Kritik erscheint insbesondere das Verhältnis zwischen BILD und Deutschem Presserat aufschlussreich. Seitens der BILD-Zeitung war es von Ignoranz geprägt. Das belegen z.B. Fälle, in denen „19 Rügen allein gegen die Bildzeitung ausgesprochen worden waren; [...] aber kein Mensch in der Bildzeitung daran dachte, diese Rügen abzudrucken."[299] Die Stellung des Blattes als „bester Kunde"[300] des Presserats begründet MEYN mit ökonomischen Imperativen:

> „Vor die Wahl gestellt, den Pressekodex einzuhalten oder mit einer auf den Nervenkitzel von Millionen richtig spekulierenden Balkenüberschrift haarscharf an der Wahrheit vorbeizuformulieren, wird sich der Boule-

---

[296] Innerhalb dieser Jugendbewegung galt Springer als auflagenmächtiger und damit wortgewaltiger Verfechter des politischen Status Quo. Die demonstrierenden Studenten wurden in BILD über Monate etwa als „Krawallmacher", die „Blut sehen [müssen]", diffamiert: „Wir haben etwas gegen SA-Methoden." BILD, 03. 06.1967. Die studentische „Anti-Springer-Kampagne" gipfelte in gewalttätigen Krawallen vor dem Springer-Gebäude in Berlin. Die Auseinandersetzungen sowie die Kritik an BILD fasst zusammen: o.V.: „Gefahr für uns alle", in: Der Spiegel, (1968) 19, S. 42-46.

[297] Vgl. Wallraff, Günter: Der Aufmacher. Der Mann, der bei BILD Hans Esser war, veränderte und erw. Neuaufl., Köln 1982.

[298] Meyn, Hermann: Massenmedien in Deutschland, Konstanz 1999, S. 113.

[299] Buchwald, Manfred: Ist Ethik eine journalistische Handlungsmaxime? In: Haller, Michael; Holzey, Helmut (Hrsg.): Medienethik. Beschreibungen, Analysen, Konzepte, Opladen 1992, S. 178-187, hier: S. 184.

[300] Martin Wieske, Referent des Deutschen Presserats, zit. nach Sontheimer (1995), S. 43. Vor 1974 bestehen keine Statistiken über die Spruchpraxis des Presserats. Im dokumentierten Zeitraum ist BILD fast durchgehend Spitzenreiter bei den Verurteilungen. Vgl. Bermes, Jürgen: Der Streit um die Presse-Selbstkontrolle: Der Deutsche Presserat. Eine Untersuchung zu Arbeit und Selbstreform des Selbstkontrollgremiums der bundesdeutschen Presse, Dortmund 1989, S. 217 und S. 233.

vardblattjournalismus aus Gründen der besseren Verkäuflichkeit seiner Produkte fast immer für das letztere entscheiden.“[301]

Die Verstöße der BILD-Zeitung gegen den Pressekodex[302] konzentrieren sich auffallend bei Richtlinien, die **Persönlichkeits- und Ehrenrechte** von Menschen betreffen, etwa die Abbildung bzw. namentliche Nennung schutzwürdiger Personen.[303] Vor allem im Rahmen der häufigen Berichterstattung über Kriminalität erweisen sich **Vorverurteilungen** als gängige Praxis[304], ja geradezu als „Existenzgrundlage von BILD“[305]

4.5 BILD in den 90er Jahren – ein Blatt im Umbruch?

„Das Blatt wendet sich“, überschrieb die Süddeutsche Zeitung 1999 ein Portrait von BILD. Es gipfelte in der Frage: „Was ist los? Ist *Bild* nicht mehr *Bild*?“[306] Der Beitrag bringt eine Bewertung zum Ausdruck, die sich in den letzten Jahren vor allem in der deutschen Medienkritik[307] etabliert hat. Ihr Tenor lautet: „Die Bildzeitung hat sich markant verändert.“[308] Während „noch unter Hans-Hermann Tiedje (1989 bis 1992) die klassische Sensations- und Revolver-Rabulistik in der ‚Bild'-Zeitung [dominierte]“, habe der nachfolgende Chefredakteur Claus Larass eine „Abkehr vom Haudrauf-Journalismus“ vollzogen: „Die Gestaltung der Zeitung ist ruhiger und seriöser geworden.“[309] Anders formuliert: „Bild ist eine nette und enorm professionell gemachte, liberale Boulevardzeitung geworden.“[310]

---

[301] Meyn, Hermann: Der Journalist im Dienste von Informationsanspruch und Informationspflicht? In: Haller; Holzey (1991), S. 162-172, hier: S. 164.

[302] Vgl. die Darstellung über den Pressekodex in ▸ KAPITEL 5.2.5.2.

[303] Vgl. Minzberg, Martina: BILD-Zeitung und Persönlichkeitsschutz. Vor Gericht und Presserat: Eine Bestandsaufnahme mit neuen Fällen aus den 90er Jahren. Baden-Baden 1999.

[304] Vgl. Minzberg (1999), S. 56 und S. 95-102.

[305] Böll, Heinrich: BILD – Bonn – Boenisch. Bornheim-Merten 1984, S. 25.

[306] Leyendecker, Hans: Das Blatt wendet sich, Süddeutsche Zeitung, 06.02.1999.

[307] Einführend: Weßler, Hartmut u.a. (Hrsg.): Perspektiven der Medienkritik: Die gesellschaftliche Auseinandersetzung mit öffentlicher Kommunikation in der Mediengesellschaft, Opladen 1997

[308] Haller, Michael: Boulevard: ein Kunststück, in: Sage & Schreibe (1997) 7-8, S. 19. Der Autor erwähnt als Indikatoren „mehr Identifikation, weniger Politpolemik“ bei BILD.

[309] Koschnick (1998), S. 16f. Im gleichen Sinne argumentieren z.B.: Sontheimer (1995); Esser, Frank: „Spiegel“ und „Bild“ – Zwei harte, untypische Blätter, in: M – Menschen machen Medien (1999) 6, S. 23f.; Wolf, Martin: „Freunde, das ist die Wahrheit“, in: Medium Magazin (1998) 6, S. 30-36; Wenderoth, Andreas: Ist die Sau gut, fliegt die Mieze, in: Die Woche, 12.03.1999.

[310] Roll, Evelyn: Vorschreiben, was die Leute denken, in: Süddeutsche Zeitung, 16.06.1999.

Als **Indikatoren für die „Wandlungs-These“** dienen zum einen konzeptionelle Veränderungen: So habe die Bedeutung von „harten“ politischen Themen zugenommen, erkennbar etwa an der Umwidmung der Seite 2 zur Politikseite (anstelle des Fernsehprogramms). Auch die Gründung eines Kulturressorts gilt als Zeichen der Umorientierung. Als Indikatoren für einen medienethischen Kurswechsel gelten: die Selbstverpflichtung zum Abdruck von Rügen des Presserats[311], die Einführung eines „Korrekturkastens“ auf der Seite 2 sowie Ereignisse wie die eigenmächtige Richtigstellung einer Aufmacher-Falschmeldung an gleicher prominenter Stelle („Sorry, Til“[312]). Auch wurde registriert, dass der zweifache Kisch-Preis-Träger Christoph Scheuring zwischenzeitlich bei BILD anheuerte – mit dem Argument, es gebe „heute keine moralisch-ethischen Gründe mehr, nicht zu Bild zu gehen. In der Seriosität der Faktenlage und der Genauigkeit der Recherche unterscheidet sich Bild nicht mehr vom Spiegel.“[313]

Während die konstatierte politische Mäßigung des Blattes oft mit der Auflösung ideologischer Gegensätze nach 1989 in Verbindung gebracht wird[314], sind **Erklärungsansätze** für die übrigen Veränderungen meist auf der Ebene des Mediensystems[315] angesiedelt: Zu nennen ist hier die Krise der Boulevardzeitung, für die in erster Linie die Konkurrenz des (Privat-) Fernsehens verantwortlich gemacht wird, das mit seinen Boulevardmagazinen vermutlich die Lust des Publikums auf *Sex and Crime* und Klatsch stillt. „Das Fernsehen bietet dies alles sogar in bewegten bunten Bildern und mit leibhaftigen Stars – wenn schon nicht zum Anfassen, so doch immerhin zum Anschauen.“[316] SCHÜTZ prognostiziert sogar: „Auf Dauer werden Boulevardzeitungen nur noch eine Nischenexistenz fristen. Das Fernsehen nimmt die Unterhaltungsfunktion einfach besser wahr.“[317] Zudem zeigt die

---

311 Vgl. etwa BILD, 03.03.2000. Diese Praxis ist relativ neu. Vgl. Sontheimer (1995), S. 43.

312 BILD, 06.02.1999. Das Blatt hatte am Vortag fälschlicherweise geschrieben, die Ehe des Schauspielers Til Schweiger sei zerbrochen: „Ehe kaputt – er weint nur noch“. BILD, 05.02.1999.

313 Zit. nach: Schuler, Thomas: Lebenslänglich Kisch-Preisträger, in: Berliner Zeitung, 26.11.1998.

314 Vgl. Jakobs; Müller (1990), S. 342. Zum Befund, BILD sei wesentlich liberaler geworden, vgl. Füllgrabe, Jörg: Deutsche Imagination, in: Medium (1993) 2, S. 36-39.

315 In Abgrenzung etwa zu möglichen Erklärungsansätzen auf der Ebene einzelner Medienakteure, v.a. bezüglich der Chefredakteure Claus Larass (1992-1997) und Udo Röbel (1998-2000).

316 Koschnick (1998), S. 13. Vgl. hierzu etwa auch: Haller, Michael: Die Suche nach der wahren Empfindung, in: Sage & Schreibe (1995) 3, S. 8f.; Wehnelt, Joachim: Abschied vom Boulevard, in: Die Woche, 26.11.1999.

317 Walter J. SCHÜTZ, zit. nach Römer, Dieter: Liebe, Triebe, Hiebe, in: Focus (1997) 29, S. 142.

Abonnentenpresse eine Tendenz zu boulevardesken Formen und Inhalten, weshalb sie neuerdings stärker als Konkurrenz für Kaufzeitungen in Frage kommt.[318] Auch die Produzenten der Kaufzeitungen schließen sich der Argumentation an, dass in einer zunehmend boulevardisierten Medienwelt herkömmliche Konzepte eines auf *Sex and Crime* kaprizierten Journalismus überholt sind: „Blut und Kriminalität reißen nicht mehr vom Stuhl."[319] Auf einer Ebene, die gleichermaßen Mediensystem und Publikum betrifft, könnte man abschließend auch den „Wallraff-Schock"[320] als Grund für die behauptete Mäßigung des Sensationsjournalismus in der Boulevardpresse anführen: „Wallraff sei dank, er hat bestimmt das Bewusstsein geschärft."[321]

Die soeben kursorisch vorgestellte „Wandlungs-These" beruht auf Belegen, die nur impressionistischer Natur sind. Bisher stützt sie sich auf keine empirischen Ergebnisse. Eine Ausnahme ist der empirische Befund, dass BILD in der ersten Hälfte der 90er Jahre immer noch mit weitem Abstand die Rügenstatistik des Deutschen Presserats anführt.[322] Freilich ist aber die Aussagekraft entsprechender Statistiken begrenzt, vor allem weil die Presserats-Sanktionen auf keiner *systematischen* Prüfung journalistischen Verhaltens beruhen.

4.6 Zur redaktionellen Herstellung des BILD-Aufmachers

Zum Abschluss dieses Kapitels soll in aller Kürze dargestellt werden, wie die Aufmacher in BILD entstehen, und welche Bedeutung ihnen beigemessen wird. Über die Herstellung des BILD-Aufmachers liegen Darstellungen aus unterschiedlichen Jahrzehnten vor.[323] Demnach kommt er in einem **mehrstufigen Produktionsprozess** zustande, der sich seit der Etablierung

[318] Vgl. Custer, Ueli: Tränen, Tiere und Tore, in: Media Spectrum (1997) 2-3, S. 42-44.

[319] Der ehemalige Bild-Chefredakteur Udo Röbel, zit. nach Wehnelt (1999). Vgl. auch Zimmer, Uwe: Boulevardjournalismus am Ende, in: Fabris, Hans Heinz u.a. (Hrsg.): Journalismus in der Informationsgesellschaft: Antworten aus Theorie und Praxis, Innsbruck; Wien 1999, S. 57-62.

[320] „Wallraff war ein heilsamer Schock." Der frühere BILD-Chefredakteur Peter Bartels, zit. nach Sontheimer (1995), S. 43.

[321] Ruhmöller, Thomas: Zuspitzen ohne zu lügen, in: journalist (1999) 9 (Beilage: Sage & Schreibe Werkstatt), S. 8f., hier: S. 8. Der Autor ist Chefredakteur der Kölner Boulevardzeitung „Express".

[322] Mit einem Gesamtanteil von 25,6 Prozent zwischen 1990 und 1995. Vgl. Minzberg (1999), S. 86f.

[323] Vgl. Grunenberg, Nina: Zirkus-Umbruch animiert zum Lesen, in: Die Zeit (1966) 47, S. 44f.; Wallraff (1982), S. 24-26; Stock, Ulrich: Schwarz! Rot! Gold! Bild: Eine Zeitung wie Deutschland (Dossier), in: Die Zeit (1990) 34, S. 13-17; Sontheimer (1995); Scheuring, Christoph: Der Aufmacher, in: Max (1998) 5, S. 94-102; Wolf (1998).

Bild ZEITUNG

Der Osten handelt – was tut der Westen?

...denn Zigarren raucht der Mann!

Der Westen tut NICHTS!

Enttäuscht

Präsident Kennedy schweigt...

Macmillan geht auf die Jagd...

...und Adenauer schimpft auf Willy Brandt

Neue Drohung aus Pankow

Blaue Gillette EXTRA

16. August 1961

NORIS

BILD bringt als erste Zeitung der Welt Fotos aus der Höhle

Bild ZEITUNG

Überglücklicher Retter bei der Bergung der 11:

Gott hat mitgeholfen!

Unten

Oben

Drei machen den Ärzten noch Sorge

Elf Kinder des Glücks

brennfix

8. November 1963

Ruderboot auf der Elbe gekentert: Drei Tote

Bild ZEITUNG

Holt den Bundestag aus dem Urlaub!

Die Volksvertreter müssen eingreifen

General de Gaulle greift Erhard an

Sunkist

24. Juli 1964

Kukident

Die ersten Worte auf dem Mond: Der Adler ist gelandet!

Bild ZEITUNG

heute Mond ZEITUNG

Der Mond ist jetzt ein Ami

21. Juli 1969

Mic Mac

Derby: Acatenango siegte

Mit 17: Der erste Deutsche, der in Wimbledon siegte

Boris suuuper

Bild HAMBURG

Wahnsinns-Unfälle im Ferien-Verkehr 23 Tote

Prinzessin Kent: Scheidung für Öl-Millionär?

Weiter Sonne! Hier sind noch Zimmer frei

Mensch ist das schön, keine Baustellen zu sehen!

8. Juli 1985

Guten Morgen, Deutschland

Es war ein schönes Wochenende

Bild HAMBURG

NECKERMANN SPAR-REISEN

13. November 1989

1:1 Der alte Allofs rettet Werder

BILD-TED: Tempo 30 87 % sagen nein!

Box-Weltmeister in der „Ritze" festgenommen

Autobahn-Gebühr NEIN NEIN NEIN

Bild HAMBURG

11. Februar 1993

Kurden: Anschläge gegen Polizei

Mallorca: 100 000 landeten an einem Tag

Bild

Ja, Rudi! Diesen Finger wollen wir sehen

35 Grad Heute noch heißer

WM aktuell 1:3

Der alte Wall hat's wieder gerissen

Wo ist es zur Zeit am schönsten? In Deutschland!

4. Juli 1994

BILD-Titelseiten aus mehreren Jahrzehnten

der heutigen BILD-Struktur mit Regionalredaktionen in den späten 60er Jahren kaum verändert hat. Die Produktion des Aufmachers zieht sich über den gesamten Tag, allerdings bilden vier Konferenzen ein institutionelles „Korsett“ [324] für das redaktionelle Entscheidungshandeln.

Die **Themenwahl** ist das Ergebnis einer internen Konferenz der Chefredaktion täglich um 10.30 Uhr sowie einer Konferenz zwischen Chefredaktion und Redaktion gegen 11.00 Uhr. Darin werden die wichtigsten Themen für die bundesweit erscheinenden Seiten festgelegt, wobei für die „Verkaufsseite“ (Seite 1) am meisten Zeit und Mühe verwendet wird. Dem Treffen liegen Themenvorschläge aus den regionalen Außenredaktionen vor; Themenquellen für den Aufmacher sind oft auch Nachrichtenagenturen. In der **„Optik-Konferenz“** gegen 12.30 wird die formale Gestaltung der Titelseite abgestimmt – unter besonderer Berücksichtigung der Hälfte über dem Bruch. Auf der anschließenden **Schlagzeilen-Konferenz** wird die Headline für die Seite 1 formuliert. Dort werden auch die Schlagzeilen für die restlichen Seiten der Bundesausgabe gemacht.

Nach Absprache mit der Chefredaktion kann jede BILD-Ausgabe eigene regionale Themen zum Aufmacher bestimmen.[325] Erfahrungsgemäß ist dies ungefähr einmal wöchentlich pro Regionalausgabe der Fall.[326] Im Tagesverlauf kann die Themenwahl jederzeit revidiert werden.[327] Der Redaktionsschluss für die Bundesausgabe ist 18.40 Uhr. „Die Redaktion kann bis ein Uhr nachts, bei Wahlen oder anderen großen Ereignissen sogar bis drei Uhr morgens, Artikel austauschen. Bild kann damit die aktuellste Zeitung Deutschlands sein.“[328]

Bei der Produktion der Schlagzeile für die Bundesausgabe nimmt der **Chefredakteur** eine spezielle journalistische Rolle ein. Sie ist seine Domäne. So beschreibt der frühere Chefredakteur Hans-Hermann Tiedje: „Ab dem späten Vormittag überlegst du immer: Mit welcher Schlagzeile verkaufe ich

[324] Gespräch mit Günter Quandt, Mitglied der Chefredaktion von BILD, am 02.03.2000.

[325] Vgl. Jacobi, Claus: BILD - vom Groschenblatt zur nationalen Institution, in: Ders.: 50 Jahre Axel Springer Verlag, Hamburg 1996, S. 86-103, hier: 103.

[326] Gespräch mit Günter Quandt, Mitglied der Chefredaktion von BILD, am 02.03.2000.

[327] Beispielsweise lief am 01.03.2000 zunächst die Produktion eines Aufmachers über Kinder, die mit Steinwürfen auf einer deutschen Autobahn mehrere Autofahrer getötet hatten. Nachdem BILD exklusiv davon erfahren hatte, dass der frühere Bundeskanzler Helmut Kohl erneut Spenden für seine Partei sammelt, avancierte diese Nachricht gegen 16.00 zum Aufmacher („Der Kohl-Knaller!“) in BILD vom 02.03.2000. Gespräch mit Günter Quandt am 02.03.2000.

[328] Sontheimer (1995), S. 38.

das Blatt.“[329] Ex-Chefredakteur Udo Röbel berichtet, dass „eigentlich alle Headlines von mir [sind].“[330]

■ Bedeutung des Aufmachers für BILD

Wie in Abschnitt 4.1 dargelegt wurde, brachte die Blattreform von 1953 in BILD die „Schlagzeile mit dem Holzhammer“[331] und damit auch den Aufmacher hervor. Dieser Umschwung wird in der Literatur häufig als eine wesentliche Ursache für die beträchtliche Auflagensteigerung in den folgenden Jahren genannt.[332] Wie unter anderem die persönliche Zuständigkeit des Chefredakteurs für die Aufmachergestaltung zeigt, wird dem Aufmacher bei BILD eine hohe Bedeutung beigemessen. MÜLLER konstatierte schon vor Jahrzehnten: „Keine Zeitung reagiert im Verkauf auf die Hauptschlagzeile so empfindlich wie die Bild-Zeitung.“[333]

Wie groß der Einfluss genau ist, lässt sich schwer quantifizieren. Das große Potential wird aber z.B. anhand der Feststellung von Manfred Meier, damals Leiter des BILD-Ressorts Unterhaltung, deutlich: „Wir verkaufen bei Verona-Schlagzeilen manchmal 100.000 Exemplare mehr am Tag“[334]

[329] Zit. nach: Sontheimer (1995), S. 38. Tiedje war BILD-Chefredakteur von 1989 bis 1992.
[330] Zit. nach Wolf (1998), S. 30.
[331] Müller (1968), S. 78.
[332] Vgl. etwa ebd., S. 79; Jakobs; Müller (1990), S. 336; Sontheimer (1995), S. 39.
[333] Müller (1968), S. 92. Im gleichen Sinne: Scheuring (1998).
[334] Gemeint sind Schlagzeilen, in denen die Prominente Verona Feldbusch vorkommt. Zit. nach: Kotsch, Ralph: Autsch, umgeknickt. Auch 1999 hat „Bild“ die Karrieren von Verona Feldbusch und Nadja Abdel Farrag kräftig gefördert, in: Berliner Zeitung, 31.12.1999.

5. Journalistische Qualität

Die Tendenz von Boulevardzeitungen zur „reißerischen" Berichterstattung wurde schon oft kritisiert. Auch bei der BILD-Zeitung wurden dementsprechend immer wieder Verstöße gegen professionelle Standards festgestellt. Diese „Schattenseite"[335] der Boulevardpresse wurde mit ökonomischen Imperativen begründet – mit dem Streben nach maximaler Verkäuflichkeit, hinter der die Regeln journalistischer Lauterkeit bisweilen zurückbleiben.[336] Im Falle der BILD-Zeitung weist dieser Aspekt eine besondere Aktualität auf: Die Medienkritik bescheinigt der Zeitung, sie habe sich in den letzten Jahren bei der Einhaltung professioneller Standards zum Besseren hin gewandelt; man könnte auch, freilich in begrenztem Maße, von einer gewissen Annäherung an den Pressetyp Abonnementzeitung sprechen.[337] Geeignete Ansätze, um diese „Wandlungs-These" einer möglichst facettenreichen empirischen Prüfung zugänglich zu machen, bietet in der Kommunikationswissenschaft die **Qualitätsforschung**. Nach einer Einführung in dieses Gebiet, das zum wichtigen Thema der aktuellen Fachdiskussion[338] avanciert ist, wird ein Modell zur Beurteilung journalistischer Qualität entwickelt.

5.1 Qualität im Journalismus - zum Stand einer Debatte

Seit Anfang der 90er Jahre beschäftigen sich zahlreiche wissenschaftliche Aufsätze und Editionen[339], Tagungen und Journalisten-Initiativen[340] mit der

---

335 Schneider; Esslinger (1998), S. 75.

336 Zur Kritik an der Boulevardpresse, auch speziell an BILD vgl. ▸ KAPITEL 1.2.3 und 4.4.

337 Vgl. ▸ KAPITEL 4.5.

338 So bezeichnete z.B. RAGER Mitte der 90er Jahre „Qualität" als „In-Thema" im Fach. Vgl. Rager, Günter: Dimensionen der Qualität. Wege aus den allseitig offenen Richter-Skalen? In: Bentele, Günter; Hesse, Kurt R. (Hrsg.): Publizistik in der Gesellschaft, Konstanz 1994, S. 189-209, hier: S. 189.

339 Vgl. etwa das Themenheft „Qualität im Journalismus": Medien Journal (1996) 2. Auch die neu gegründete Zeitschrift „message" nennt Kritik, Hilfe und Anregung zur journalistischen Qualitätssicherung als vorrangiges Ziel. Vgl. message. Internationale Fachzeitschrift für Journalismus, (1999) 1, S. 7.

340 Im Bayerischen Journalistenverband (BJV) wurde 1999 eine „Initiative Qualität im Journalismus" gegründet (vgl. BJV-report (1999) 2, S. 34). In der Schweiz entstand im selben Jahr ein Verein „Qualität im Journalismus" am Medienausbildungszentrum des Verlegerverbandes (MAZ) in Luzern (vgl. Neue Zürcher Zeitung, 9.11.1999, S. 86); Nach dessen Vorbild formiert sich auch in Österreich ein solcher Verein. (Gespräch mit Niklas Drechsler, Kuratorium für Journalistenausbildung Salzburg, 16.12.1999.)

Frage, was journalistische Qualität ist, und in wieweit man hierfür operationalisierbare Kriterien benennen kann, vor allem auch im Hinblick auf Aussagen zur journalistischen Qualitätssicherung[341] im Mediensystem. Entzündet und angefacht wurde die Debatte hauptsächlich im Bereich der elektronischen Medien, da dort Kontrollgremien wie die Landesmedienanstalten auf konkrete, überprüfbare Qualitätskriterien angewiesen sind.[342]

Eine Begriffsannäherung

Allgemein bezeichnet „Qualität" die „Eignung eines Produkts oder Systems zur Bedarfsbefriedigung."[343] RUß-MOHLS vielzitiertes Bonmot, Qualität im Journalismus definieren zu wollen, gleiche „dem Versuch, einen Pudding an die Wand zu nageln"[344], ist (übrigens von Anfang an auch von seinem Schöpfer) durch entsprechende Ansätze entkräftet worden. Insgesamt handelt es sich bei der Qualitätsforschung um den Versuch,

> „bestimmte Merkmale, Eigenschaften, Werte eines Medienprodukts, eines Medienakteurs, Medienunternehmens oder Mediensystems zu untersuchen und spezifische Standards herauszufinden, die es erlauben, zwischen ‚gutem' und ‚schlechtem' Journalismus – um hier auch die Ebene des Geschmacksurteils anzusprechen – zu unterscheiden.[345]

Je nach Orientierung (an Medienproduktion, Rezipienten etc.) fallen Versuche, journalistische Qualität zu definieren, recht unterschiedlich aus. Beispielsweise so: „Journalistische Qualität bedeutet, das verlegerische Ziel zu unterstützen."[346] Oder:

---

[341] Vgl. die Übersicht von Fragestellungen zu journalistischer Qualitätssicherung in: Fabris, Hans Heinz: Hoher Standard, Qualität und Qualitätssicherung im Journalismus, in: Renger, Rudi; Siegert, Gabriele (Hrsg.): Kommunikationswelten: wissenschaftliche Perspektiven zur Medien- und Kommunikationsgesellschaft, Innsbruck; Wien 1997, S. 69-92, hier: S. 83-88; sowie: Huber, Christian: Das Journalismus-Netzwerk. Wie mediale Infrastrukturen journalistische Qualität beeinflussen, Innsbruck; Wien 1998, S. 63-94. Siehe hierzu auch: Kaiser, Ulrike: Mit Maß und Ziel, in: journalist (2000) 11, S. 10-15.

[342] Vgl. Rager (1994), S. 189.

[343] Vgl. Branahl, Udo: Der Beitrag des Medienrechts zur Qualitätssicherung im Journalismus, in: Schäfer, Ulrich P. u.a. (Hrsg.): Journalismus in Theorie und Praxis: Beiträge zur universitären Journalistenausbildung, Konstanz 1999, S. 173-195, hier: S. 173.

[344] Ruß-Mohl, Stephan: "Am eigenen Schopfe ...". Qualitätssicherung im Journalismus. Grundfragen, Ansätze, Näherungsversuche, in: Publizistik (1992) 1, S. 83-96, hier: S. 85.

[345] Fabris (1997), S. 76.

[346] Schulze, Rudolf: Qualität ist, was sich verkauft, in: Bammé, Arno u.a. (Hrsg.): Publizistische Qualität. Probleme und Perspektiven ihrer Bewertung, München; Wien 1993, S. 235-255, hier: S. 237.

„Ein publizistisches Produkt zeichnet sich durch eine besonders hohe Qualität aus, wenn es das vorgegebene Kommunikationsziel in möglichst kurzer Zeit bei möglichst vielen Rezipienten erreicht, wenn die Rezeption mit Spaß verbunden ist und wenn der im Sinne des Kommunikationszieles erwünschte Effekt möglichst langanhaltend ist."[347]

Wie hier bereits ersichtlich wird, gibt es nicht den *einen* Maßstab für journalistische Qualität. Standards „sind vielmehr von bestimmten historischen, politischen, wirtschaftlichen, sozialen und kulturellen Bedingungen und Bewertungen journalistischer Leistungen abhängig."[348] RUß-MOHL schlägt vor, Qualität als abhängige Variable aufzufassen. Ihre Maßstäbe sieht er in Abhängigkeit vom Medium, der Periodizität, dem Genre, dem Publikum, der erwarteten Funktion oder vom Selbstverständnis der Journalisten.

Abbildung 3: *Qualitätsmaßstäbe als abhängige Variable (nach RUß-MOHL)*[349]

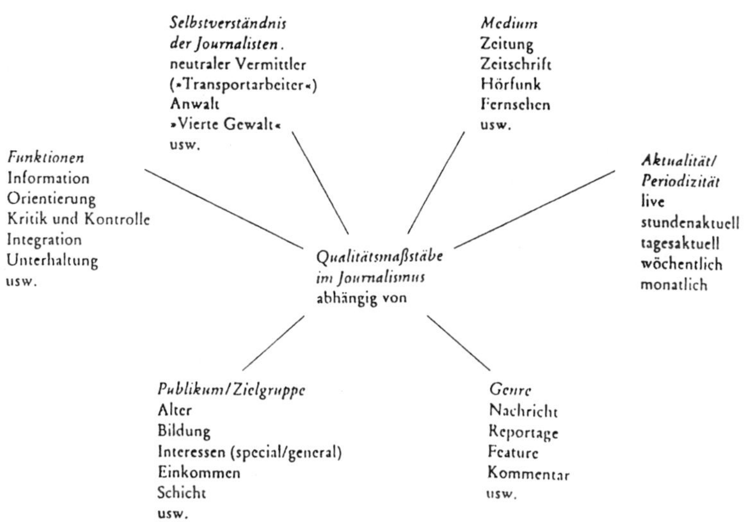

[347] Göpfert, Winfried: Publizistische Qualität: Ein Kriterien-Katalog, in: Bammé u.a. (1993), S. 99-110, hier: S. 99.

[348] Fabris (1997), S. 80.

5.2 Dimensionen journalistischer Qualität - ein Modell

Inzwischen wurden einige Qualitätsmodelle in der Kommunikationswissenschaft entwickelt[350] und auch empirisch eingesetzt.[351] Beim Aufstellen von Qualitätskriterien stützt sich diese Arbeit wesentlich auf das Modell von RAGER (1994) mit den Kriterien **Richtigkeit**, **Vermittlung**, **Aktualität** und **Relevanz**. Theoretische Basis hierfür war die Auswertung erster Qualitätsstudien und der Praktikerliteratur. Als zusätzliche empirische Grundlage, um die Vollständigkeit der Modell-Dimensionen zu prüfen, diente RAGER die Befragung von 101 Redakteuren deutscher Zeitungen.[352] Als normativen Rahmen, innerhalb dessen Qualitätsmaßstäbe entwickelt werden, setzt der Autor das Prinzip der publizistischen Vielfalt: „Zugrunde liegt dieser Forderung die Annahme, die ‚Wahrheit' oder das bessere Argument werde sich im vielfältigen, öffentlichen Diskurs der gesellschaftlichen Kräfte langfristig durchsetzen."[353] Dort, so der Autor weiter, „wo Vielfalt erreicht ist, da findet sich auch Qualität."[354]

Auf das RAGER-Modell wurde hier als Kriterienschema zurückgegriffen, weil es relativ umfassend und trennscharf ausfällt, gleichzeitig aber die Komplexität seiner Dimensionierung auf einem pragmatischen Niveau hält. Auch sein originäres Konzept für den Bereich Zeitung erschien für die vorliegende Arbeit günstig. An dieser Stelle sei darauf verwiesen, dass sich andere Kriterienkataloge nur unwesentlich unterscheiden, meist nur hinsichtlich ihrer Ordnung und Terminologie.[355] Die für diese Arbeit relevanten Qualitätskriterien werden im folgenden vorgestellt.

---

349 Entnommen: Ruß-Mohl (1992), S. 85.

350 Einen informativen Überblick bieten: Bonfadelli, Heinz; Hättenschwiler, Walter (Hrsg.): Einführung in die Publizistikwissenschaft. Eine Textsammlung. 3., erw. Aufl., Zürich 1998, S. 40-43.

351 Erstmals bei: Hagen, Lutz M.: Informationsqualität von Nachrichten. Meßmethoden und ihre Anwendung auf die Dienste von Nachrichtenagenturen, Opladen 1995.

352 Dabei kamen keine von der Literatur abweichenden Qualitätskriterien zu Tage. Vgl. Rager, Günther; Haase, Helga; Weber, Bernd (Hrsg.): Zeile für Zeile – Qualität in der Zeitung, Münster; Hamburg 1994. Als eine der ersten Qualitätsstudien in Deutschland fokussierte sie das Medium Zeitung.

353 Vgl. Rager (1994), S. 191. Andere Kriterien-Aufstellungen beziehen sich etwa auf Grundwerte westlicher Demokratien wie Freiheit, Gleichheit, Ordnung oder sie rekurrieren auf gegebene juristische Wertesysteme (z.B. das deutsche Rundfunkrecht), vgl. Schatz, Heribert; Schulz, Winfried: Qualität von Fernsehprogrammen: Kriterien und Methoden zur Beurteilung von Programmqualität im dualen Fernsehsystem, in: Media Perspektiven (1992) 11, S. 690-712, hier: S. 691.

354 Rager (1994).

355 Vgl. beispielsweise das „Magische Vieleck" mit seinen fünf Hauptkomponenten *Objektivität, Aktualität, Transparenz/Reflexivität, Originalität* und *Komplexitätsreduktion* bei

5.2.1 Richtigkeit

Das Qualitätskriterium „Richtigkeit" betrifft „die schon reduzierte Form einer ursprünglich anderen Forderung, der nach ‚Wahrheit'"[356] Unter Umgehung des erkenntnistheoretisch nicht viel weniger umstrittenen Begriffes „Objektivität"[357] ist hier pragmatisch von „sachlicher Richtigkeit" die Rede.

> „Im Journalismus wird diese Forderung eingelöst durch Bemühen um intersubjektive Nachprüfbarkeit von Fakten [...]. Qualität heißt also, möglichst fehlerfrei und frei von logischen Widersprüchen zu berichten und unterschiedliche Meinungen möglichst unverfälscht wiederzugeben."[358]

Demnach gründet sich qualitativ hochwertiger Journalismus in der Dimension Richtigkeit[359] einerseits auf eine methodische, unterschiedliche Quellen einbeziehende Recherche.[360] Andererseits basiert er auf dem Transparenzpostulat, sozusagen auf der „Offenlegung der Geschäftsgrundlagen"[361]: Dazu gehören z.B. Angaben über die Quellen oder die Darstellung unterschiedlicher Positionen. Eine weitere Komponente von Richtigkeit ist die Vollständigkeit der Informationen. In der Praxis liefert das sogenannte W-Schema „Kriterien für die Abbildung wesentlicher Informationen."[362] Je mehr W-Fragen (Wer? Was? Wo? Wann? Wie? Warum?) beantwortet sind, umso weniger ist anzunehmen, daß aus Versehen oder gar mit Absicht Informationen weggelassen wurden.[363] Die Warum-Frage, die Angabe von Kausalitätsbeziehungen, ist hierbei ein Spezialfall: „Gerade der Bereich der Kausalität ist im allgemeinen von besonders komplexer Natur: Kausale Verknüpfungen lassen sich selten auf singuläre Aspekte reduzieren, wenn man der Realität gerecht werden will – fast alles, was geschieht, hat in der

---

RUß-MOHL (1992: S. 86); oder etwa die Systematisierung nach den Punkten *Vielfalt, Relevanz, Professionalität, Akzeptanz* und *Rechtmäßigkeit* bei SCHATZ & SCHULZ (1992).

356 Rager (1994), S. 199f.

357 Vgl. hierzu etwa Bentele, Günter: Wie objektiv können Journalisten sein? In: Erbring, Lutz u.a. (Hrsg.): Medien ohne Moral. Variationen über Journalismus und Ethik, Berlin 1988, S. 196-225.

358 Rager (1994), S. 200.

359 Damit beschäftigt sich speziell die „Accurancy-Forschung". Eine Einführung gibt: Hagen (1995), S. 109-112.

360 Vgl. Haller, Michael: Recherchieren. Ein Handbuch für Journalisten, 5., überarb. Aufl., Konstanz 1999.

361 Schönbach, Klaus: Erträge der Medienwirkungsforschung für eine Medienethik, in: Haller, Michael; Holzey, Helmut (Hrsg.): Medienethik. Beschreibungen, Analysen, Konzepte, Opladen 1992, S. 97-103, hier: S. 103.

362 Bentele (1988), S. 221.

363 Vgl. Rager (1994), S. 201. Andere Autoren verstehen Vollständigkeit als Unterkriterium für die Relevanz („interne Relevanz") von Nachrichten. Vgl. Hagen (1995), S. 74.

Regel mehrere Ursachen."[364] Eine auf Vollständigkeit bedachte Berichterstattung wird folglich versuchen, multikausale Aussagen über Sachverhalte zu treffen – oder die Darstellung von Monokausalität gegebenenfalls plausibel zu machen.

5.2.2 Vermittlung

Unter Vermittlung versteht RAGER: „Gegenseitige Bezüge herstellen zwischen KommunikatorInnen und Publikum."[365] Ihre Qualität steigt in dem Maße, wie es gelingt, Publikums-Akzeptanz zu erzielen, verstanden als „Bereitschaft des Publikums, einen Beitrag zur Kenntnis zu nehmen, ihn geistig zu verarbeiten und sich mit ihm gegebenenfalls auch kritisch auseinander zu setzen."[366] „Vermittlung" beinhaltet demnach Teilaspekte wie Verständlichkeit, die genregerechte Umsetzung, die Mischung von Themen, die zielgruppengerechte Ansprache oder die Produktgestaltung (Illustration, Design etc.).[367] Am ehesten kann der Teilaspekt Verständlichkeit auf umfassende Forschungsergebnisse zurückgreifen.[368] Hier sei lediglich auf das populäre „Hamburger Verständlichkeitsmodell" verwiesen mit seinen zentralen Gütekriterien 1. Einfachheit; 2. Äußere Gliederung und innere Ordnung des Textes; 3. Kürze und Prägnanz; 4. Anregende Zusätze (z.B. Zitate, Personalisierung, überraschende Episoden).[369]

5.2.3 Aktualität

Als „der spezifisch journalistische Modus der Informationsbearbeitung"[370] geht Aktualität in das Qualitätsmodell mit ein. Aktuell kann man gleichsetzen mit „gegenwärtig, jetzig, zeitgemäß, eine Tagesfrage seiend, neu."[371]

---

[364] Büscher (1996), S. 287.

[365] Rager (1994), S. 202.

[366] Branahl (1999), S. 179.

[367] Zu Qualitätskriterien beim Printmedien-Design vgl. etwa: Renger, Rudi; Rest, Franz: Optik für Alphabeten. Printmediale Qualität durch Gestaltung, in: Medien Journal (1996) 2, S. 47-56.

[368] Zu Ergebnissen der Verständlichkeitsforschung vgl. Heijnk, Stefan: Textoptimierung für Printmedien. Theorie und Praxis journalistischer Textproduktion, Opladen 1997. Zu Ergebnissen im Bereich Fernsehen siehe: Wember, Bernward: Wie informiert das Fernsehen? 3., erw. Aufl., München 1983.

[369] Vgl. Langer, Inghard; Schulz von Thun, Friedemann; Tausch, Reinhard: Sich verständlich ausdrücken. 6., neu bearb. Auflage, München 1999.

[370] Rager (1994), S. 196. Aktualität unterscheidet Journalismus von anderen Systemen der Wissens- und Informationsvermittlung, z.B. vom Schulsystem.

[371] Groth (1995), S. 39.

Zur zeitlichen Dimension tritt bei Aktualität im weiteren Sinne auch die Komponente „Bedeutung“ (Relevanz) hinzu.[372] Nach einer Faustregel gilt in der journalistischen Praxis als aktuell, was zwischen zwei Ausgaben (einer Zeitung, einer Sendung) passiert.[373] Qualität zeigt sich am Reaktionsvermögen eines Mediums gegenüber einem Ereignis: Je kürzer der Abstand zwischen dem Ereignis und seiner Veröffentlichung - im Rahmen des gegebenen Veröffentlichungszyklus – ist, desto höher ist die Qualität des betreffenden Beitrags unter dem Aspekt der (Tages-)Aktualität. Im Fall der „latenten“ Aktualität sind dagegen „die Themen nicht an die unmittelbare Gegenwart gebunden. [...] Sie sind aufgrund ihrer gesellschaftlichen Bedeutung immer aktuell, werden aber anhand eines aktuellen Anlasses aufgearbeitet.“[374] Als Beispiele lassen sich langfristige soziale Themen wie Arbeitslosigkeit oder Ausländerfeindlichkeit nennen.

5.2.4 Relevanz

Im Unterschied zum Kriterium Aktualität, bei dem der Akzent auf der *gegenwärtigen* Bedeutsamkeit liegt, meint Relevanz die Bedeutsamkeit an sich. „Relevanz wird als eine mehr oder weniger bewußte Entscheidung angesehen, ob uns eine Sache ‚wirklich etwas angeht‘.“[375] Das „Problem der Relevanz“ (SCHÜTZ 1971) ist ureigener Gegenstand der Nachrichtenwert-Thorie, denn jede Nachrichtenselektion basiert auf Relevanz-Entscheidungen. Erkenntnisse der Nachrichtenwert-Theorie ziehen auch SCHATZ & SCHULZ „als eine erste Grundlage“[376] auf der Suche nach Indikatoren heran, die das Relevanz-Niveau medialer Botschaften empirisch bestimmbar machen.[377] Sie heben den relativen Charakter von Relevanz hervor: „Ein Sachverhalt oder Vorgang ist nie an sich und aus sich heraus relevant oder bedeutsam, sondern immer nur in Bezug auf etwas anderes.“[378]

[372] GROTH (1995: S. 38) sieht hierin eine anthropologischen Konstante: dass sich „dem Jetzt, dem Tag, dem Augenblick sich [...] die Aufmerksamkeit, das Interesse am ersten und intensivsten [zuwendet].“ Siehe hierzu auch Pürer; Raabe (1996), S. 24.

[373] Vgl. La Roche, Walther von: Einführung in den praktischen Journalismus. 13., neu bearb. Aufl., München; Leipzig 1992, S. 64-69.

[374] Ahlke; Hinkel (1999), S. 24.

[375] Ruhrmann, Georg: Rezipient und Nachricht. Struktur und Prozeß der Nachrichtenkonstruktion, Opladen 1989, S.40.

[376] Schatz; Schulz (1992), S. 697.

[377] Ihre Kriterien: *Zahl der Betroffenen, Eintrittswahrscheinlichkeit, Wirkungsintensität, Irreversibilität/Nachhaltigkeit, Nähe (räumlich, ethnisch, emotional), Freiwilligkeit, Zentralität berührter Werte* und *Status der Betroffenen.* Vgl. ebd., S. 697-698.

[378] Vgl. Schatz; Schulz (1992), S. 696.

Hierbei unterscheidet man subjektive (persönliche) Relevanz von kollektiver (sozialer) Relevanz.[379] Auf der Ebene der subjektiven Relevanz ist die Bedeutungszuweisung von Vorwissen, Interessenstruktur oder persönlichen Zielen des Rezipienten abhängig. Ob ein Medienprodukt dieses Relevanzniveau bedient, kann etwa durch Rezipienten-Befragungen ermittelt werden. Kollektive Relevanz ist dagegen in gewissem Umfang am journalistischen Produkt selbst identifizierbar. Wie EILDERS (1997) gezeigt hat, eignen sich Nachrichtenfaktoren als Indikatoren, da man sie als allgemeine menschliche Wahrnehmungs- und Selektionskriterien begreifen kann.[380] Unabhängig davon, welches Relevanzniveau betrachtet wird, ist für RAGER die Konstanz ein wesentliches Qualitätskriterium: „Qualität zeigt sich in diesem Zusammenhang vor allen Dingen durch eine professionell zuverlässige und möglichst wenig willkürliche Auswahl."[381]

5.2.5 Ethische Angemessenheit

Im Unterschied zu RAGER[382] vertritt der Verfasser die Ansicht, dass die Orientierung an ethischen Standards bei journalistischen Produkten ein eigens herauszustellendes Qualitätskriterium ist. Diese Dimension wird hier als „ethische Angemessenheit" bezeichnet.[383]

5.2.5.1 Zum Diskurs über Medienethik

Der kritische Diskurs[384] über Verantwortung und Moral im Mediensystem gewinnt insbesondere anlässlich von Aufsehen erregenden Krisen im Journalismus, für die Begriffe wie Gladbeck oder Ramstein; Barschel oder Prinzessin Diana stehen, an Bedeutung.

---

379 Vgl. Ruhrmann (1989), S. 38f.; Bonfadelli; Hättenschwiler (1998), S. 42; Eilders (1997), S. 92-98.

380 Vgl. auch Eilders; Wirth (1999).

381 Rager (1994), S. 198.

382 RAGER (1994: S. 195) erwähnt zwar diesen Punkt in seinem Modell im Zusammenhang mit juristischen Normen, fasst ihn aber nicht als eigenständige Dimension auf.

383 BRANAHL (1999: S. 179f.) verwendet sinngleich den Begriff „Rücksicht".

384 Verlauf und vorläufige Befunde der Debatte kann diese Arbeit im gegebenen Rahmen nicht zusammenhängend referieren. Hier sei beispielhaft verwiesen auf die Darstellungen und Bibliografien in: Haller; Holzey (1992); Weischenberg (1992), S. 77-236; Wilke, Jürgen: Ethik der Massenmedien, Wien 1996; Wiegerling, Klaus: Medienethik, Stuttgart 1998.

In Anlehnung an PÜRER kann man in der Theorie zwischen Individualethik, Ethik des Mediensystems und Publikumsethik unterscheiden.[385] Während der **individual-ethische Ansatz**, den etwa BOVENTER[386] vertritt, jedem einzelnen Journalisten ein besonders hohes Maß an persönlicher Verantwortung zuteilt, besagt der Ansatz einer **Ethik des Mediensystems**, dass Journalisten auch institutionellen Zwängen im Mediensystem unterliegen, z.B. durch bestimmte Arbeits- und Berufsrollen in Medieninstitutionen. Der einzelne Journalist ist hierbei aber nicht von seiner persönlichen Verantwortung entbunden, sondern er ist Teil eines Systems „gestufter" Verantwortung.[387] Der dritte Ansatz wiederum bezieht das Publikum, das er als aktive, emanzipationsfähige Rezipienten versteht, in die medienethische Verantwortung mit ein: Seine Vertreter setzen auf die Fähigkeit des Publikums, Medien kritisch zu konsumieren.

Im folgenden soll eine explizite Konvention journalistischer Standesethik, der Pressekodex des Deutschen Presserats, kurz vorgestellt und in den Ethik-Diskurs eingeordnet werden. Zur Erklärung, warum dies geschieht, sei ein kleiner Vorgriff auf den Empirieteil erlaubt: Für die Untersuchung der BILD-Aufmacher im Bereich Qualität stellte sich die Frage nach einer normativen Grundlage zur Beurteilung von „ethisch angemessenem" Journalismus. Die publizistischen Richtlinien des Deutschen Presserats schienen hierfür aus mehreren Gründen geeignet.[388] „Derartige Berufskodizes sind unumstritten, und Journalisten können sich bei ihrer Arbeit an deren Bestimmungen gut orientieren."[389] Neben ihrer Universalität[390] haben solche Kodizes zudem den Vorzug, dass sie explizite, verhältnismäßig „praktikable Handwerksregeln"[391] liefern, die sich operationalisieren lassen.[392]

---

[385] Vgl. Pürer, Heinz: Ethik in Journalismus und Massenkommunikation. Versuch einer Theorie-Synopse, in: Publizistik (1992) 3, S. 304-321.

[386] Vgl. etwa: Boventer, Hermann: Pressefreiheit ist nicht grenzenlos, Bonn 1989.

[387] Vgl. Pürer (1992), S. 313f.

[388] Eine ähnliche Auffassung vertritt: Göpfert (1993), S.103f. Vgl. Ruß-Mohl (1992), S. 87.

[389] Pürer (1992), S. 311.

[390] Zum hohen Grad an Gemeinsamkeiten bei Kodizes verschiedener Länder und dem Wortlaut des österreichischen und des schweizer Pressekodex siehe Pürer (1996), S. 370 und S. 648-652.

[391] Roegele, Otto B.: Verantwortung des Journalisten, in: Schiwy, Peter; Schütz, Walter J.: Medienrecht: Lexikon für Wissenschaft und Praxis, Neuwied u.a. 1994, S. 427-438, hier: S. 433.

[392] Zur Operationalisierung des Pressekodex für diese Arbeit siehe ▸ KAPITEL 7.2.2.

5.2.5.2 Der Deutsche Presserat und seine Publizistischen Grundsätze

Der Deutsche Presserat mit Sitz in Bonn entstand 1956 nach dem Vorbild des britischen *Press Council* als berufsständisches Organ der Presse.[393] Seine Aufgaben sind:

- „Eintreten für die Pressefreiheit;
- Wahrung des Ansehens der deutschen Presse;
- Beseitigung von Missständen im Pressewesen;
- Eintreten für den unbehinderten Zugang zu Nachrichtenquellen;
- Entwicklung von publizistischen Grundsätzen und Richtlinien für die redaktionelle Arbeit (Pressekodex);
- Behandlung von Beschwerden über redaktionelle Veröffentlichungen und journalistische Verhaltensweisen auf Basis des Pressekodex;
- Ansprechpartner für Leser, Journalisten und Verleger.“[394]

Während anfangs das Engagement für die Pressefreiheit (danach auch: gegen Pressekonzentration) Priorität hatte, trat seit Anfang der 70er Jahre „die Funktion des Presserats als Beschwerdeinstanz und Wächter über die Einhaltung journalistischer Verhaltensregeln zunehmend in den Mittelpunkt der Tätigkeit.“[395] 1973 legte der Presserat seine **„Publizistischen Grundsätze (Pressekodex)**“ vor. In 16 Punkten enthält er Normen, auf deren Einhaltung sich Beschwerden und Aktivitäten des Presserats stützen können. In seinem Beschwerdeverfahren[396] kann der Presserat Sanktionen verhängen, von diskreten Hinweisen bis zu öffentlichen Rügen. Deren Veröffentlichung, ein wichtiges Effizienzindiz, kann das Gremium allerdings nicht erzwingen. Nicht zuletzt aus diesem Grund wurde der Presserat häufig als „zahnloser Löwe“[397] gescholten; Befürworter heben dagegen seine positive Rolle als „moralische Instanz“ hervor.[398]

Kritik besteht auch grundsätzlich an der Substanz von Pressekodizes. Ihr Bezug auf individuelles, verantwortungsethisches Handeln wird besonders

---

[393] Die Gründung des Selbstkontrollorgans sollte ein Bundespressegesetz (nach dem so genannten „Lüders-Entwurf“), das die Pressefreiheit eingeschränkt hätte, verhindern. Zu Entstehung und Entwicklung des Deutschen Presserats vgl. Wiedemann, Verena: Freiwillige Selbstkontrolle der Presse: eine länderübergreifende Untersuchung, Gütersloh 1992, S. 169-178.

[394] Entnommen: „Ziele und Aufgaben“ unter www.presserat.de [Stand: 21.03.2000].

[395] Wiedemann (1992) S. 171.

[396] Zu Verfahren und Sanktionsmöglichkeiten siehe: ebd., S. 183-201.

[397] Meyn, Hermann: Massenmedien in der Bundesrepublik Deutschland, Konstanz 1999, S. 76.

[398] Vgl. Meyn, Hermann: Moralische Instanz. Der Deutsche Presserat und seine Entwicklung, in: Medium (1989) 2, S. 34-38.

von Anhängern der Systemtheorie zurückgewiesen. So kritisiert etwa WEISCHENBERG an Pressekodizes ihren Rekurs auf absolute Begriffe wie „Wahrheit" und „Wirklichkeit":

> „Ihr Fehler ist nicht nur das Beharren auf Maßstäben, die einer erkenntnistheoretischen wie empirischen Überprüfung nicht standhalten. Ihr Fehler ist auch, daß sie – wie jede Ethik – auf der binären Unterscheidung von gut und schlecht basieren, diese Unterscheidung aber selbst nicht problematisieren. Damit sind sie für moderne Journalismus-Systeme zu wenig komplex."[399]

RÜHL & SAXER bescheinigten dem Pressekodex 1981 sogar nur den normativen Status einer abstrakten „rollendiffusen Moral für publizistisches Wohlverhalten."[400] Nach seiner Neufassung im Jahr 1990 muss diese Kritik – zumindest in ihrer Radikalität – zurückgewiesen werden.[401] Damals wurden die eher allgemein gehaltenen Grundsätze im Kodex um konkrete „Richtlinien für die publizistische Arbeit" erweitert. Die Richtlinien zeichnen sich seither „durch eine große Differenziertheit und zunehmende Präzisiertheit"[402] aus.

5.3 Zur Messbarkeit und Interpretation von journalistischer Qualität

Nach dem elementaren Schritt, Qualitätskriterien zu identifizieren, sind an dieser Stelle, vorbereitend auf den Empirie-Teil, noch einige Bemerkungen zur Messung und Interpretation von Qualität angebracht.

[1.] Bezugsebene. Bei der Bestimmung von Qualität muss klar sein, auf welche Ebene des Angebots und der Rezipienten man sich bezieht: z.B. auf ein journalistisches Gesamtangebot, das Angebot eines einzelnen Mediums

[399] Weischenberg, Siegfried: Die Moral der Medien und der Charme der Moral. Reflexionen zur journalistischen Ethik nach Barschel und der Wiedervereinigung, in: Bentele; Hesse (1994), S. 161-188, hier: S. 186.

[400] Rühl, Manfred; Saxer, Ulrich: 25 Jahre Deutscher Presserat. Ein Anlaß für Überlegungen zu einer kommunikationswissenschaftlichen Ethik des Journalismus und der Massenkommunikation, in: Publizistik (1981) 4, S. 471-507.

[401] Selbst WEISCHENBERG (1994: S. 183) kommt nicht um die Feststellung umhin: „Der Presserat hat versucht, seinen Pressekodex zu operationalisieren. Das stellt ihn zweifellos vom Kopf auf die Füße. [...] Diese Konkretisierung [der beispielhaft zitierten Ziffer 1, Anm. d. Verf.] ist aus berufspraktischer Sicht ebenso zu begrüßen wie der im Zusammenhang mit der Bewertung der Gladbecker Geiselaffäre erstmals zu entdeckende Hinweis auf ‚Handlungszwänge' journalistischer Arbeit."

[402] Wiedemann (1992), S. 267.

oder einzelne Beiträge; ob auf die Ebene der ganzen Leserschaft (bzw. des ganzen Publikums), einzelner Zielgruppen oder einzelner Rezipienten.[403]

[2.] **Mögliche Zielkonflikte.** Die Komplexität der Qualitätsbestimmung wird nicht zuletzt daran sichtbar, dass einige der aufgeführten Kriterien „einander ergänzen, sich gegenseitig überlappen oder voneinander abhängig sind. Zielkonflikte kündigen sich an."[404] Im Redaktionsalltag konkurriert z.B. Aktualität immer wieder mit der Qualitätsdimension Richtigkeit, speziell mit deren Komponente Genauigkeit.[405] In letzter Zeit mehrt sich auch die Kritik daran, dass Nachrichten „auf den Aspekt ihrer Neuigkeit reduziert (werden). Der Aspekt der tatsächlichen Relevanz bleibt häufig unberücksichtigt."[406]

[3.] **Gewichtung.** „Empirisch geklärt ist das Verhältnis der [...] Qualitätsdimensionen noch lange nicht, geschweige denn theoretisch erfaßt."[407] An diese Feststellung knüpfen sich Fragen wie: Müssen in jeder Dimension qualitative Mindeststandards erfüllt sein? Oder ist sozusagen auch ein „Totalausfall" in einer Dimension möglich, wenn in den anderen Dimensionen die Anforderungen vorzüglich erfüllt werden? Die Studie wird in ▸ KAPITEL 8 versuchen, dem Gewichtungsproblem Rechnung zu tragen: Bezüglich der Analyse des BILD-Aufmachers im Bereich journalistische Qualität werden dort die Ergebnisse zu den Qualitätsdimensionen im Einzelnen betrachtet. Bei der abschließenden Gesamtschau ist sich der Verfasser seines großen Interpretations-Spielraums bewusst.

---

403 Vgl. Hasebrink, Uwe: Die Zuschauer als Fernsehkritiker. Anmerkungen zum vermeintlichen Mißverhältnis zwischen „Qualität" und „Quote", in: Weßler, Hartmut u.a. (Hrsg.): Perspektiven der Medienkritik: Die gesellschaftliche Auseinandersetzung mit öffentlicher Kommunikation in der Mediengesellschaft, Opladen 1997, S. 202-215, hier: S. 203f.

404 Baader, Renate: Was ist publizistische Qualität? Ein Annäherungsversuch am Beispiel Wissenschaftsjournalismus, in: Bammé u.a. (1993), S. 17-39, hier: S. 38.

405 Wenn z.B. ein elektronisches Medium die gerade eingegangene Nachricht von einem Bahn-Unglück verbreitet, so kann die besonders hohe Aktualität auf Kosten der Genauigkeit gehen – etwa bei der Angabe der Opferzahl und der Sachschäden. Hier muss eine Güterabwägung zwischen den Kommunikationszielen Präzision und Schnelligkeit geschehen.

406 Wiegerling (1998), S. 161.

407 Rager (1994), S. 205.

6. Forschungsinteresse

6.1 Zielsetzung

Die vorliegende Arbeit analysiert die Selektion und Gestaltung des Titelseiten-Aufmachers (im folgenden kurz: „Aufmacher“) der BILD-Zeitung seit dessen Etablierung in dem Blatt.[408] Hierbei werden inhaltliche, formale und sprachliche Strukturmerkmale und Trends untersucht. In einem gesonderten Schritt wird geprüft, in wieweit der BILD-Aufmacher journalistischen Qualitätsanforderungen genügt.

6.2. Forschungsleitende Fragen

Die Hauptforschungsfrage lautet: **Wie hat sich die Selektion und Gestaltung des Titelseiten-Aufmachers in der BILD-Zeitung seit dessen Etablierung 1953 gewandelt?** Zur Beantwortung wurde eine Reihe von **Teilforschungsfragen** entwickelt:

Bereich **INHALT**

F1: Welche **Themenbereiche** dominieren beim Aufmacher der BILD-Zeitung, und ist dabei ein Trend festzustellen?

F2: Welche **Nachrichtenfaktoren** dominieren beim Aufmacher der BILD-Zeitung, und ist dabei ein Trend festzustellen?

Bereich **FORM**

F3: Welche wesentlichen **formalen Gestaltungselemente** konstituieren den Aufmacher der BILD-Zeitung, und ist dabei ein Trend festzustellen?

F3a: Welche formale Bedeutung kommt dem **Aufmacher** innerhalb der Titelseite zu, und ist dabei ein Trend festzustellen?

---

[408] Die erste BILD-Ausgabe erschien am 24. Juni 1952. Erst seit der Einführung einer täglichen Schlagzeile im Januar 1953 kann man von der Existenz eines Titelseiten-Aufmachers sprechen.

F3b: Welche formale Bedeutung kommt der **Schlagzeile** innerhalb des Aufmachers zu, und ist dabei ein Trend festzustellen?

F3c: Welche formale Bedeutung kommen den **Fotos** innerhalb des Aufmachers zu, welcher Art und wie wichtig sind Personendarstellungen sowie „aktivierende" Bildinhalte, und ist dabei ein Trend festzustellen?

F3d: In welchem Maße wird grafisch oder explizit sprachlich eine **Verbindung zwischen Schlagzeile und Bild** (bzw. Bildern) im Aufmacher hergestellt, und ist dabei ein Trend festzustellen?

F3e: Welche **weiteren formalen Gestaltungselemente** – außer Schlagzeile und Bildern – konstituieren den Aufmacher, und ist dabei ein Trend festzustellen?

Bereich **SPRACHE**

F4: Welche wesentlichen **sprachlichen Merkmale** konstituieren die Überschrift im Aufmacher der BILD-Zeitung – vor allem im Hinblick auf das publizistische Primärziel Aktivierung –, und ist dabei ein Trend festzustellen?

Bereich **JOURNALISTISCHE QUALITÄT**

F5: In wieweit erfüllt der Aufmacher der BILD-Zeitung inhaltsanalytisch messbare Kriterien für **journalistische Qualität,** und ist dabei ein Trend festzustellen, vor allem im Hinblick auf die 90er Jahre?

F5a: In wieweit erfüllt der Aufmacher der BILD-Zeitung inhaltsanalytisch messbare Kriterien für journalistische Qualität in der Dimension **Richtigkeit,** und ist dabei ein Trend festzustellen?

F5b: In wieweit erfüllt der Aufmacher der BILD-Zeitung inhaltsanalytisch messbare Kriterien für journalistische Qualität in der Dimension **Aktualität**, und ist dabei ein Trend festzustellen?

F5c: In wieweit erfüllt der Aufmacher der BILD-Zeitung inhaltsanalytisch messbare Kriterien für journalistische Qualität in der Dimension **Relevanz**, und ist dabei ein Trend festzustellen?

F5d: In wieweit erfüllt der Aufmacher der BILD-Zeitung inhaltsanalytisch messbare Kriterien für journalistische Qualität in der Dimension **ethische Angemessenheit**, und ist dabei ein Trend festzustellen?

7. Methodisches Vorgehen

7.1 Empirische Methode: Inhaltsanalyse

Für die vorliegende Untersuchung wurde die in der Kommunikationswissenschaft bewährte Methode der Inhaltsanalyse gewählt. Dabei handelt es sich um „**eine empirische Methode zur systematischen, intersubjektiv nachvollziehbaren Beschreibung inhaltlicher und formaler Merkmale von Mitteilungen**."[409] Inhaltsanalysen dienen dem Ziel, Komplexität von Texten mit Blick auf ein bestimmtes Forschungsinteresse systematisch zu reduzieren, Textaussagen somit einer leichteren Interpretation zugänglich zu machen. **Intersubjektiv nachvollziehbar** ist diese Prozedur, so FRÜH, wenn ihre Ergebnisse von Dritten reproduzierbar, kommunizierbar und damit kritisierbar sind.[410]

Gegenüber anderen Methoden wie Beobachtung, Befragung, Interview und Experiment bietet die Inhaltsanalyse einige **Vorzüge**:

„1. Die Inhaltsanalyse erlaubt Aussagen über Kommunikatoren und Rezipienten, die nicht bzw. nicht mehr erreichbar sind.
2. Der Forscher ist nicht auf die Kooperation von Versuchspersonen angewiesen.
3. Der Faktor Zeit spielt für die Untersuchung eine untergeordnete Rolle; man ist nicht an bestimmte Termine zur Datenerhebung gebunden.
4. Es tritt keine Veränderung des Untersuchungsobjekts durch die Untersuchung auf.
5. Die Untersuchung ist beliebig reproduzierbar oder mit einem modifizierten Analyseinstrument am selben Gegenstand wiederholbar.
6. Inhaltsanalysen sind meist billiger als andere Datenerhebungsmethoden."[411]

---

409 Früh, Werner: Inhaltsanalyse. Theorie und Praxis. 4., überarb. Aufl., Konstanz 1998, S. 25 (eigene Hervorhebung). Im Sinne von FRÜH wird auf „objektiv" und „quantitativ" zur näheren Qualifizierung der Inhaltsanalyse verzichtet. Diese Attribute, die BERELSON in seiner klassischen Definition verwendet, sind nach Ansicht von FRÜH redundant und „(stifteten) in der Vergangenheit eher Verwirrung als Klarheit." Ebd., S. 107. Auch PÜRER, der quantifizierende von qualifizierenden Verfahren unterscheidet, konstatiert: „Die Grenzen zwischen quantitativen und qualitativen Inhaltsanalysen verlaufen oft fließend." Pürer, Heinz: Einführung in die Publizistikwissenschaft. Systematik, Fragestellungen, Theorieansätze, Forschungstechniken. 5., überarb. Aufl., München 1993, S. 185.

410 Vgl. Früh (1998), S. 37.

411 Ebd., S. 39f.

In jeder Inhaltsanalyse gehen bei der Reduktion von Komplexität zwangsläufig Informationen verloren: Zum einen, weil bestimmte Mitteilungsmerkmale, die im Zusammenhang mit dem Forschungsinteresse nicht als relevant gelten, ausgeblendet werden; zum anderen durch die Klassifikation der Merkmale. Dieser Informationsverlust ist nach FRÜH aber nicht als Nachteil zu sehen, sondern als Voraussetzung für einen Informationsgewinn: „Die bewußt eingeschränkte Perspektive läßt größere strukturelle Zusammenhänge erkennen und stellt Vergleiche auf eine systematische Grundlage.“[412]

7.2 Kategorienbildung, Operationalisierung, Codiereinheit

7.2.1 Theoretische Grundlage

Die Entwicklung eines leistungsfähigen Kategorienschemas ist gleichermaßen Herzstück und neuralgischer Bereich einer jeden Inhaltsanalyse – oder wie BERELSON formuliert: „Content Analysis stands or falls by its categories.“[413] Die **Kategorien** sind die Substanz der Untersuchung. Sie definieren, welche Merkmalsausprägungen erhoben werden sollen – immer im Bezug auf intendierte theoretische Konstrukte. In einem weiteren Schritt werden Variablen gebildet, die angeben, „welche Art von Aussagen je Kategorie unterschieden werden.“[414]

Ein funktionsgerechtes Kategorienschema muss mindestens sechs **Ansprüchen** genügen: Es soll theoretisch abgeleitet und vollständig sein; seine Kategorien sollen wechselseitig exklusiv, voneinander unabhängig und eindeutig definiert sein und einem einheitlichen Klassifikationsprinzip genügen.[415] Die **operationale Definition**, wichtiger Teil des Begriffsbildungs-Prozesses einer Inhaltsanalyse und Kernstück ihrer Verlässlichkeit, „macht den Codierungsprozess explizit. Sie nennt die empirisch faßbaren Entsprechungen zu den Kategorien auf der Objektebene (Texte bzw. Mitteilungen)

---

412 Früh (1998), S. 40.

413 Zit. nach Merten, Klaus: Inhaltsanalyse. Einführung in Theorie, Methode und Praxis, 2., verb. Aufl., Opladen 1995, S. 147.

414 Schnell, Rainer; Hill, Paul B.; Esser, Elke: Methoden der empirischen Sozialforschung, München; Wien 1995, S. 376.

415 Vgl. Atteslander, Peter: Methoden der empirischen Sozialforschung, 8. Aufl., Berlin; New York 1995, S. 243.

und gibt die Regeln an, nach denen die empirisch erfaßten Objektmerkmale in Daten überführt werden."[416]

7.2.2. Praktische Umsetzung

Die vorliegende Studie wurde unter größtmöglicher Berücksichtigung der genannten Kriterien erstellt. In Anlehnung an die genannte Gliederung der Forschungsfragen ist das **Kategoriensystem in vier Variablenblöcke** gegliedert: **Form**, **Inhalt**, **Sprache** und **Journalistische Qualität**.

⇒ Die Variablen zur **formalen Struktur** des BILD-Aufmachers wurden überwiegend empiriegeleitet[417] generiert. Als schwierig erwiesen sich vor allem die Variablenbildung und die operationalen Definitionen der Bildanalyse. Zur Typologisierung von Bildern in der populären Presse allgemein, und erst recht zum aktivierenden Potential von Bildinhalten im Speziellen, gibt es kaum Literatur.[418] Der Verfasser sieht sich damit in Übereinstimmung beispielsweise mit JUNGMEISTER: „Ein Handicap der Bildanalyse besteht [...] darin, daß die publizistikwissenschaftliche Theoriebildung große Probleme bekundet, Paradigmen und Theorien zu entwickeln, die umfassend reliabel und valide sind."[419] Folglich behilft sich diese Bildanalyse mit einem sehr vereinfachten Konzept, das sich auf wichtige formale Kennwerte (wie Anzahl, Größe), zentrale Bildmotive (Mensch, Gegenstand, Tier, Natur) sowie auf einzelne affektive Bildinhalte (Erotik, „Gewalt" etc.) konzentriert.[420]

⇒ Der Katalog von **Themenbereichen** orientierte sich an klassischen Kategorien von Themenanalysen[421] und wurde empiriegeleitet vervollständigt.

⇒ Die verwendeten **Nachrichtenfaktoren**[422] basieren auf den Arbeiten von STAAB (1990) und EILDERS (1997) und wurden den Erfordernissen die-

[416] Früh (1998), S. 81.
[417] Zum empiriegeleiteten Vorgehen vgl. ebd., S. 134-139. Zur Kontrolle wurde auch das entsprechende Instrumentarium der „Blick"-Studie von SAXER U.A. (1979) herangezogen.
[418] Dienlich waren hier die Ausführungen zur Bildanalyse von Zeitschriftenfotos in: Saxer; Märki-Koepp (1992), S. 85-104.
[419] Jungmeister (1991), S.7.
[420] Nicht erhoben wurden tiefer gehende Analysekriterien wie Bildsituation, Ausdrucksverhalten von Personen oder auch gewisse ästhetische Kategorien (z.B. Helligkeit oder die genaue Farbgebung). Vgl. hierzu: Saxer; Märki-Koepp (1992), S. 95-103.
[421] Vgl. Merten (1995), S. 146-156.
[422] Es handelt sich um die Faktoren: *Faktizität, Ortsstatus, Einfluss, Prominenz, Personalisierung, Kontroverse, Überraschung, Reichweite, Nutzen/Erfolg, Schaden/Misserfolg,*

ser Studie angepasst.[423] Auf den Faktor „Etablierung von Themen"[424] musste verzichtet werden, da es praktisch unmöglich war, die Agenda langfristig eingeführter Themen in einem Erhebungszeitraum von 47 Jahren zu behandeln. Ausgeklammert wurden auch Faktoren, die sich ausschließlich auf außerdeutsche Ereignisse beziehen (räumliche, politische, wirtschaftliche und kulturelle Nähe sowie Status der Ereignisnation); denn nach Lage der Theorie war davon auszugehen, dass diese Faktoren für die Nachrichtenselektion einer Boulevardzeitung, zumal beim Aufmacher, wenig Bedeutung besitzen.[425]

⇒ Zur Analyse **sprachlicher Merkmale** diente eine Batterie von 17 Variablen. Bei der Identifizierung wesentlicher affektiver Stilmittel wurde auf die umfangreichen Textanalysen von MITTELBERG (1967), BÜSCHER (1996) und VOSS (1999) rekurriert, wobei natürlich eine stark reduzierte Auswahl zu treffen war. Dies geschah zum einen anhand einer Synopse der wichtigsten Befunde dieser Studien; zum anderen erwiesen sich einige Stilmittel in Pretests als weniger relevant und wurden aussortiert. Ob bei der Formulierung der Überschrift (speziell der Schlagzeile) Rätselhaftigkeit vorliegt, war nicht eindeutig feststellbar: Vor allem bei den älteren BILD-Ausgaben konnte der Codierer schwer einschätzen, ob ihm eine Überschrift nur aufgrund fehlenden Vorwissens rätselhaft vorkam, oder ob auch ein damaliger Durchschnittsleser dies so empfunden hätte.

Als schwer operationalisierbar erwies sich auch das Konzept Reizwörter. Die Arbeit beschränkte sich darauf, drei besonders relevante Wortfelder[426] in die Analyse aufzunehmen: die Fächerungen von „Sensation" und „Ge-

---

persönlicher Nutzen/Erfolg, persönlicher Schaden/Misserfolg, Sex/Erotik. Vgl. Codebuch im Anhang, S. 158-167.

423 Ein Katalog von „Human-Interest-Elementen", den WEISCHENBERG (1990: S. 21f.) in Anlehnung an die amerikanische Tradition der Nachrichtenwerttheorie vorstellt, wurde zwar zur Kenntnis genommen; seine Bestandteile (*Kuriosität, Kampf/Konflikt, Humor, Romantik, Spannung, Sympathie, Alter, Sex, Fortschritt, Abenteuer, Tragödie, Tiere*) waren aber für meine Zwecke zu detailiert. Allein die Faktoren *Sex* und *Konflikt* (als „Kontroverse") kommen hier im Kategorienschema vor.

424 Die Etablierung von Themen betrifft den Zeitraum, den die Medien bereits über ein bestimmtes Thema berichten. Je länger die Medien bereits darüber berichten, desto etablierter ist das Thema. Vgl. Eilders (1997), S. 305.

425 Beim Faktor „Ortsstatus" wurde eigens die Ausprägung „Ort im Ausland" erhoben, um den Anteil außerdeutscher Ereignisse zu ermitteln. Vor diesem Hintergrund wird später die Plausibilität der Entscheidung interpretiert, Nachrichtenfaktoren, die sich ausschließlich auf außerdeutsche Ereignisse beziehen, zu vernachlässigen.

426 Vgl. Voss (1999), S. 48-58; Mittelberg (1967), S. 28-38 und 116-122. Vernachlässigt wurden die Wortfelder „töten, morden"; „kämpfen, streiten"; „schießen, schlagen", „Täuschung"; „Hilfe, Liebe" sowie der „Wortschatz der Explosion".

heimnis" sowie den Wortschatz der Brachialgewalt. Wie in ▸ KAPITEL 1.2.4 gezeigt, hat die Gefühlsregung Empörung unter den diskursiven Strategien der Boulevardpresse eine Schlüsselrolle. Daher wurde der Anteil der Schlagzeilen erhoben, in denen diese Emotionsfärbung vorkommt.[427]

⇒ Die Analyse von **Merkmalen journalistischer Qualität** basiert vornehmlich auf dem Modell von RAGER (1994).[428] **Richtigkeit** im Sinne der Faktentreue einer Nachricht kann die vorliegende Arbeit nicht überprüfen. Theoretisch wäre es möglich, jede kleinste Bedeutungseinheit im Aufmachertext zu testen: durch den Abgleich mit der „Medienrealität", die von Nachrichtenagenturen und überregionalen Tagezeitungen parallel zur Berichterstattung der BILD-Zeitung konstruiert wird. Dieses Verfahren ist aber nicht nur unverhältnismäßig aufwendig, sondern stößt auch schnell an seine Grenzen - v.a. bei „Human-Interest"- Nachrichten, welche oft eine geringe Faktizität aufweisen.[429] Die Option, Faktentreue durch den Abgleich mit einer korrespondierenden Medienrealität zu prüfen, wurde daher verworfen. Andere Aspekte der Qualitätsdimension Richtigkeit sind dagegen empirisch prüfbar: Vollständigkeit kann man anhand der Anzahl der beantworteten „W-Fragen" annähernd bestimmen.[430] Zudem wurde analysiert, ob BILD vielseitig berichtet: im Hinblick auf Kausalitätsangaben (Beantwortung der Warum-Frage) und zweitens bei der Berichterstattung über Kontroversen (Kriterium: Positionenvielfalt).

Um nicht den Rahmen dieser Arbeit zu sprengen, wurde die sehr facettenreiche Dimension **Vermittlung** nicht im Kategorienschema berücksichtigt. Die Gesamtschau der Ergebnisse zur journalistischen Qualität wird in diesem Punkt nur auf die Theorie zurückgreifen. **Aktualität** wurde bereits im Theorieteil ausreichend gewürdigt. Die methodisch schwierige[431] Analyse von **Relevanz** kann natürlicherweise keine Aussagen über persönliche Re-

[427] Die Variable Empörung wird hier im Variablenblock Sprache ausgewertet, obwohl sie eigentlich eine „diskursive Strategie" darstellt (vgl. ▸ KAPITEL 1.2.4.). Diese Zuordnung geschah, weil in der Analyse nicht eigens ein Variablenblock „Diskursive Strategien" vorhanden ist. Im weitesten Sinne könnte man die Verwendung von Sprache, die Empörung signalisiert, als rhetorisches Mittel ansehen.

[428] Zu den Komponenten Richtigkeit, Vermittlung, Aktualität und Relevanz vgl. die Ausführungen in ▸ KAPITEL 5.2.

[429] Beispielsweise kann man übermittelte Gefühle oder Pläne aus der Privatsphäre von Menschen – ein wesentlicher Bestandteil von Prominentenklatsch – schwerlich auf ihre Faktizität hin überprüfen.

[430] Vgl. die Ausführungen in ▸ KAPITEL 5.2.1.

[431] „Alle verwendeten Methoden, Relevanz empirisch zu ermitteln, haben [...] ihre Mängel und können nicht anders als durch Übereinkunft gerechtfertigt werden." Hagen (1995), S. 76.

levanzniveaus treffen, wohl aber über kollektive (soziale) Relevanz. Dazu greift sie, wie zuvor theoretisch begründet wurde, auf Nachrichtenfaktoren zurück: „Reichweite", Nutzen/Erfolg" und „Schaden/Misserfolg".[432]

Basis für den Variablenblock **„ethische Angemessenheit"** waren die „Publizistischen Grundsätze" des Deutschen Presserats.[433] Damit begab sich der Verfasser seines Wissens auf empirisches Neuland. Um ein möglichst präzises Verständnis der einzelnen Richtlinien herzustellen, d.h. um die nicht immer leichte Grenzziehung zwischen Verstoß und Nicht-Verstoß für den Codiervorgang möglichst transparent zu machen, wurden systematisch Beispiele aus der Spruchpraxis des Presserats zwischen 1990 und 1998 im Codebuch zusammengestellt.[434] Für die Inhaltsanalyse können aus dem Pressekodex nur Bestimmungen operationalisiert werden, die unmittelbar Medieninhalte betreffen – nicht auch solche, die sich etwa auf Entstehungsprozesse beziehen, z.B. auf die Beschaffung von Nachrichten (Ziffer 4). Ziffer 2 hat Sondercharakter, denn sie enthält beide Komponenten: Während die sinngetreue Wiedergabe von Dokumenten, die als Berichterstattungsquelle dienen, hier nicht verifizierbar ist, sind Sinnverfälschungen in der Überschrift (zumindest im Vergleich zum übrigen Text) inhaltsanalytisch prüfbar. Auf die Überprüfung wurde Wert gelegt, weil in der Literatur gelegentlich auf die „Diskrepanz zwischen Überschrift und Artikelinhalt"[435] bei BILD hingewiesen wird. Die Richtlinie 7 des Pressekodex (Trennung von redaktionellem und gewerblichem Teil) wurde vernachlässigt, da sie nach Lage der Theorie und im Kontext der Forschungsinteresses nicht als rele-

[432] Mit welchen Faktoren man Relevanzzuweisungen auf kollektiver Ebene bestimmen kann, ist umstritten. Nach EILDERS (1997: S. 98-106) kommt die Mehrzahl der in dieser Arbeit verwendeten Faktoren dafür in Frage, z.B. auch *Personalisierung* oder *Überraschung*. Hier soll aber konservativ vorgegangen werden: Für die Analyse wurden die Faktoren *Reichweite*, *Nutzen* und *Schaden* ausgewählt, weil ihre Aussagekraft weitgehend unbestritten ist: *Schaden* und *Nutzen* betreffen qua Definition Sachverhalte mit gesamtgesellschaftlicher Relevanz. Die gesellschaftliche Relevanz von Ereignissen mit großer Reichweite „ergibt sich daraus, daß mit größerer Reichweite immer größere Teile der Gesellschaft betroffen sind, was sich über mehrere Stufen vermittelt wieder auf das eigene Leben auswirken kann, zum anderen daraus, daß mit größerer Reichweite auch die Wahrscheinlichkeit zunimmt, daß man selbst oder Personen, die einem nahe stehen, potentiell betroffen sind." Ebd., S. 99.

[433] In der aktuellen Fassung vom 17. September 1997, veröffentlicht in: Deutscher Presserat (Hrsg.): Publizistische Grundsätze (Pressekodex) - Richtlinien für die publizistische Arbeit nach Empfehlungen des Deutschen Presserats - Beschwerdeordnung, Bonn o.J.

[434] Vgl. das Codebuch im Anhang, S. 176-188. Erst seit dem Ende der 80er Jahre sind die Entscheidungen des Presserats samt Beschwerdeanlass im Einzelnen dokumentiert.

[435] Sandig, Barbara: Syntaktische Typologie der Schlagzeile. Möglichkeiten und Grenzen der Sprachökonomie im Zeitungsdeutsch, München 1971, S. 131. Ähnlich: Schneider; Esslinger (1998), S. 75f.

vant eingestuft wurde. Damit sind drei von sechs **Regelungsbereichen** Gegenstand der Inhaltsanalyse:

Gegenstand der Untersuchung	**Nicht Gegenstand der Untersuchung**
„*Diskriminierung und sittliches/religiöses Empfinden*" (Ziffern 10, 12)	„*Wahrheits- und Sorgfaltspflichten*" (Ziffern 1, 2, 3)*
„*Gewalt und Sensation*" (Ziffern 11, 14)	„*Verhaltensgebote*" (Ziffern 4, 5, 6, 15)
„*Persönlichkeitsbereich*" (Ziffern 8, 9, 13)	„*Trennungsgrundsatz*" (Ziffer 7)

*Ziffer 2: Untersucht werden Sinnverfälschungen in der Überschrift.

An dieser Stelle sind zwei Anmerkungen nötig: Die Anwendung der Publizistischen Grundsätze in dieser Analyse erstreckte sich auch auf die BILD-Beiträge, die zeitlich vor der ersten Veröffentlichung der Grundsätze 1973 liegen. Dieses Verfahren erschient legitim, weil der Pressekodex auf sehr grundlegenden berufsständischen Normen beruht, die auch für die früheren Jahrzehnte Gültigkeit beanspruchen können. Außerdem muss darauf hingewiesen werden, dass die Inhaltsanalyse zwar Aussagen über die Verletzung oder Nicht-Verletzung der betreffenden Normen ermitteln kann, nicht aber über das jeweilige *Ausmaß* von Verstößen.

Die **Codiereinheit** der ausgewählten Objekte ist der Aufmacher-Beitrag auf der Titelseite der BILD-Zeitung (Ausgabe München).[436] Der **Aufmacher** ist der Beitrag mit der größten Schriftgröße (Versalhöhe) in der Überschrift. Erfüllen mehrere Beiträge dieses Kriterium, so gilt nach dem Prinzip der Leserichtung jener Beitrag als Aufmacher, der weiter oben (bei gleicher Höhe: weiter links) steht. Zum Aufmacher-Beitrag gehören sämtliche Elemente, die sich als thematische und umbruchtechnische Einheit von ihrem Umfeld abheben. Bildunterschriften wurden bei der Analyse vernachlässigt.

[436] Für die vorliegende Arbeit wurde die in München erhältliche BILD-Ausgabe ausgewertet: bis in den Jahrgang 1968 die Bundesausgabe; seit ihrer Gründung 1969 die Stadtausgabe München.

Tabelle 2 : *Verwendung von Ziffern des Pressekodex für die Inhaltsanalyse*

Ziffer	**Grundsatzkern**	**Teil der Analyse**	**Nicht Teil der Analyse (Begründung)**
1	Wahrhafte Unterrichtung der Öffentlichkeit		Messproblem (s. Kap. 5.2.1)
2	Sorgfaltspflicht	(✔)	Überwiegend nicht inhalts-analytisch messbar (s.o.)
3	Richtigstellung		Nicht inhaltsanalytisch Messbar
4	Methoden der Recherche		Nicht inhaltsanalytisch Messbar
5	Vertraulichkeit		Nicht inhaltsanalytisch Messbar
6	Wahrung des Berufs-Geheimnisses		Nicht inhaltsanalytisch Messbar
7	Trennung von redaktionellem und gewerblichem Teil		Nicht relevant
8	Achtung von Privatleben und Intimsphäre	✔	(vernachlässigt: Richtlinie 8.6: „Jubiläumsdaten")
9	Unbegründete Behauptungen und Beschuldigungen	✔	
10	Verstoß gegen sittliche und religiöse Empfindungen	✔	
11	Unangemessen sensationelle Darstellung von Gewalt und Brutalität	✔	
12	Diskriminierung	✔	
13	Berichterstattung über Schwebende Gerichts- und Ermittlungsverfahren	✔	
14	Unangemessen sensationelle Darstellung von medizinischen Themen	✔	
15	Annahme und Gewährung von Vorteilen		Nicht inhaltsanalytisch messbar
16	Rügenabdruck		Zur Praxis bei BILD siehe Kapitel 4.5.

In drei Bereichen wurde die Codiereinheit erweitert: [1.] Bei den *formalen Gestaltungsmerkmalen* beziehen sich drei Variablen auf Aufmacher-externe Elemente: Gemeint sind damit redaktionelle Beiträge, die sich in der oberen Hälfte der Titelseite (über dem Bruch) befinden, aber nicht zum Aufmacher gehören. In den Bereichen [2.] *Nachrichtenfaktoren* sowie [3.] *Merkmale journalistischer Qualität* wurde gegebenenfalls auch die Fortführung des Aufmachers („Umlauf") auf einer der folgenden Seiten berücksichtigt. War der Aufmacher in mehrere gleichthematische Texte unterteilt fortgeführt, wurden sämtliche Texte gelesen.

7.3 Stichprobenbildung

Für die vorliegende Arbeit erschien es insbesondere reizvoll, die Entwicklung des BILD-Aufmachers über eine längere Periode empirisch zu betrachten. Wegen der Materialfülle[437] schied eine Vollerhebung von vorneherein aus. Die Wahl fiel zunächst auf eine **proportional geschichtete Zufallsauswahl**. Die Grundgesamtheit wird bei diesem Verfahren vorab in gleich große Teilmengen zerlegt und innerhalb jeder Schicht nach dem Zufallsprinzip eine größenproportionale Zahl von Elementen ausgewählt. Im Vergleich zur einfachen Zufallsauswahl (*simple random sample*, SRS) entsteht somit ein Schichtungsgewinn, d.h. der Stichprobenfehler fällt systematisch kleiner aus.[438] Eine Zahl von fünf Teilmengen, entlang der Jahrzehnte, erschien einerseits analytisch überschaubar, anderseits groß genug, um Trendaussagen treffen zu können.

Zeitraum	50er Jahre	60er Jahre	70er Jahre	80er Jahre	90er Jahre
	01/53 - 12/59	01/60 - 12/69	01/70 - 12/79	01/80 - 12/89	01/90 - 12/99
Umfang der Stichprobe (Fälle)	30	40	40	40	40
				GESAMT:	**190**

[437] Bis Anfang 2000 sind annähernd 15.000 Ausgaben der BILD-Zeitung mit ebenso vielen Titelseiten-Aufmachern erschienen (eigene Berechnung).

[438] Bei der Auswertung mit SPSS (Version 9.0) wurde konservativ vorgegangen: Die Voreinstellungen des Programms, die an einer SRS ausgerichtet sind, wurden belassen. Wegen des erwähnten Schichtungsgewinns sind die Ergebnisse in jedem Fall stimmig.

Ausgehend von theoretischen Überlegungen[439] sollten die BILD-Aufmacher der 90er Jahre einzeln (bzw. in Relation zu den übrigen Teilmengen) betrachtet werden. Um den Stichprobenfehler zu senken, wurde die Fallzahl der 90er Jahre erhöht; somit ging diese Schicht aufgrund der tiefen sachlichen Gliederung überproportional (Faktor: 2,5) in die Stichprobe ein.[440]

Zeitraum	50er Jahre	60er Jahre	70er Jahre	80er Jahre	90er Jahre
Umfang der Stichprobe (Fälle)	30	40	40	40	**100**
				GESAMT:	**250**

Welche Erscheinungsdaten des BILD-Aufmachers in die Stichprobe gelangten, wurde in einem zweistufigen Losverfahren bestimmt. Hierbei wurde für jedes Jahr des Untersuchungszeitraums erst die Woche, dann der Wochentag ermittelt.

7.4 Pretest

Um das Kategoriensystem dieser Arbeit auf seine Messtauglichkeit hin zu überprüfen, durchlief das Kategorienschema Pretests, in denen BILD-Aufmacher aus sämtlichen Stichproben-Schichten probehalber codiert wurden. Bei mehreren Variablen wurden in dieser Phase die Merkmalsausprägungen leicht modifiziert, z.B. musste bei der Variable Aktualität die Ausprägung „Datumsmarke“[441] ergänzt werden. In Ausnahmen wurden gravierendere Veränderungen vorgenommen: Eine Variable, die das Maß der Bewegung in Fotos („Dynamik im Bild“) erfassen sollte, erwies sich als zu unpräzise und wurde aussortiert. Bei den Nachrichtenfaktoren „Schaden“ und „Nutzen“ erschien es nach der Vorauswertung einiger BILD-Beiträge als nützlich, diesen Bereich zu erweitern – nämlich die Dimension *gesellschaftlicher* Nutzen (bzw. Schaden) von *persönlichem* zu unterscheiden.[442] Also wurden zwei weitere Variablen ins Kategorienschema eingefügt.

[439] Vgl. die These vom Wandel der BILD-Zeitung in den 90er Jahren in ▸ KAPITEL 4.5.

[440] Beim arithmetischen Mittel ist darauf hinzuweisen, dass nur die 50er bis einschließlich 80er Jahre größenproportional eingingen.

[441] Das bedeutet: Der Beitrag enthält eine Datumsmarke, darüber hinaus aber keine weitere Zeitangabe.

[442] Die Entscheidung resultiert aus der Feststellung von EILDERS & WIRTH (1999: S. 40), dass „Ereignisse meist [...] einen gewissen Schaden oder Nutzen für einen mehr oder weniger großen Personenkreis nach sich [ziehen].“ Wie Pretests ergaben, ist im BILD-Aufmacher „Nutzen“ bzw. „Schaden“ in den wenigsten Fällen auf gesamtgesellschaftlicher Ebene angesiedelt. Daher werden die Variablen „persönlicher Nutzen“ bzw. „persönlicher Schaden“ von den bestehenden unterschieden.

7.5 Reliabilität

Unter Reliabilität (Verlässlichkeit) versteht man, dass eine Messmethode bei wiederholter Anwendung unter identischen Bedingungen am selben Untersuchungsgegenstand dasselbe Ergebnis anzeigt. Ein Design, das nicht zu reliablen Ergebnissen kommt, ist nicht vereinbar mit dem Objektivitäts-Postulat der Forschungsmethode Inhaltsanalyse.[443] Aus diesem Grund wurde vom Verfasser, welcher die gesamte Codierung des Stichprobenmaterials durchgeführt hat, die **Intracoder-Reliabilität** getestet.[444] Dazu wurde eine Stichprobe von zehn Aufmachern aus der Untersuchungseinheit[445] – zwei pro Jahrzehnt – gezogen und dieses Material im Abstand von sechs Wochen zweimal verschlüsselt. Zur anschließenden Berechnung der Intracoder-Übereinstimmung diente die Formel:[446]

$$\mathbf{R} = \frac{\mathbf{2\,Ü}}{\mathbf{Ct_1 + Ct_2}}$$

R	=	Reliabilitätskoeffizient
Ü	=	Anzahl der übereinstimmenden Codierungen
Ct_1	=	Anzahl der Codierungen zum Zeitpunkt 1
Ct_2	=	Anzahl der Codierungen zum Zeitpunkt 2

Für jede Variable im Kategoriensystem wurde nach dieser Formel ein Reliabilitätskoeffizient errechnet. Für den Variablenblock „Form" ergab dies den Wert 0,97; bei den Variablen zum Bereich „Inhalt" 0,92; bei den Variablen im Block „Sprache" ergab sich der Wert 0,94; bei den Variablen zu journalistischer Qualität: 0,97. Die erhaltenen Werte können als zufriedenstellend gelten. Bei keiner Variable gab es „Ausreißer" nach unten.

Die Inhaltsanalyse wurde einzig vom Verfasser dieser Arbeit durchgeführt. Die Datenerhebung (d.h. Pretest, Reliabilitätstest und Codierung) fand im Februar und März 2000 statt und dauerte etwa vier Wochen.

---

443 Vgl. Früh (1998), S. 165.

444 Zu dem Verfahren vgl. ebd., S. 165-171.

445 Es handelte sich um kein Material, das bereits in die Stichprobe eingegangen war.

446 Die Berechnung basiert auf der Formal nach Früh (1998), S. 167. Diese Formel ist eine von vielen. Wegen ihrer einfachen Handhabung wird sie häufig verwendet. Vgl. auch Merten (1995), S. 305-309.

8. Vorstellung und Interpretation der Ergebnisse

Im folgende Kapitel werden die erhaltenen Daten beschrieben. Bei jeder Variable wurden die Ergebnisse der einzelnen Jahrzehnte verglichen, um möglichc Trends aufzuspüren. Hierbei kam das klassische Prüfverfahren, die **Varianzanalyse** (ANOVA, für „analysis of variance"), zum Einsatz. Die Voraussetzungen zur Anwendung dieses Verfahrens wurden als gegeben unterstellt.

Überall werden Trends der Daten beschrieben und soweit möglich interpretiert. Sind die Mittelwertunterschiede statistisch signifikant, dann werden die entsprechenden p-Werte der einfaktoriellen Varianzanalyse ausgewiesen. Darüber hinaus wurde mit Hilfe eines post-hoc-Texts ermittelt, welche Jahrzehnte für den Mittelwertunterschied verantwortlich sind. Aufgrund der vergleichsweise geringen Fallzahl in den einzelnen Jahrzehnten müssen die Mittelwerte sehr drastisch ausfallen, um signifikante Unterschiede zu liefern. Deshalb wird auch bei nicht signifikanten Ergebnissen eine Plausibilität für ihr Zustandekommen erörtert. Allerdings ist hierbei darauf zu achten, dass ein statistischer Beweis nicht geführt werden konnte.

Zur Illustration der Ergebnisse wurden an einigen Stellen Textbeispiele aus dem Untersuchungsmaterial aufgeführt. Die beigestellten Ziffern [„Nr."] verweist auf die durchlaufende Nummerierung der Beiträge im Anhang: Auf den Seiten 140 bis 144 werden die Schlagzeilen samt Erscheinungsdatum dokumentiert.

8.1 Bereich Inhalt

8.1.1 Themenbereiche

Bei der Themenverteilung liegt der Bereich Verbrechen mit 25 Prozent im Gesamtzeitraum auf Platz Eins. Das zweitwichtigste Thema ist der Prominentenklatsch (20 %). Mit einigem Abstand folgen darauf die Bereiche Sport (12 %), deutsche Politik (11 %), allgemeiner Privatbereich (8 %), Unglücke und internationale Politik (beide: 6 %).[447]

Abb. 3: Wichtige Themenbereiche der BILD-Aufmacher

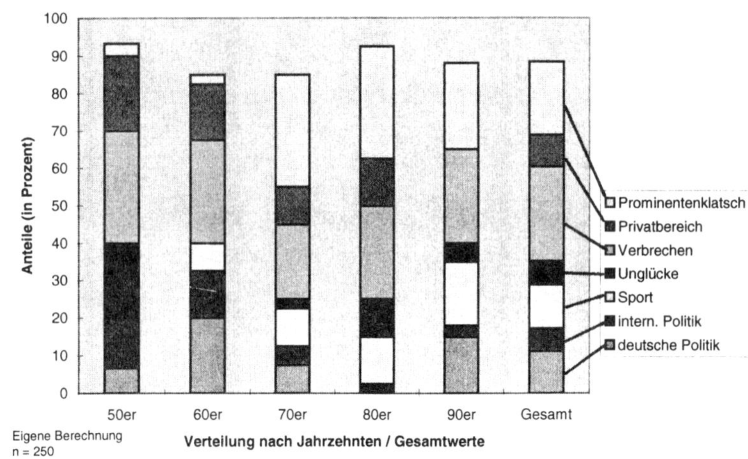

Die Rangfolge entspricht weitgehend den Erwartungen an Themenprioritäten bei einer Kaufzeitung (vgl. ▶ KAPITEL 1.2.2). Das klassische Boulevardthema ***Crime*** schlägt sich im Untersuchungszeitraum mit einem konstant hohen Anteil von rund einem Viertel aller Aufmacherbeiträge nieder. In den 50er Jahren liegt der Anteil sogar bei 30 Prozent. Wie in KAPITEL 4.1.1 dargelegt wurde, waren Verbrechen bzw. Gerichtsprozesse in der Anfangszeit ein bevorzugtes Sujet der BILD-Zeitung.

---

[447] Die Ergebnisse zu allen Themenbereichen gibt Tabelle 3 im Anhang, S. 190, wieder.

Betrachtet man die anderen Themenbereiche, dann fallen im Zeitverlauf einige Veränderungen auf. Beispielsweise hat die Bedeutung von **Sportthemen** für den BILD-Aufmacher kontinuierlich und beträchtlich zugenommen.[448] Angesichts der hohen Bedeutung des Sports als „Verkaufsfaktor" in der Boulevardpresse und der ständigen Ausweitung von Wettkämpfen im Bereich des Profisports, was wiederum mehr Möglichkeiten für Berichterstattung hervorbringt, ist dieser Befund plausibel.[449] Auch der **Prominentenklatsch**, der in den 50er und 60er Jahren nur in drei Prozent der Aufmacher zu finden war, wurde in den folgenden Jahrzehnten erheblich wichtiger. In den 70er und 80er Jahren lag dieser unterhaltsame[450] Themenbereich mit 30 Prozent sogar an der Spitze der Rangfolge ($p = 0{,}01$)[451]. Derweil haben Nachrichten aus dem allgemeinen Privat- und Intimbereich (die definitionsgemäß Nicht-Prominente zum Thema haben) nach und nach an Bedeutung verloren ($p = 0{,}001$)[452]. In den 90er Jahren war dieser Bereich gar nicht mehr existent. Offensichtlich setzt die BILD-Zeitung zunehmend auf den Verkaufsfaktor Prominenz.

Besonders auffällig sind die Veränderungen in der **Politikberichterstattung**: Politik insgesamt (also deutsche und internationale zusammen) war bereits in den 50er Jahren mit 20 Prozent stark vertreten und erreichte ihren Höchststand in den 60er Jahren, als jeder dritte Aufmacher politische Themen enthielt. Dagegen weisen die Aufmacher der folgenden beiden Jahrzehnte mit 13 Prozent (70er Jahre) und nur 3 Prozent in den 80er Jahren einen Trend zu weniger Politik auf. In den 90er Jahren liegt der Wert dann wieder höher, bei 18 Prozent.

Als Erklärung für die signifikanten Unterschiede in dieser Themenkonjunktur ($p = 0{,}028$)[453] bieten sich Erkenntnisse aus der Theorie an: Wie gezeigt wurde, durchlief der Springer-Verlag seit Mitte der 50er Jahre eine

448 Dass Sport als Aufmacher-Thema in den Fällen aus den 50er Jahren der vorliegenden Zufallsauswahl nicht vorkommt, mag einerseits an der relativ geringen Stichprobe liegen. Eine Erklärung könnte auch sein, dass Fußball, der wichtigste Massensport hierzulande, erst seit Einführung der Bundesliga 1964 ein kontinuierliches nationales Wettkampfforum erhielt, das BILD in großem Stil publizistisch verwerten konnte.

449 Vgl. hierzu etwa: Eilers (1978). Diesem Aufsatz ist auch der Begriff „Verkaufsfaktor" entlehnt.

450 Vgl. Bergmann, Jörg R.: Datailisierung – Typisierung – Skandalisierung: Über das (unterhaltsame) Konstruieren von Wirklichkeit in der Klatschkommunikation, in: Bosshart; Hoffmann-Riem (1994), S. 114-125.

451 Die 50er und die 60er Jahre unterscheiden sich signifikant von den 70er, den 80er und den 90er Jahren.

452 Die 90er Jahre unterscheiden sich signifikant von den 50er, den 60er und 80er Jahren.

453 Die 80er Jahre unterscheiden sich signifikant von den 60er und den 90er Jahren.

Phase der Politisierung, in der sich der ausgesprochen antikommunistische Kurs des Verlegers Axel Springer manifestierte. Dementsprechend erschienen in den 60er Jahren gehäuft Aufmacher mit Schlagzeilen wie diese: „Kinder schreien, Männer fluchen, Frauen weinen!“ (über eine angebliche Lebensmittelknappheit in den Ostblock-Staaten; Nr. 51) oder „Wer nicht mordet, kommt vor Gericht“ (über den Schießbefehl an der innerdeutschen Grenze; Nr. 54).

Wegen der sinkenden Auflage wurde dieser plakative politische Kurs Anfang der 70er Jahre von der BILD-Zeitung revidiert.[454] Wie die Daten zeigen, kam es zu einer Themenverschiebung: Statt Politik kamen seither vor allem Nachrichten (Klatsch) aus der Welt der Prominenten viel häufiger im Aufmacher vor.

8.1.2 Nachrichtenfaktoren

Um Erkenntnisse über Selektions- und Aufmerksamkeitskriterien bezüglich der BILD-Aufmacher zu erhalten, werden im folgenden die Ergebnisse einer entsprechenden Nachrichtenfaktoren-Analyse[455] im einzelnen vorgestellt und am Ende des Abschnitts zusammengefasst. Die Daten werden im Anhang grafisch präsentiert.[456]

⇒ **Faktizität** bezeichnet die Ereignishaftigkeit von Beiträgen.[457] Nur 3 Prozent der untersuchten Fälle weisen die Ausprägung „geringste Faktizität“ auf, d.h. im Vordergrund stehen „Sekundärereignisse“[458]: verbale Äußerungen oder Interpretationen eines Geschehens. Dagegen besteht eine deutliche Mehrheit der BILD-Aufmacher (70 %) aus stark faktischem Geschehen.[459] Das hohe Faktizitätsniveau erscheint angesichts der Themenprioritäten der BILD-Aufmacher plausibel: Bevorzugte Themen wie Katastrophen und Verbrechen beziehen ihren Reiz aus der Detailfülle und der damit

---

[454] Vgl. ▸ KAPITEL 4.1.2.

[455] Der Verfasser ist sich bewusst, dass die Daten zu den Nachrichtenfaktoren in den meisten Fällen ordinal erhoben wurden. Sie wurden aber bei der Auswertung als metrisch betrachtet, als würden sie die Voraussetzungen für die ANOVA erfüllen. Das Verfahren ist relativ robust gegenüber Verletzungen. Der geneigte Leser soll selbst entscheiden, ob er der Argumentation folgen möchte.

[456] Siehe Abbildung 15 auf den Seiten 190-192 im Anhang.

[457] „Die entscheidende Frage hier ist: Bewegt sich etwas, verändert sich etwas oder werden lediglich Stellungnahmen wiedergegeben oder statische Situationen beschrieben?“ Eilders (1997), S. 298.

[458] Vgl. Staab (1990), S. 236.

[459] Darüber hinaus fiel ein Viertel der Beiträge in die Kategorie „mäßige Faktizität“, d.h. sie enthielten in etwa gleichen Teilen verbales wie faktisches Geschehen.

einhergehenden Anschaulichkeit, mit der diese Beiträge über Ereignisse berichten. Boulevardeske Themen wie diese besitzen naturgemäß ein hohes Potential an Faktizität. Im zeitlichen Vergleich fallen die 60er mit einem relativ hohen Anteil in der Ausprägung „geringste Faktizität" auf (8 %). Hintergrund ist möglicherweise der in dieser Periode erhöhte Anteil an politischer Berichterstattung, die naturgemäß stark auf Sekundärereignissen (Politiker-Statements auf Pressekonferenzen, Sitzungen, etc.) beruht.

⇒ Unter **Überraschung** wird „das Ausmaß der Erwartungswidrigkeit von Ereignissen verstanden. Erwartungswidrig ist ein Ereignis, das nicht ankündbar ist oder bestehenden Erwartungen widerspricht."[460] In jedem fünften Aufmacher wird die Erwartungswidrigkeit von Ereignissen herausgestellt („große Überraschung"), 72 Prozent der Aufmacher enthalten spontane Ereignisse, nur 8 Prozent berichten über ankündbare Ereignisse. Der Faktor „Überraschung" ist eine klassische Komponente des Sensationsjournalismus, denn er ist geeignet, die Neugierde der Leserschaft mit frappierenden Neuigkeiten anzusprechen.[461] Dass insgesamt nur eine Minderheit der Aufmacher in diese Kategorie fällt, ist wohl vor allem eine Frage der Produktionsmöglichkeiten: Der Anteil unerwarteter Ereignisse ist natürlicherweise limitiert.

⇒ Die Medienrealität der BILD-Aufmacher erweist sich zudem als stark **personalisiert**: Während in 27 Prozent der untersuchten Beiträge Menschen lediglich in ihrer Rolle als Repräsentanten einer Institution oder Gruppe vorkommen („geringe Personalisierung"), stehen in 70 Prozent der Fälle die Personen selbst im Vordergrund. Erneut sind die 60er Jahre ein Sonderfall, nämlich durch einen höheren Anteil (45 %) in der Kategorie „geringste Personalisierung".

⇒ Wie sich bereits anhand des Themenbereichs „Prominentenklatsch" angedeutet hat, spielt der Nachrichtenfaktor **Prominenz** eine bedeutende Rolle für die Selektion des BILD-Aufmachers. In der Mehrheit der Beiträge – 58 Prozent – treten Persönlichkeiten mit nationalem (28 %) oder internationalem Bekanntheitsgrad (30%) wie zum Beispiel Boris Becker oder der Schah von Persien auf. Seit Bestehen der BILD-Zeitung ist der Anteil prominenter Handlungsträger kontinuierlich gestiegen ($p = 0{,}02$)[462].

[460] Eilders (1997), S. 302. Unter „große Überraschung" wurden nur Texte codiert, die einen Hinweis auf die Erwartungswidrigkeit des Ereignisses enthalten.
[461] Vgl. Saxer u.a. (1979), S. 69f.
[462] Die 50er Jahre unterscheiden sich signifikant von den 70er, den 80er und den 90er Jahren.

⇒ Weniger selektionsrelevant, etwa im Vergleich zum Faktor Prominenz, ist der Nachrichtenfaktor **Einfluss**. Er definiert sich über die politische und wirtschaftliche Macht einer Institution, deren Vertreter oder von Einzelpersonen. In mehr als einem Drittel der Aufmacher wurden Menschen mit nationalem[463] (7 %) oder internationalem Einfluss (30 %) gezählt: Unter den Handlungsträgern im BILD-Aufmacher überwiegen allerdings „einfache Leute" ohne Einfluss (54 %). Im Zeitvergleich ragen die 60er Jahre mit einer stärkeren Betonung des Faktors Einfluss heraus; der umgekehrte Fall gilt für die 80er Jahre ($p = 0{,}02$)[464]. Schon definitionsgemäß hängt der Faktor Einfluss eng mit dem Themenfeld Politik zusammen, das wiederum in den 60er Jahren in BILD besondere Priorität genoss.

⇒ Noch weniger entschieden fallen die Befunde bezüglich des Nachrichtenfaktors **Kontroverse**[465] aus. In ungefähr der Hälfte aller Fälle war keine Kontroverse feststellbar oder sie beschränkte sich auf eine verbale Auseinandersetzung. Knapp ein Drittel fiel in die Kategorie „große Kontroverse"; 17 Prozent thematisierten sogar eine Auseinandersetzung mit Gewaltanwendung bzw. -androhung. Im Zeitverlauf nimmt die Bedeutung des Nachrichtenfaktors Kontroverse stetig ab: Der Anteil der Indikatoren „große" bzw. „größte Kontroverse" sinkt von 70 Prozent in den 50er Jahren auf 35 Prozent in den 90er Jahren ($p = 0{,}014$).[466]

⇒ Die Variable „**Ortsstatus**" erfasst die Bedeutung von Ereignisorten in Deutschland, welche sich aus der Einwohnerzahl, der politischen Bedeutung und der Wirtschaftskraft eines Ortes ergibt. Bei 46 Prozent der Aufmacher wurde der „größte Ortsstatus"[467] festgestellt, 24 Prozent verteilen sich

---

[463] Dazu zählten auch Legislative und Exekutive der Bundesländer. Vgl. Codebuch, S. 160.

[464] Die 80er Jahre unterscheiden sich signifikant von den 50er und den 60er Jahren; die 90er Jahre differieren signifikant von den 60er Jahren. 58 Prozent der Aufmacher aus den 60er Jahren fallen in die Kategorien „großer" und „größter" Einfluss:

[465] Darunter wird die Kontrastierung von Meinungsunterschieden verstanden. In Anlehnung an EILDERS (1997) geht im Nachrichtenfaktor „Kontroverse" auch der Aspekt Gewaltanwendung bzw. -androhung auf, den andere Autoren als eigenen Faktor begreifen, vgl. dazu etwa Staab (1990), S. 221f.

[466] Die 90er Jahre unterscheiden sich signifikant von den 50er und den 60er Jahren.

[467] Indikatoren waren die Orte *Berlin, Düsseldorf, Frankfurt, Hamburg, Köln, München, Stuttgart, Bonn* sowie Ereignisse in einzelnen Bundesländern oder bundes- bzw. EG-/EU-weite Ereignisse.

auf einen niedrigeren Ortsstatus,[468] in 5 Prozent ist kein Ort enthalten. Ausschließlich Orte im Ausland weisen 25 Prozent der Beiträge auf.[469]

⇒ Unter **Reichweite** wird die Anzahl der Personen verstanden, die direkt von einem Ereignis betroffen sind (waren, sein werden, sein könnten). Insgesamt ist die Reichweite der im BILD-Aufmacher berichteten Sachverhalte gering: Jeder zweite Beitrag dreht sich um Ereignisse, die nur wenige Einzelpersonen betreffen. Weitere 27 Prozent weisen eine „geringe" Reichweite auf, d.h. es geht um eine oder mehrere mittlere bis größere Personengruppen. Die Betroffenheit ganzer sozialer Kategorien wie Berufs- und Interessengruppen (z.B. alle Studenten, Beamten oder Ausländer eines Landes oder einer Region) wird dagegen sehr viel seltener thematisiert (7 %). In lediglich 15 Prozent der Beiträge wurde die maximale Reichweite festgestellt.

Wegen des hohen Anteils an Aufmachern, die „Human-Interest-Geschichten" aus dem Privatbereich von Menschen transportieren, ist die dargelegte Reichweitenstruktur nicht verwunderlich, sondern im Gegenteil: boulevardtypisch. Aufgrund ihrer politikhaltigeren Berichterstattung entfallen auf die 60er Jahre eine signifikant höhere Anzahl von Beiträgen mit der größten Reichweite (35 %); den umgekehrten Fall (5 %) zeigen die 80er Jahre ($p = 0{,}02$).[470]

⇒ Der Faktor **„Nutzen/Erfolg"** bezieht sich auf die positiven Folgen hinsichtlich von materiellen, ideellen und existentiellen Werten, z.B. auf die Verbesserung von Freiheitsrechten oder der Gesundheit einer Gesell-

---

[468] Im Einzelnen waren dies: „großer" (6 %), „geringer" (3 %) und „geringster" Ortsstatus (15 %). Zu den entsprechenden Definitionen vgl. das Codebuch im Anhang, S. 158f.

[469] Auf welchen Zusammenhängen die durchgängige Dominanz des größten Ortsstatus beruht, ist anhand der verfügbaren Daten schwer eingrenzen. Eine Erklärung könnte sein, dass es bei den betreffenden Orten um Zentren des gesellschaftlichen und politischen Lebens handelt, die daher relativ stark prädestiniert sind, in Verbindung mit den häufigen Themenfeldern Gesellschaftsleben und Politik vorzukommen. Die geografische Lage der größten BILD-Außenredaktionen mag ein Übriges dazu tun. Zudem muss man berücksichtigen, dass diese Arbeit die BILD-Ausgabe München verwendet hat. Aufgrund des Regionalisierungskonzepts avancieren immer wieder lokale Themen zum Aufmacher. Wegen des häufig gegebenen München-Bezuges fallen sie oft in den Bereich „größter Ortsstatus". Offen bleibt, in welchem Ausmaß BILD den Ortsstatus von Nachrichten eigenständig erhöht, weil möglicherweise die Nennung wichtiger bzw. prominenter Orte bei vielen Lesern auf mehr Interesse stößt. Eine gängige Praxis von BILD ist es offenbar, Aufmachernachrichten um Fallbeispiele und Zitate aus Meinungsumfragen zu ergänzen, die die Redaktion – gemäß der überregionalen Verbreitung des Blattes – in ganz Deutschland sammelt, bevorzugt in Städten mit hohem Status.

[470] Die 60er Jahre unterscheiden sich signifikant von allen übrigen Jahrzehnten.

schaft.[471] Nur ein marginaler Anteil unter den BILD-Aufmachern thematisiert einen *geringen* oder *großen* gesellschaftlichen Nutzen (5 % bzw. 2 %); dagegen ist dieser Aspekt in 93 Prozent gar nicht vorhanden. Allein in den 60er Jahren fällt der Nachrichtenfaktor Nutzen vergleichsweise stärker ins Gewicht (p = 0,009)[472].

⇒ Ein ähnliches Bild ergibt die Auswertung des Faktors „**Schaden/ Misserfolg**": Negative Folgen hinsichtlich materiellen, ideellen und existentiellen Werten werden in 86 Prozent der Aufmacher überhaupt nicht angesprochen; in 11 Prozent kommt die Ausprägung „geringer Schaden/ Misserfolg" vor; d.h. Gegenstand der Berichterstattung waren zum Beispiel materielle Einbußen bei einem Großteil der Gesellschaft. Nur 4 Prozent thematisieren einen großen (d.h. existentiellen) Schaden. Der Zeitvergleich ergab keine auffälligen Unterschiede.

⇒ Bei den davon zu trennenden Variablen „persönlicher Nutzen" bzw. „persönlicher Schaden" kam ein anderes Ergebnis zustande: So war in jedem dritten Aufmacher ein existentieller **persönlicher Schaden/Misserfolg** Gegenstand der Berichterstattung. Dieser Wert besitzt vor allem angesichts der Themenschwerpunkte Verbrechen und Unglücke hohe Plausibilität. In weiteren 36 Prozent der Fälle wurde ein geringer persönlicher Schaden registriert, in 31 Prozent gar keiner. Die 50er Jahre weisen einen signifikant erhöhten Anteil bei der Ausprägung „hoher persönlicher Schaden" auf (p = 0,02).[473] Im Vergleich dazu kam der Faktor **„persönlicher Nutzen/Erfolg"** seltener vor: mit 20 Prozent in der Ausprägung „geringer Nutzen" sowie mit 8 Prozent „großer Nutzen".

⇒ Schließlich: In etwa jedem fünften Aufmacher wurde der Nachrichtenfaktor **„Sex/Erotik"** – verstanden als Darstellung von oder Anspielung auf sexuelle Handlungen – registriert. Sieht man vom recht geringen Wert der 50er Jahre (10 %) ab, so bleiben die Werte in den Jahrzehnten relativ konstant.

---

[471] Vgl. das Codebuch im Anhang, S. 164f.

[472] Die Werte der 60er Jahre (geringer Nutzen: 13 %; großer Nutzen: 8 %) unterscheiden sich signifikant von denen der übrigen Zeiträume.

[473] Die 50er Jahre unterscheiden sich signifikant von den 60er, den 70er und den 90er Jahren. Hier liegt ein Zusammenhang nahe mit der extremen Häufung der Themenbereiche „Verbrechen" und „Unglücke", die in den 50er Jahren jeden zweiten Aufmacher konstituieren.

■■■ Zusammenfassung [zu F2][474]:

Betrachtet man die Struktur der Nachrichtenwerte, so wählt BILD vorrangig solche Ereignisse für die Aufmachergestaltung aus, die eine hohe Faktizität aufweisen, die überraschend (zumindest spontan) passieren, die prominente Akteure aufweisen und die sich zu einer stark personalisierten Darstellung eignen. Bezüglich der Reichweite und den Folgen von Ereignissen dominiert die Ebene von Einzelpersonen; gesellschaftliche Folgen werden im Vergleich zu individuellen weitaus seltener thematisiert. Der Nachrichtenfaktor „Schaden" rangiert deutlich vor dem Faktor „Nutzen". Eine Erklärung könnte die Attraktivität von Stoffen im Bereich der „Unterhaltungsangst" sein, mit denen die Boulevardpresse ihre Leser zu stimulieren versucht (vgl. ▸ KAPITEL 1.4). Zum anderen ist dies vielleicht auch auf ein allgemeines Phänomen in Massenmedien, die Tendenz zum Negativismus[475], zurückzuführen.

Wie der Zeitvergleich ergab, schlägt sich offenbar die vorübergehende Politisierung von BILD in den **60er Jahren** beträchtlich in der Nachrichtenwertstruktur nieder. Deutlich wurde dies anhand der Nachrichtenfaktoren „Einfluss", „Reichweite" und „Nutzen", die in dieser Periode stärker ins Gewicht fallen; Faktizität tritt dagegen etwas in den Hintergrund.

Rückblickend wäre es sinnvoll gewesen, einen Nachrichtenfaktor „Kuriosität" einzubeziehen – trotz erkannter Defizite bei der Operationalisierbarkeit. Denn offenbar besitzt dieser Faktor einige Relevanz, wie Überschriften aus BILD-Aufmachern beispielhaft belegen: „Hoher Richter war betrunken" [Nr. 39], „Ehemann verbrannte 23 000 Mark im LSD-Rausch" [Nr. 78] oder „Kardinal-Bewacher als Geiselgangster" [Nr. 121].

Spezielle Nachrichtenfaktoren zu außerdeutschen Ereignissen wurden vernachlässigt. Mit einer Anteil von einem Viertel sind die entsprechenden Fälle, in denen rein außerdeutsche Ereignisse thematisiert wurden, aber ohnehin in der Minderheit.

---

[474] Die Forschungsfrage lautete: Welche Nachrichtenfaktoren dominieren beim Aufmacher der BILD-Zeitung, und ist dabei ein Trend festzustellen?

[475] NOELLE-NEUMANN spricht gar vom „übermächtig gewordenen Nachrichtenwert Negativismus." Noelle-Neumann, Elisabeth: Wirkung der Massenmedien auf die Meinungsbildung, in: Dies. u.a. (1997), S. 518-571, hier: S: 565.

8.2 Bereich Form

Die formalen Bausteine des BILD-Aufmachers sind typografische Elemente (Überschrift, Haupttext); daneben gibt es weitere Gestaltungsmerkmale im Zusammenhang mit der Typografie (z.B. Raster, Unterstreichungen, Rahmen; teilweise in Rot) sowie Bilder. Entsprechend der Aufgliederung in Teilforschungsfragen werden zunächst die Befunde zur Bedeutung von Aufmacher und Schlagzeile, dann zur Verwendung von Bildern und den übrigen Gestaltungselementen vorgestellt und interpretiert.

8.2.1 Formale Bedeutung des Aufmachers

Zur Bestimmung der formalen Bedeutung des Aufmachers dienen als Indikatoren: [1.] die Flächengröße des Aufmachers, [2.] seine Position auf der Titelseite, [3.] die Anzahl der übrigen Themen über dem Bruch sowie [4.] die Versalgröße seiner Überschrift im Vergleich zu der im Unteraufmacher.

Abb. 4: Fläche des BILD-Aufmachers

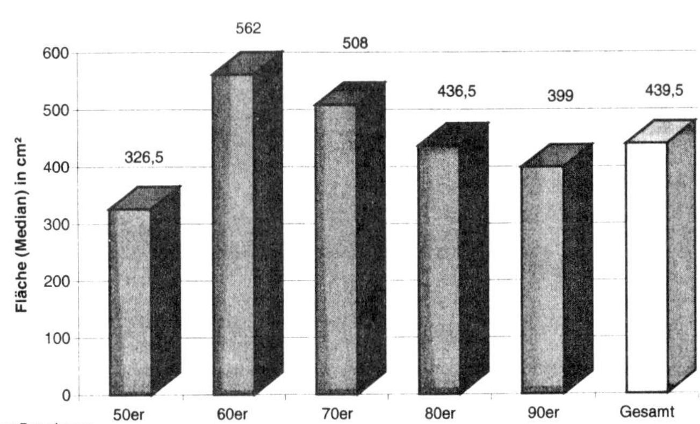

Eigene Berechnung
n = 250

[Zu 1.] Der Mittelwert (Median) der **Aufmacherfläche** beträgt insgesamt 439,5 cm². Damit beansprucht der Aufmacher einen erheblichen Teil, nämlich fast ein Viertel, des Gestaltungsraumes auf der BILD-Titelseite.[476] Bei der Analyse fällt gleichzeitig die enorme Spannweite der Flächenwerte auf, die insgesamt von 128 cm^2 (Minimum) bis 1404 cm^2 (Maximum) reicht. In den 50er Jahren fallen die BILD-Aufmacher mit durchschnittlich 326,5 cm^2 am kleinsten aus. Sie unterscheiden sich besonders deutlich von denen der 60er Jahre, als BILD mit 562 cm^2 die größte Aufmacherfläche überhaupt verzeichnet. Seitdem ist die Größe wieder kontinuierlich gesunken, bis auf 399 cm^2 in den 90er Jahren ($p = 0{,}00$).

[Zu 2.] Bei der Erhebung der **Position des Aufmachers** wurden drei unterschiedliche Ausprägungen hierarchisch unterschieden. Sie orientieren sich an Befunden der Leserforschung, wonach die Betrachtung einer Zeitungsseite links oben ansetzt und von oben nach unten verläuft.

Abb. 5: Seitenposition des BILD-Aufmachers

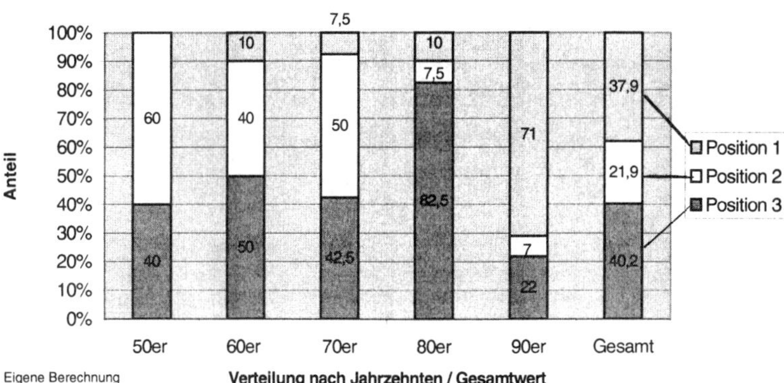

Eigene Berechnung
N = 250

Während 40 Prozent der Aufmacher gar nicht an den oberen Seitenrand grenzen *(Position 3)*, sind 60 Prozent ganz oben platziert. Davon wiederum umfassen zwei von drei Aufmachern auch die prominenteste Stelle, die Fläche senkrecht über dem BILD-Logo *(Position 1)*.

[476] Die Fläche einer BILD-Titelseite ohne Zeitungsrand beträgt 37,5 x 53 cm, zusammen: 1987,5 cm^2. Zieht man die Fläche des BILD-Logos (122 cm^2) ab, so bleiben 1865 cm^2 redaktionell gestaltbare Fläche. Die Aufmacherfläche in Relation zur verkaufsfördernden Fläche über dem Bruch zu setzen wäre theoretisch aufschlussreich, verbietet sich aber in der Praxis, weil viele Aufmacher in Teilen auch unter dem Bruch platziert sind.

Besonders in den 90er Jahren lässt BILD einen deutlichen Trend zur Verlagerung seines Aufmachers in die linke obere Ecke der Titelseite erkennen (in 71 % der Fälle). Dieser Bereich gilt als „primary optical area“[477] bei der Wahrnehmung einer Seite. Im Zeitvergleich fallen die 80er Jahre aus dem Rahmen, in denen die Aufmacher häufiger (83 %) *nicht* am oberen Seitenrand stehen (p = 0,00).

[Zu 3.] Ein weiterer Indikator für die Priorität des Aufmachers bei der Titelseitengestaltung ist die **Anzahl der übrigen Themen über dem Bruch**. Dem liegt ein einfaches quantitatives Konzept zu Grunde: Je weniger übrige Themen in der (für den Verkauf entscheidenden) oberen Seitenhälfte angeordnet sind, umso mehr bedeutet dies eine Akzentuierung des Aufmachers. Die Analyse ergab ein arithmetisches Mittel von 3,44, das heißt: Neben dem Aufmacher weist eine BILD-Titelseite durchschnittlich zwischen drei und vier[478] weitere Themen in der oberen Hälfte auf. Die Analyse nach Jahrzehnten zeigt: In den 50er Jahren ist der Mittelwert mit 4,13 besonders hoch; er erreicht in den 60er Jahren einen Tiefpunkt unter den gruppierten Werten (3,0) und ist seitdem wieder stetig auf 3,81 (90er Jahre) gewachsen (p = 0,004).[479]

[Zu 4.] Überschriften sind ein wichtiger Bestandteil des Layouts von Boulevardzeitungen. Ihre jeweilige Größe signalisiert den Wichtigkeitsgrad eines Beitrags. Der Status des Aufmachers lässt sich folglich auch daran erkennen, dass man die Größe seiner Überschrift in Relation zu den restlichen Titelgrößen der Seite 1 setzt. Exemplarisch wurde die **maximale Versalgröße** in den Überschriften **von Aufmacher und Unteraufmacher**[480] auf der BILD-Titelseite verglichen. Hierbei kam eine beträchtliche Differenz zu Tage: Die größte Buchstabenhöhe in einer Überschrift, die außerhalb des Aufmachers – im „zweitstärksten“ Artikel – vorkommt, erreicht im Durchschnitt etwas weniger als 61 Prozent der Versalgröße der Schlagzeile. Diese Relation ist in allen Jahrzehnten ungefähr gleichbleibend.

---

[477] Edmund Arnold, zit. nach Meyer; Frohner (1996), III., S. 18.

[478] Der zu erwartende Wert liegt eher bei drei (Median: 3).

[479] Die Entwicklung ist umgekehrt proportional im Vergleich zum Trend bei der Aufmacher-Fläche. Dieser Zusammenhang erscheint plausibel: Je größer die Aufmacher-Fläche, umso weniger Platz bleibt tendenziell für andere Themen.

[480] Der Unteraufmacher ist der Beitrag mit der größten Schrifthöhe außerhalb des Aufmachers auf einer Seite.

■■■ Zusammenfassung [zu F3a][481]:

Die vorliegenden Daten weisen den Aufmacher als formal bedeutsames Element der BILD-Titelseite aus. Das zeigt vor allem seine relativ große Fläche sowie seine häufige Platzierung an der prominentesten Stelle im Layout. Auch der deutliche Größenabstand zwischen seiner Überschrift und dem Titel des Unteraufmacher legt diese Feststellung nahe. Wenig ergiebig ist dagegen die Interpretation der Anzahl übriger Themen über dem Bruch, weil hier ein empirischer Vergleichsmaßstab (z.B. entsprechende Werte anderer Zeitungen) fehlt. Führt man sich allerdings das außerordentlich große Format der BILD-Zeitung vor Augen, erscheint eine Zahl von durchschnittlich drei weiteren Themen auf der verkaufsentscheidenden Halbseite eher als gering. Das spräche wiederum für die hohe Priorität des Aufmachers.

Die formal-quantitative Bedeutung des Aufmachers fällt in den 50er Jahren, als BILD noch stark vom ursprünglichen Konzept Tagesillustrierte[482] geprägt war, relativ gering aus. Dagegen erreicht sie in den 60er Jahren ihren Höhepunkt. Seitdem ist das Niveau ausweislich der Variablen „Fläche" und „übrige Themen" kontinuierlich leicht gesunken. Eine gegenläufige Tendenz zeigen die 90er Jahre, in denen die Aufmacher überwiegend auf der wichtigsten Position der Seite 1 – am linken oberen Rand – stehen.

8.2.2 Formale Bedeutung der Schlagzeile

Wie im Theorieteil dargelegt, kommt der Schlagzeile in der Aufmacher-Gestaltung der Boulevardpresse eine besonders wichtige Stellung zu. Nach den Ergebnissen der vorliegenden Analyse ist dies bei BILD allein schon flächenmäßig klar der Fall: Die Schlagzeilen dieser Zeitung beanspruchen im Durchschnitt 42 Prozent der Gesamtfläche des Aufmachers.[483] Im Zeitverlauf zeigt sich bis einschließlich der 80er Jahre ein Wachstumstrend ($p = 0,00$)[484]: Der Anteil von etwas unter 30 Prozent in den 50er und 60er Jahren stieg in den 80ern bis auf 54 Prozent; in den 90er Jahren sank der Mittel-

---

[481] Die Forschungsfrage lautete: Welche formale Bedeutung kommt dem Aufmacher innerhalb der Titelseite zu, und ist dabei ein Trend festzustellen?

[482] Vgl. ▸ KAPITEL 4.1.1.

[483] Zur Ermittlung der präsentierten Daten wurde der Schlagzeilentext jeweils zeilenweise vermessen. Zu den Ergebnissen ist anzumerken, dass in den ersten beiden Jahrzehnten der sogenannte Durchschuss in der Schlagzeile, also der Abstand von einer Zeile zur nächsten, größer war als danach; die Schlagzeile beanspruchte also vor den 70er Jahren verhältnismäßig eine größere Layoutfläche.

[484] Zwischen allen Jahrzehnten liegen signifikante Unterschiede vor.

wert dann wieder auf 46 Prozent. Auch im Vergleich zu anderen Kaufzeitungen ist dies aber immer noch ein hoher Wert.[485]

Abb. 6: Anteil der Schlagzeile an der Aufmacher-Fläche

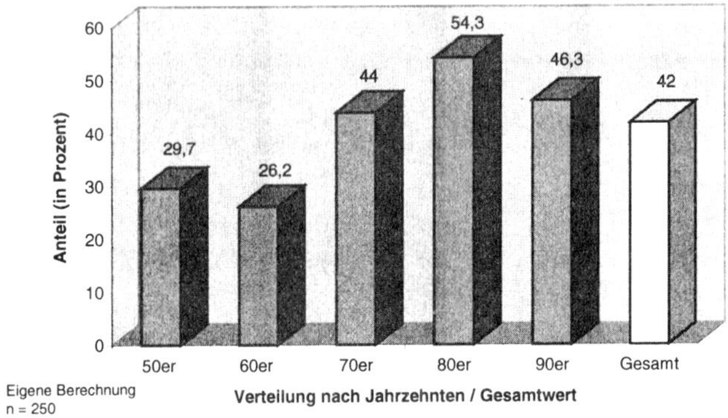

Die Daten ab den 70er Jahren weisen zudem eine weitaus höhere Spannweite aus: Der Anteil der Schlagzeile am Aufmacher bewegt sich seitdem zwischen 10 und 87 Prozent – für die beiden Jahrzehnte davor liegt er nur zwischen 10 und 45 Prozent.[486] Demnach ist die flächenmäßige Gestaltung der Schlagzeile innerhalb des Aufmachers seit den 70er Jahren weniger eng standardisiert, sie wird flexibler gehandhabt.

Parallel zum Flächenanteil hat sich auch die **maximale Versalgröße** der Schlagzeile ausgedehnt: Sie ist von durchschnittlich 27 Millimeter (das entspricht 72 Punkt) in den 50er Jahren kontinuierlich auf 45 Millimeter (120 Punkt) in den 80er und 90er Jahren gewachsen ($p = 0{,}00$)[487]. Einzelne Überschriften enthalten sogar Versalgrößen von bis zu 77 Millimeter.

---

485 Beim schweizerischen „Blick“ betrug der Anteil der Schlagzeile am Aufmacher 30 Prozent (Mittelwert einer Stichprobe aus dem Zeitraum 1959 bis 1979). Vgl. Saxer u.a. (1979), S. 151.

486 Dass die Jahrzehnte von den 70er Jahren an eine größere Streuung aufweisen, zeigt auch die Auswertung nach Quartilen

487 Außer der Differenz von den 80er zu den 90er Jahren sind alle Unterschiede signifikant.

Abb. 7: Versalgröße der BILD-Schlagzeile

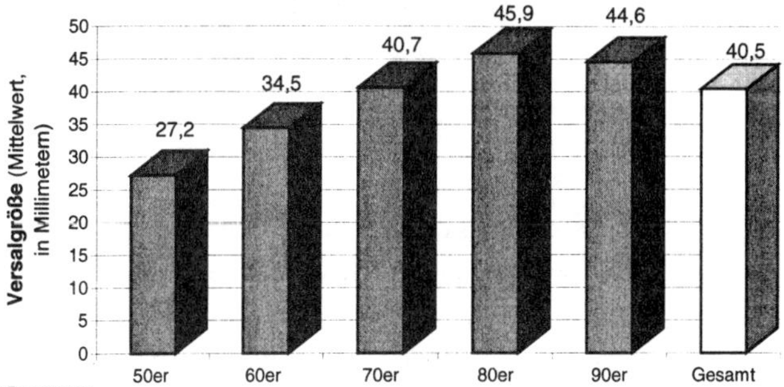

Eigene Berechnung
n = 250

■■■ Zusammenfassung [zu F3b][488]:

Die Indikatoren „Anteil an der Aufmacherfläche" und „Versalgröße" weisen für die Schlagzeilen innerhalb des BILD-Aufmachers eine sehr hohe formale Bedeutung aus. Wie im vorigen Abschnitt bereits festgestellt wurde, besitzt die Schlagzeile auch in Relation zur übrigen Typografie der Seite 1 eine größenmäßig herausgehobene Stellung. Im zeitlichen Vergleich wurde ein Trend zur Vergrößerung der Schlagzeile deutlich, was ihre Fläche und die Größe der Typografie anbelangt. Dieser **Trend zum Plakativen** in der Aufmacher-Schlagzeile erreicht in den 80er Jahren seinen Höhepunkt und stabilisiert sich seitdem auf hohem Niveau.

8.2.3 Verwendung und formale Bedeutung von Bildern

Bilder gelten als ein Hauptgestaltungsmittel der Boulevardpresse, da sie wirksam als Blickfang eingesetzt werden können. Wie nicht anders zu erwarten war, dominieren Fotos die Bilderwelt der BILD-Aufmacher, liefern diese doch (scheinbar) Authentizität bei der Übermittlung von Nachrichten. Andere Bildtypen spielen dagegen so gut wie keine Rolle: In nur 2 Prozent der untersuchten Fälle wurde eine **Karikatur** verwendet. Allein vier der sechs registrierten Karikaturen stammen aus den 60er Jahren, was mit dem damals besonders hohen Anteil an politischer Berichterstattung in den Aufmachern zu tun haben könnte. Während **Vignetten**, die von BILD insbesondere zur Kennzeichnung einer kontinuierlichen Berichterstattung bei Sport-Großereignissen eingesetzt werden, noch in 4 Prozent der Aufmacher zu finden waren, sind die Kategorien **Infografik** (1 %) und „**Sonstige Bildformen**“[489] (0,8 %) fast nicht existent.

■ Fotos

Bei der Auswertung der Fotos musste sich die Arbeit aufgrund des gegebenen Rahmens auf ein sehr vereinfachtes Konzept beschränken. Nach den vorliegenden Daten beläuft sich die **Anzahl der Fotos** im BILD-Aufmacher durchschnittlich auf ein einzelnes Foto (arithmetisches Mittel: 1,12). Gleichzeitig fällt auf, dass bei immerhin fast jedem dritten Aufmacher kein einziges Foto vorkommt.

Um einen Eindruck von den **Größenrelationen der Aufmacherfotos** zu gewinnen, wurde jeweils das größte Foto im Aufmacher vermessen. Die Fläche beträgt durchschnittlich 75 cm^2 (Median). In den 70er und 80er Jahren liegt die Dimensionierung über dem Durchschnitt. Durchschnittlich weist das größte Foto einen Flächenanteil am Aufmacher von 16 Prozent auf (Median), wobei auch Werte von nur 1 oder 2 Prozent erhoben wurden. Etwa im Vergleich zur Schlagzeile ist dies ein sehr niedriger Anteil. Da viele Aufmacher nur ein einziges Foto enthalten, sei diese Folgerung anhand der Variable „Größtes Foto“ erlaubt[490]

Zudem fällt die riesige Spannweite der Werte auf: In allen Jahrzehnten kommen Aufmacher vor, deren maximale Fotoflächen nur wenige Quadratzentimeter – quasi Passbildgröße – ausmachen (Minimum: 6 cm^2). Dagegen beläuft sich die maximale Fläche eines Aufmacherfotos in der Stichprobe auf plakative 806 cm^2, das entspricht etwas mehr als einem Drittel der Titelseitenfläche.[491] Diese Streuung nimmt im Laufe des Untersuchungszeitraums erheblich zu. Wie auch bei der Gestaltung der Schlagzeile ist dies ein Anzeichen, dass die Standardisierung beim Einsatz von Fotos mit der Zeit abgenommen hat.

---

[488] Die Forschungsfrage lautete: Welche formale Bedeutung kommt der Schlagzeile innerhalb des Aufmachers zu, und ist dabei ein Trend festzustellen?

[489] In diese Kategorie fiel z.B. eine Zeichnung, die das Aussehen des Schahs von Persien nach einer gerüchteweise bevorstehenden Gesichtsoperation darstellen sollte [Nr. 108].

[490] Außerdem sind Aufmacher ohne Fotos nicht (mindernd) in die Berechnung eingegangen.

[491] Abgebildet war Boris Becker 1985 anlässlich seines ersten Sieges im Tennisturnier von Wimbledon [Nr. 134].

■ Fotomotive

Die Bilderwelt des BILD-Aufmachers ist bemerkenswert stark **personalisiert**: In 88 Prozent der Fotos werden Menschen dargestellt. Gegenstände sind in 39 Prozent der untersuchten Fotos enthalten. Die ausgezählten Fotoinhalte Tier (2 %) und Natur (7 %) sind dagegen nur marginal (das zeigt Abbildung 16 im Anhang auf Seite 192).

Bei der **Personendarstellung**, die jeweils beim größten Foto im Aufmacher untersucht wurde, konzentriert sich BILD auf den „Menschen pur“: 87 Prozent der abgebildeten Personen erscheinen ohne Bezug zu einem wie auch immer beschaffenem Umfeld. Häufigste Darstellungsform ist das Portrait (59 %). Die Tendenz zur Nahaufnahme, hergestellt durch einen relativ engen Bildausschnitt (entlang des Körperumrisses) bei Menschendarstellungen, zeigt sich außerdem durch die Verwendung von Kopfdetails (7 %). Abgesehen von wenigen möglichen Anhaltspunkten – wie z.B. die Kleidung der Dargestellten, ihre Mimik und Gestik –, sind die meisten dieser Fotos nahezu ereignis- und situationslos. Die Abbildung beschränkt sich auf ein bis zwei Personen pro Foto (arithmetisches Mittel: 1,49). „Massen“-Bilder, verstanden als Fotos mit sieben oder mehr Menschen darauf[492], sind dagegen die absolute Ausnahme. Im Zeitverlauf ist eine Reduzierung der Personenzahl festzustellen: Der entsprechende Wert sinkt durchgehend von 2,77 (50er Jahre) auf zuletzt 1,11 (90er Jahre); ($p = 0{,}005$).[493]

Zur Interpretation dieser Befunde sei noch ein weiterer hinzugezogen: In der Mehrzahl der Aufmacher (58 %), mit steigender Tendenz im Zeitverlauf, werden **Prominente** fotografisch gezeigt. Das hier dominierende Bildformat Portrait eignet sich besonders gut für Prominente, weil es bei diesen Persönlichkeiten kaum „einer spezifischen Situierung in für sie typischer oder aktueller Umgebung (bedarf).“[494] Demnach hat ein großer Teil der Fotos im BILD-Aufmacher eine „(Wieder-) Erkennungsfunktion“[495]: Der Leser, so ist anzunehmen, erkennt die Abgebildeten auf einen Blick wieder, ihr hoher Bekanntheitsgrad macht sie für ihn interessant. Die Konzentration auf die Darstellung von Menschen korrespondiert im übrigen mit dem festgestellten Schwerpunkt bei „Human-Interest“-Themen.

---

[492] Diese Einteilung ist angelehnt an die Qualifizierung von Personen als „Beiwerk“ im deutschen Urheberrecht: Als „Beiwerk“ gelten in der Rechtspraxis Personen, die in einer Gruppe von mindestens sieben Personen abgebildet sind. Vgl. Meyer; Frohner (1979ff.), S. XII-1.5a, S. 1.

[493] Die 50er Jahre unterscheiden sich signifikant von den übrigen Jahrzehnten.

[494] Saxer u.a. (1979), S. 186.

[495] Vgl. ebd., S. 179.

Abb. 8: Aktivierende Bildinhalte

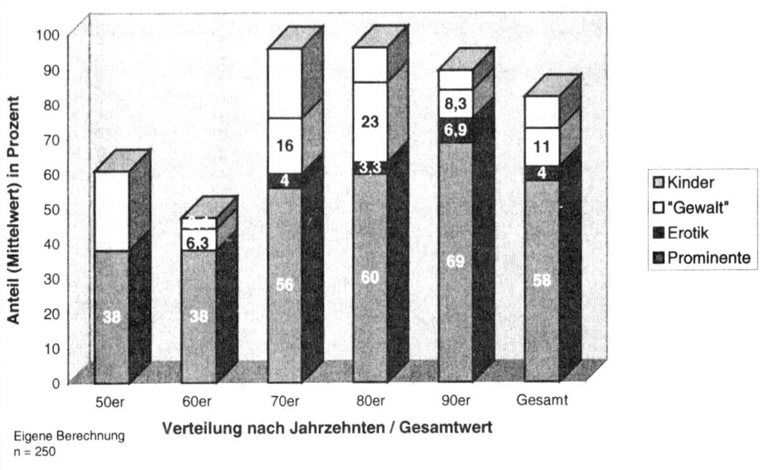

Spezielle **aktivierende Bildinhalte**, die Teil dieser Analyse waren, kommen eher selten vor. Wie das Diagramm zeigt, macht sich am ehesten noch der Bildinhalt **„Gewalt“** (Täter, Opfer, Schäden) empirisch bemerkbar. Aufgrund der oben festgestellten Häufung von Aufmacher-Themen aus den gewaltgeladenen Bereichen „Verbrechen“ und „Unglücke“ ist dieser Wert nachvollziehbar, wenngleich er geringer ausfällt als anhand der Themenverteilung zu erwarten war. Zudem zeigen sich Unterschiede zwischen den einzelnen Jahrzehnten: Im Zeitverlauf weisen die Mittelwerte eine steigende Tendenz auf, die in den 80er Jahren kulminiert und in den 90er Jahren wieder stark abfällt. Genau umgekehrt verhält es sich (Ausnahme: die 60er Jahre) im übrigen mit dem Trend beim Bildinhalt **„Kinder“**.[496] Hierfür liegt aber vorläufig keine plausible Erklärung nahe.[497]

Auch **Erotik,** traditionell ein bevorzugter visueller Inhalt der Boulevardpresse, spielt in den Fotos der BILD-Aufmacher eine untergeordnete Rolle. Erst ab den 70er Jahren kommen erotische Bildinhalte in der Stichprobe vor, was wohl zu erklären ist mit der damaligen Veränderung von Einstel-

[496] Dass sich BILD des emotionalisierenden Potentials von Kinderdarstellungen durchaus bewusst ist, geht beispielhaft aus folgender Bildunterschrift in einem der Aufmacher hervor: „Die ganze Tragik des Bootsunglücks spricht aus diesem Photo, das BILD aus Dutzenden ausgesucht hat: Ein Kind auf den Armen seines Retters.“ BILD vom 10.7.59 [Nr. 29].

lungen zur Sexualität – hin zu weniger Prüderie (Stichwort: „Sexuelle Revolution“) und der Liberalisierung des Sexualstrafrechts; eine gesellschaftliche Entwicklung seit Mitte der 60er Jahre, die vom konservativen Zeitungshaus Springer in BILD erst mit einigen Jahren Verzögerung publizistisch übernommen wurde.[498] Natürlich sind die Möglichkeiten, einen Aufmacher mit erotischen Bildinhalten auszustatten, stark von der Themenwahl abhängig. Außerdem: Durch die regelmäßige Präsentation von Fotos mehr oder minder nackter Frauen („Miezen“-Bilder) auf der unteren Hälfte der Titelseite ist die Foto-Erotik in BILD seit den 70er Jahren an jener Stelle institutionalisiert[499], was den Bedarf für weitere Bildinhalte dieser Art auf der Titelseite – so auch beim Aufmacher – wahrscheinlich mindert.

■ Farbe und freigestellte Fotos

Seit der zweiten Jahreshälfte 1993 erscheinen die Aufmacherfotos der BILD-Zeitung fast durchgängig in **Farbe**. Sobald die technischen Voraussetzungen für den Vierfarbdruck auf der Titelseite gegeben waren, hat BILD demnach konsequent Farbe eingesetzt; übrigens als eine der ersten deutschen Zeitungen.[500] Pauschale Aussagen über die Attraktivität von farbigen Bildern gegenüber schwarzweißen sind schwierig.[501] Grundsätzlich jedoch bietet sich Farbgebung unter anderem aus Marketinggründen an: GARCIA konstatierte 1993, Farbe sei neuerdings „für die Zeitung das, was die Typographie früher war: ein Wiedererkennungsmerkmal.“[502] Anhand von Beispielen hat KÜPPER gezeigt, dass BILD seine Fotos geschickt nach Maßgabe von Farbkontrasten aussucht. So kontrastiert das Rot des BILD-

497 Auf die marginale Rolle von Tierdarstellungen, ein weiterer potentiell aktivierender Bildinhalt, wurde in einem anderen Zusammenhang bereits hingewiesen

498 Vgl. Weber (1980), S. 279f.

499 Vgl. Wallraff (1982), S. 166f.

500 Während Zeitungen in den USA und Skandinavien bereits seit den 70er Jahren zum Vierfarbdruck übergingen, setzte sich diese Entwicklung in Deutschland erst im Verlauf der 90er Jahre durch. Blätter wie „Focus“ und „Die Woche“, die sich seit ihrer Gründung 1993 vierfarbig präsentieren, haben diese Entwicklung hierzulande forciert. Vgl. Schießl, Michaela: Tanker in Bewegung, in: Journalist (1993) 5, S. 28-30; Schümer, Dirk: Buntes Sortiment, in: Journalist (1994) 11, S. 40-43.

501 Am ehesten könnte man als Regel nennen, dass dramatische Ereignisse stärker schwarzweiß wirken. Vgl. Brielmaier; Wolf (1997), S. 107f.; Blum; Bucher (1997), S. 67.

502 Garcia, Mario R.: Ein neues Design hilft, auch die Inhalte neu zu organisieren, in: Flöper, Berthold L.; Raue, Paul-Josef (Hrsg.): Zeitung der Zukunft. Zukunft der Zeitung: Bilanz – Konzepte – Visionen, Bonn 1995, S. 167-180, hier: S. 170.

Logos mit kalten Farben (z.B. einem tiefen Blau), der starke Kalt-Warm-Kontrast schafft Spannung.[503]

Innovationen im Bereich der Digitaltechnik erlauben seit einigen Jahren vielfältige Formen der schnellen Bildbearbeitung, darunter z.B. auch das **Freistellen von Fotos**. Bei dieser Prozedur wird auf einem Foto das Umfeld um ein Objekt - häufig handelt es sich um Personen – entfernt und meist durch einen neutralen Hintergrund ersetzt.[504] In den 90er Jahren werden vermehrt Fotos in den Aufmachern von BILD freigestellt (18 % gegenüber 8 % im davor liegenden Zeitraum). Diese Technik unterstützt offensichtlich den Trend, Personendarstellungen auf das Wesentliche, den Menschen selbst, zu reduzieren. Fotos freizustellen hat daneben den Effekt, dass in ihrem Umfeld die Seite dynamischer umbrochen werden kann.

■ Anzahl der übrigen Fotos über dem Bruch

Die Verwendung von Bildern im Aufmacher wurde bis hierher unabhängig von der visuellen Gestaltung der restlichen Titelseite analysiert, was wahrscheinlich zu kurz greift. Dass sich die Verkaufsstrategie einer Boulevardzeitung auf die gesamte sichtbare Fläche über dem Bruch bezieht, diese Feststellung trifft an erster Stelle auf die optische Präsentation und hier wiederum auch primär auf den Einsatz von Fotos zu. Als Blickfang konkurrieren Fotos im Aufmacher mit anderen, die auf der selben Seite präsentiert werden. Als Anhaltspunkt dafür, wie BILD Fotos über dem Bruch der Titelseite einsetzt, wurde deren Zahl ermittelt: Außerhalb des Aufmachers wird im Durchschnitt nur noch ein weiteres Foto gezeigt (arithmetisches Mittel: 1,2). Bei jeder dritten Titelseite gibt es außerhalb des Aufmachers kein sonstiges Foto über dem Bruch. In wenigen Fällen (6 %) ist sogar überhaupt kein Foto über dem Bruch platziert, der Name „BILD“ hinsichtlich seines an Kiosken ausgestellten Teils also Makulatur.

■ Abweichungen der 50er Jahre

Bei der Analyse der Fotos der BILD-Aufmacher fällt auf, dass die Werte für die Frühzeit - im wesentlichen in den 50er Jahren – bei vielen Variablen abweichen. So ist beispielsweise die durchschnittliche Anzahl der verwen-

[503] Vgl. Küpper, Farbe (Beilage „Werkstatt“), S. 9. In wieweit dies auf die Farbgebung allgemein bei Fotos in BILD zutrifft, bedürfte einer näheren Untersuchung.

[504] Vgl. Brielmaier; Wolf (1997), S. 254.

deten Fotos in dieser Periode mit 0,6 nur etwa halb so groß wie in den anderen Jahrzehnten; völlig ohne Foto sind hier 57 Prozent der Aufmacher – beinahe zweimal mehr als im Gesamtdurchschnitt. Vor allem liegt auch die Anzahl der Fotos außerhalb des Aufmacher (über dem Bruch) in den 50er Jahren mit 2,3 deutlich über allen übrigen Mittelwerten (p = 0,00)[505]. Wie es scheint, macht sich in der Frühphase der BILD-Zeitung noch ihr ursprüngliches „Tagesillustrierten"-Konzept bemerkbar. Damit ist nicht nur ein insgesamt höherer Verbrauch an Fotos gemeint. Offenbar besteht anfänglich eine Funktionsteilung, wobei der Aufmacher – besonders wegen seiner Schlagzeile – tendenziell als *textlicher* Blickfang fungiert, während die übrige Titelseite *bildliche* Attraktionen (v.a. Prominentenfotos) bietet. In diesen Zusammenhang fügt sich auch der Befund, dass die Aufmacherfotos der 50er Jahre deutlich seltener Menschen zeigen (p = 0,002).[506]

■■■ Zusammenfassung [zu F3c][507]:

Die Verwendung von Fotos ist in mehrfacher Hinsicht auffallend reduziert: Der typische BILD-Aufmacher enthält ein einziges Foto, welches das Portrait eines (oft prominenten) Menschen zeigt. Im Zeitverlauf hat sich die Konzentration auf wenige, meist nur einzelne Menschen im Aufmacher verstärkt (diese Aussage wurde zumindest für das jeweils größte Foto nachgewiesen). Weitere Bildinhalte, denen ein aktivierender Charakter zugeschrieben wird – wie „Gewalt", „Sex", etc. – sind eher die Ausnahme. Die starke Konzentration der Bildmittel auf den Menschen sollte aber nicht verwundern bei einem Medium, das Einzelschicksale (bei Verbrechen, Unglücken etc.) besonders gerne in seinem Aufmacher präsentiert, und dass seine Politikberichterstattung auf das Handeln einiger weniger Akteure reduziert. Anders formuliert: In seiner Bilderwelt führt BILD konsequent sein journalistisches Konzept der Personalisierung und Fixierung auf „Human-Interest"-Darstellungen fort. Indes, die quantitative Bedeutung von Bildern beim BILD-Aufmacher entspricht nicht unbedingt der, die man gewöhnlich von der Boulevardpresse erwartet. Hier sei nur auf die relativ geringen Größen-

[505] Die 50er Jahre unterscheiden sich signifikant von den übrigen Jahrzehnten.

[506] Der Mittelwert der 50er Jahre (in 54 % der Aufmacher kommen Menschen vor) liegt signifikant unter den übrigen Werten. Dafür kommt der Fotoinhalt „Gegenstand" in diesem Jahrzehnt überdurchschnittlich häufig vor: in 62 % der Fälle (p = 0,047; beruht auf dem signifikanten Unterschied zwischen den Mittelwerten der 50er und 90er Jahre).

[507] Die Forschungsfrage lautete: Welche formale Bedeutung kommen den Fotos innerhalb des Aufmachers zu, welcher Art und wie wichtig sind Personendarstellungen sowie „aktivierende" Bildinhalte, und ist dabei ein Trend festzustellen?

dimensionen und Häufigkeiten bei der Verwendung von Fotos verwiesen – sowohl beim Aufmacher als auch in der übrigen Fläche über dem Bruch. Spätestens seit den 60er Jahren gibt BILD der Typografie den Vorrang.

8.2.4 Verbindung zwischen Schlagzeile und Bild [zu F3d][508]

Auf sprachliche und formale Art kann zwischen Schlagzeile und Foto eine affektsteigernde Verbindung hergestellt werden.[509] Selten geschieht dies im BILD-Aufmacher: Nur 6 Prozent enthielten neben der Überschrift einen grafischen Hinweis (in der Regel einen Pfeil) auf ein Foto im Aufmacher. In weiteren 3 Prozent der Überschriftentexte war ein sprachlicher Fotohinweis vorhanden, etwa durch ein Demonstrativpronomen. Beispiele sind: Das Foto eines Mannes unter der Schlagzeile „Dieser Verbrecher entführt Kinder und mißbraucht sie" [Nr. 64]. Im untersuchten Zeitraum lässt sich kein abweichender Trend bei einzelnen Jahrzehnten erkennen.

8.2.5 Sonstige formale Gestaltungselemente im Aufmacher

Wesentliche Konstituenten des Aufmachers sind neben den bereits genannten Elementen: [1.] Vor- und Nachzeilen (in der Überschrift), [2.] der Haupttext, [3.] Negativ sowie [4.] grafische Elemente in der Farbe Rot.[510]

[Zu 1.] In den meisten Fällen (84 %) enthält die Überschrift des BILD-Aufmachers eine **Vor-** oder **Nachzeile**, wobei beide Arten in gleicher Anzahl vorkommen.[511] Knapp gesagt, besteht damit die Möglichkeit, in Verbindung mit der Schlagzeile weitere Informationen zu präsentieren, die das Rezipienten-Interesse steigern können.

[Zu 2.] Der **Anteil des Haupttextes** am Aufmacher beläuft sich durchschnittlich auf 9 Prozent (Median). Vom relativ hohen Niveau der 50er Jahren (27 %) sinkt der Anteil in den 60er Jahren rapide (11 %) und erreicht in

---

[508] Die Forschungsfrage lautete: In welchem Maße wird grafisch oder explizit sprachlich eine Verbindung zwischen Schlagzeile und Bild (bzw. Bildern) im Aufmacher hergestellt, und ist dabei ein Trend festzustellen?

[509] Vgl. Büscher (1996), S. 139-144.

[510] Nicht berücksichtigt wurden schwarze Linien und Flächen (als Rahmen, Unterstreichungen, Typosignale, etc.), weil ihnen keine vorrangige Funktion bei der Leseraktivierung beigemessen wurde.

[511] Vorzeilen kommen in 51 Prozent der Aufmacher vor, Nachzeilen in 59 Prozent. In den meisten Überschriften (59 %) kommt nur eine der beiden Überschriftenarten vor. In 25 Prozent sind beide kombiniert. Ganz ohne Vor- oder Nachzeile sind 16 Prozent der Aufmacher.

den 80er Jahren den Tiefstand (6 %); die 90er Jahre wiederum liegen leicht darüber (p = 0,00).[512] Der eigentliche Beitragstext ist demnach innerhalb der Aufmacherpräsentation auf der Seite 1 nur marginal vorhanden – dies ist ein erneuter Hinweis auf die „Schaufenster"-Funktion des Aufmachers. Die zur Kontaktaufnahme sichtbare Fläche dient also weniger der Information (dafür wäre der Haupttext das prädestinierte Mittel) als vielmehr der Werbung: Um den angerissenen Beitrag fertig zu lesen, muss man eine der folgenden Seiten aufschlagen – und erhält oft dann erst die angekündigten spannenden Details der Nachricht. In Einzelfällen (2 %) ist der Haupttext sogar nur auf den Weiterführungshinweis („Lesen Sie weiter auf Seite ...") reduziert.

Abb. 9: Haupttext und Negativraster im Aufmacher

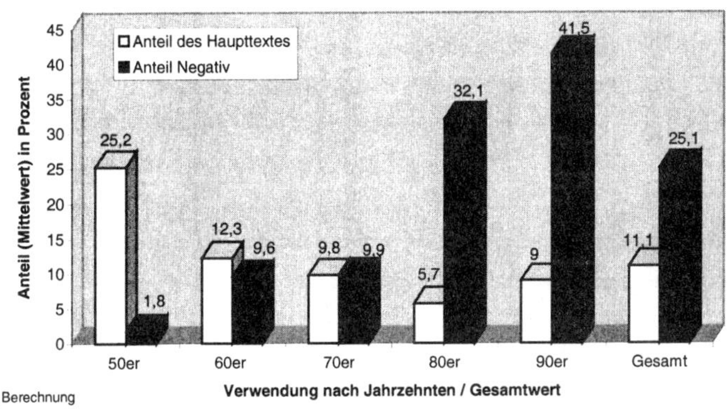

Eigene Berechnung
n = 250

Beim vorliegenden Trend zur Haupttext-Verknappung fallen die 50er Jahre deutlich aus dem Rahmen. Das bereits erwähnte Konzept „Tagesillustrierte", wonach der Aufmacher anfangs eher textorientiert eingesetzt wurde, bietet sich hier als plausible Erklärung an.

[Zu 3.] Durchschnittlich ein Viertel der Fläche eines Beitrags ist mit **Negativraster** unterlegt. Der Anteil ist kontinuierlich bis auf 42 Prozent (90er Jahre) gestiegen (p = 0,00)[513]. Erstmals in den 70er Jahren – und seitdem immer öfter – erscheinen Aufmacher, die vollständig mit Negativraster unterlegt sind. Diese Entwicklung folgt wahrscheinlich der Erkenntnis, dass

[512] Bis auf den Unterschied zwischen 90er und 70er Jahren unterscheiden sich alle Gruppen signifikant voneinander.

[513] 80er und 90er Jahre unterscheiden sich signifikant von den übrigen Jahrzehnten.

das Negativraster boulevardtypische Themen wie Tod, Bedrohung oder Unheimliches effektiv inszenieren kann. Auch ist es ein gutes Mittel zur Hervorhebung einer Fläche. Die Tendenz zur Verringerung der Aufmacherfläche könnte damit z.T. optisch kompensiert worden sein.

[Zu 4.] Im Theorieteil wurde die Farbe **Rot** als wichtiges Gestaltungsmittel in der Boulevardpresse herausgestellt. Die Analyse des BILD-Aufmachers untersuchte ihre Verwendung als: a) Negativraster, b) Unterstreichung, c) Pfeil[514], d) Rahmen bzw. Zierleiste sowie e) als Typosignal in der Überschrift. Eine deutliche Mehrheit der Fälle, etwas mehr als zwei Drittel, enthielt mindestens eines der genannten Rot-Elemente. Wie die Daten zeigen, hat sich ihr Einsatz beim BILD-Aufmacher erst nach der Gründung des Blattes entwickelt: Mitte der 50er Jahre wurde erstmals Rot eingesetzt, zunächst nur als Unterstreichung. Dieses Merkmal gehört in den folgenden beiden Jahrzehnten zur Grundausstattung der Überschriften und ist auch insgesamt im Durchschnitt das häufigste Gestaltungsmittel dieser Art (Anteil: 43 %), gefolgt von Rot als Rahmen (24 %), Negativ (13 %), Pfeil (5 %) und Typosignal (2 %).[515] Je nach Jahrzehnt wurden unterschiedliche Ausprägungen bevorzugt. Auffällig ist hierbei nur, dass erst in den 90er Jahren sämtliche rote Gestaltungsmittel gleichzeitig in einem Jahrzehnt vorkommen. Die Befunde lassen beim Gebrauch der Farbe Rot eine Tendenz zur formalen Ausdifferenzierung im Laufe der Zeit erkennen.

■■■ Zusammenfassung [zu F3e][516]:

Haupttext, Vor- und Nachzeilen, Negativ und grafische Elemente in Rot sind die wesentlichen übrigen Komponenten des Aufmachers. Dieser ist erwartungsgemäß alles andere als textlastig: Der Haupttext beansprucht nur fast ein Zehntel der Gesamtfläche – mit Tendenz zur Reduktion im untersuchten Zeitraum. Dagegen hat die Verwendung von Negativraster zugenommen. In den meisten Aufmachern nutzt BILD die Signal- und Wiedererkennungsleistung der Farbe Rot, wobei in den 90er Jahren erstmals sämtliche Möglichkeiten in einem Zeitraum zusammen auftreten, eine Tendenz zur elaborierteren Verwendung der Farbelemente.

---

[514] Die Verwendung als Kreislinie oder Kreuz (vgl. Anhang, S. 147) kam nicht vor.

[515] Signifikante Unterschiede im Zeitverlauf wurden festgestellt bei den Merkmalen Unterstreichung, Negativ und Rahmen/Zierleiste (alle: $p = 0,00$). Auf die detaillierte Darstellung signifikanter Unterschiede zwischen den Jahrzehnten wird hier verzichtet.

[516] Zur Forschungsfrage: Welche weiteren formalen Gestaltungselemente – außer Schlagzeile und Bildern – konstituieren den Aufmacher, und ist dabei ein Trend festzustellen?

8.3 Bereich Sprache

Auf welche Art Boulevardmedien Sprache als „Attraktivmacher", also zur Aktivierung des Lesers, einsetzen (können), hat Kapitel 3.3 dargelegt. Der vorgestellte Katalog von Stilmitteln bot das Raster für eine Sprachanalyse der BILD-Aufmacher.

Wie bereits die Untersuchung der formalen Struktur ergeben hat, ist die Schlagzeile ein herausragendes Element der Aufmacher. Mehr als alle übrigen Texte sind Schlagzeilen auf eine Aktivierung potentieller Käufer hin angelegt. Somit eignet sich ihre Analyse besonders gut, um sprachliche Aktivierungstechniken herauszufiltern. Allerdings scheint die ausschließliche Fokussierung auf die Schlagzeile problematisch, da diese in BILD meist um Vor- und Nachzeilen ergänzt ist. Gemeinsam bilden sie eine zusammenhängend Wahrnehmungseinheit. Daraus folgte die Entscheidung, die gesamte Aufmacher-Überschrift in der Sprachanalyse zu berücksichtigen. Die Auswertung gibt zunächst einen Überblick über die Verwendung der einzelnen Stilmittel im Gesamtzeitraum. Danach werden Trends im Zeitverlauf betrachtet.

■ Schlagzeilenlänge

Die für Überschriften, zumal die der Boulevardpresse, typische Verknappung der Syntax liegt auch in BILD vor. Die Aufmacher-Schlagzeilen enthalten durchschnittlich 4,8 Wörter. Seit Bestehen der BILD-Zeitung zeichnet sich ein Trend zur Verkürzung ab: Während für die 50er Jahre ein Mittel von 5,6 Wörtern pro Schlagzeile vorliegt, sank der entsprechende Wert in den 90er Jahren auf 4,2 ($p = 0,00$)[517]. Die Verknappung wird möglich durch syntaktische Konstruktionen, die oft ins Kryptische reichen und Sachverhalte auf wenige stark emotionsbesetzte Wörter reduzieren, wie z.B. die Schlagzeile „Eis! Irrer, / Wettfahrt / 3 Tote" [Nr. 139].[518]

8.3.1 Überblick: Verwendung von Stilmitteln

Die nächste Abbildung veranschaulicht die quantitative Bedeutung (das Vorkommen) der erhobenen semantischen Mittel im Gesamtzeitraum. Demnach ist die **Alliteration**, ein klassisches Element der Rhetorik, häufigstes

[517] Die 50er und 70er Jahre unterscheiden sich signifikant von den 90er Jahren.
[518] Die Schrägstriche [„/"] markieren Zeilenwechsel.

Stilmittel in den Aufmacher-Überschriften (Anteil: 37 %). Ein Grund könnte darin liegen, dass Alliterationen, welche die phonetische Prägnanz einer Aussage steigern, relativ einfach herstellbar sind. Im BILD-Aufmacher geht ihr Gebrauch zuweilen bis an die Grenze der Penetranz: „Blutiger Bankraub / Geisel tot / Gangster tot“ [Nr. 87] oder: „Sind Mainzel-Mädchen unmoralisch?“ [Nr. 63]. Um die bildhafte Prägnanz von Aussagen zu erhöhen, sie plastischer und damit emotional eindringlicher zu gestalten, weisen die Überschriften auch zahlreiche **Metaphern** auf. Etwa jeder vierte Beitrag enthält dieses Phänomen uneigentlicher Sprache (Beispiele: „Das Blut-Haus“; Nr.199. Oder: „Wetter-Zange“; Nr: 239) .

Abb. 10:
Vorkommen von Stilmitteln in den Aufmacher-Überschriften

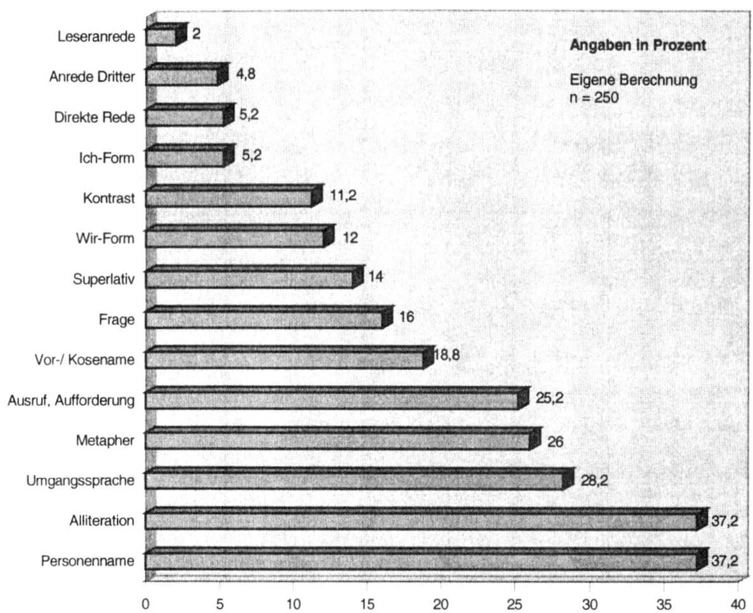

Zur Interpunktion von Boulevardzeitungen gehören bevorzugt **Ausrufe-** und **Fragezeichen**. Mit einem Anteil von einem Viertel sind Ausrufe und Aufforderungssätze auch in den Überschriften des BILD-Aufmachers auffällig stark vertreten. Sie erfüllen, metaphorisch formuliert, eine Art Lautsprecherfunktion, sollen sie doch „den Leser explizit ansprechen und in das Geschehen einbeziehen."[519] Eine affektive Wirkung geht gewöhnlich auch von (eindringlichen) **Fragesätzen** aus, die hier in 16 Prozent der Fälle vorkommen. Die Verwendung eines Fragezeichens am Satzende hat im übrigen einen möglichen Nebeneffekt: Sie öffnet der Spekulation Tür und Tor, was dem vagen Faktengehalt vieler sensationeller Nachrichten entgegen kommt: „Fragen werden in vielen ‚Klatsch-Zeitungen' als Überschrift gesetzt, wenn eine konkrete Information nicht gegeben werden kann."[520]

Als bewährte Bestandteile einer marktschreierischen Sprache gehören auch **Superlative**[521] (14 %) zum semantischen Rüstzeug der Aufmachertitel; daneben **Kontrastierungen** (11 %), z.B. „Gestern noch ihr Herr – heute ihr Gefangener" [Nr. 33]. **Direkte Rede** wurde dagegen seltener registriert (5 %). Besonders häufig kann man auch **Umgangssprache** in Aufmacher-Überschriften von BILD finden (29 %). Wie erwähnt ist dies ein Mittel, um Überschriften leichter verständlich, salopper und expressiver zu gestalten; das Ausgesagte soll dem Leser so vertraut wie möglich sein. Vor allem aber profiliert sich BILD damit als volks- bzw. lesernahe Zeitung. In diesem Kontext finden sich noch weitere Sprachmittel, die dem Aufbau von Identifikationsmöglichkeiten, der Anbindung an die Gemeinschaft der BILD-Leser, dienen: An vorderer Stelle ist hier die bereits mehrfach thematisierte **„Wir"-Perspektive** (12 %)[522] zu nennen, in Schlagzeilen wie: „Und wir zahlen, zahlen, zahlen!" [Nr. 47] oder „Das miese Geschäft mit unseren äl-

---

519 Voss (1999), S. 48.

520 Mittelberg (1967), S. 23. Beispielsweise wird in einem Aufmacher der Mord an einem Detektiv völlig spekulativ mit dem Fall des verstorbenen Politikers Uwe Barschel in Verbindung gebracht: „Detektiv ermordet, weil er das Geheimnis fand?" [Nr. 178]. An anderer Stelle, anlässlich der Erpressung einer deutschen Supermarktkette, taucht die ebenfalls wenig auf Fakten beruhende Frage auf: „Was vertuscht die Polizei?" [Nr. 222].

521 Zur superlativischen Ausdrucksweise zählten neben dem eigentlichen Superlativ alle Sprachmittel, die einen besonders hohen Grad ausdrücken. Vgl. Anhang, S. 170.

522 Das Ergebnis enthält allerdings eine gewisse Unschärfe: Neben dem dominanten „Wir" der BILD-Gemeinschaft tritt in wenigen Fällen auch die Wir-Form im Zusammenhang mit Personen, über die berichtet wird, auf: z.B: „Brandt (70) / Brigitte (37) / Wir haben geheiratet" [Nr. 126].

teren Mitbürgern" [Nr. 219].[523] Um an das Gemeinschaftsgefühl der Leser zu appellieren, spricht BILD in zwei Prozent der Fälle die Leser im Aufmacher direkt an. (Beispiel: „BILD-Leser, soviel mußt Du zahlen"; Nr. 181).

■ Stilmittel der Personalisierung

Wie bereits mehrfach hervorgehoben wurde, ist die Personalisierung von Sachverhalten eine der zentralen diskursiven Strategien von BILD. Dieser Befund schlägt sich auch in der Gestaltung der Überschriften nieder. Etwas mehr als jeder dritte Aufmacher enthält **Personennamen** (Vor- und Nachnamen kombiniert oder nur Nachnamen) in der Überschrift. In weiteren 19 Prozent liegt ein besonders boulevardtypischer Modus der Benennung vor: **Vornamen**, **Spitz-** oder **Kosenamen**. Was die Darstellung prominenter Menschen angeht (darunter übrigens auch solche, die durch BILD erst zu Prominenz und zu einem bestimmten Kosenamen gekommen sind[524]), versuchen Boulevardblätter wie BILD, eine familiäre Nähe zu simulieren. Bisweilen werden solche Prominente auch in der Überschrift angesprochen (5 %), wenn es etwa heißt: „Berti, es ist zum Weinen" [Nr. 195].

Abb. 10: Verwendung von Personen- bzw. Vor- /Kosenamen

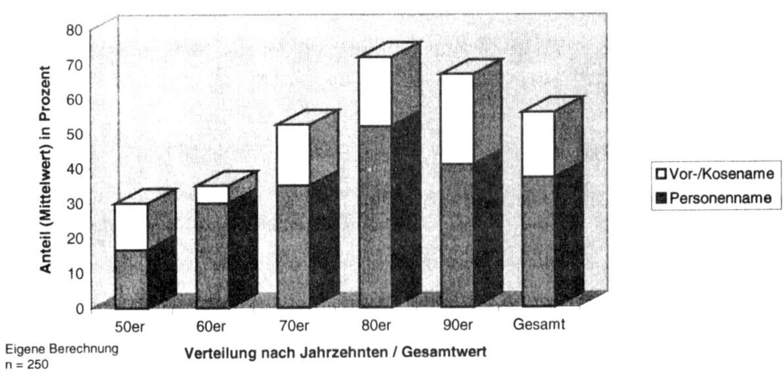

[523] Wie diese Beispiele andeuten, eignet sich die „Wir"-Perspektive gut zur Artikulation von Meinungen oder Emotionen der (vermeintlichen) Mehrheit. Siehe hierzu auch ▸ KAPITEL 1.2.4 und den Abschnitt „Emotionsfärbung Empörung" in diesem Kapitel.

[524] Vgl. etwa die Fallstudie über Verona Feldbusch von: Kotsch (1999).

■ Spezielle Wortfelder

Studien zur Lexik von BILD ergaben, dass das Blatt seine Leser mit einem hochgradig emotionserregenden Wortschatz zu aktivieren versucht.[525] Aus mehreren in Frage kommenden Wortfeldern wurden exemplarisch drei, die sich in früheren Arbeiten als besonders evident erwiesen haben, herausgegriffen und analysiert.[526] Es handelt sich um die **Wortfächerungen der Brachialgewalt**, die sich vor allem bei Nachrichten aus den Bereichen Kriminalität und Unglücke entfalten, wobei die Leser „durch das gezielte Erzeugen von Grauen, Furcht und Entsetzen bis hin zum Ekel unmittelbar angesprochen und gefesselt (werden)."[527] Zum zweiten geht es um das **Wortfeld „Geheimnis"**, das durch die Erzeugung von Rätselhaftigkeit Leser-Aufmerksamkeit generiert. Drittens wurde das **Wortfeld „Sensation, Skandal, Wirbel"** codiert, ein lexikalischer Bereich, den der Durchschnittsleser mit Aufsehen erregenden Ereignissen in Verbindung bringt.

Wie sich herausstellt, bedient sich durchaus eine Reihe der BILD-Überschriften der Lexik der Sensation etc. (12 %) sowie der Brachialgewalt und des Geheimnis (je ein Zehntel); statistisch kommt zumindest eines der genannten Wortfelder in jedem dritten Aufmacher vor.

■ Unterscheidung nach Überschriften-Komponenten

Bei der Erhebung aller genannten Stilmittel wurde jeweils differenziert, ob sie aus der Schlagzeile und/oder der Vor- und Nachzeile stammen. Die meisten Stilmittel kommen etwa gleichmäßig in beiden Bereichen vor. Eine Ausnahme sind **Ausrufezeichen**, welche im Verhältnis 5:1 häufiger in der Schlagzeile auftreten. Diese Tendenz scheint plausibel, weil sich der schreierische Duktus dieses Satzzeichens am besten in den herausgehobenen, sozusagen optisch „lärmenden" Schlagzeilen entfaltet.

Dagegen konzentrieren sich **Superlative** zu drei Vierteln in den Vor- und Nachzeilen, was man als Indikator für den funktional bewussten – und damit geschickten – Umgang mit diesem Sprachmittel interpretieren könnte: Die gehäufte Verwendung an besonders prominenter Stelle, in der Schlagzeile, könnte leicht als monotone Art der Sensationshascherei erscheinen und läuft Gefahr, sich schnell abzunutzen.[528]

---

525 Vgl. ▸ KAPITEL 3.3.2.
526 Vgl. ▸ KAPITEL 7.2.2.
527 Voss (1999), S. 53.
528 Vgl. Schneider u.a. (1992), S. 164f.

8.3.2 Gebrauch von Stilmitteln im Zeitvergleich

Hat sich die Häufigkeit der Anwendung von raffinierten sprachlichen Mitteln im untersuchten Zeitraum signifikant verändert? Einen groben Hinweis liefert ein **additiver Komplexitäts-Index**.[529] Hierbei wurde ermittelt, wie viele der erhobenen 17 Stilmittel durchschnittlich im BILD-Aufmacher zu finden waren: Man erhält einen Indexwert von 2,76. Im Zeitverlauf wächst der Wert von 2,33 (50er Jahre) kontinuierlich auf 2,96 (90er Jahre). Nach den Ergebnissen dieser Messung hat also die Dichte, mit der semantische Mittel im BILD-Aufmacher vorkommen, leicht zugenommen. Die 90er Jahre sind zudem das einzige Jahrzehnt, das Fälle mit 6 und mehr Sprachmerkmalen (Höchstwert: 9) aufweist. Der Mittelwert von 2,76 mag in Relation zum möglichen Index-Maximum von 17 (Stilmitteln) auf den ersten Blick nicht besonders hoch erscheinen. Hierbei muss man sich aber vor Augen führen, dass ausschließlich Sprachmerkmale mit einem sehr hohen affektiven Potential in den Index eingingen. So gesehen, ist die Zahl von durchschnittlich fast drei Stilmitteln pro Aufmacher-Überschrift durchaus beträchtlich.

Bei vereinzelten Sprachmitteln werden markante Unterschiede im Zeitverlauf deutlich. So hat etwa die Verwendung der für die Boulevardaufmachung bedeutsamen **Ausrufezeichen** seit den 60er Jahren, als es jeden zweiten Aufmacher zierte, kontinuierlich nachgelassen: zuletzt waren es in den 90er Jahren nur noch 16 Prozent ($p = 0,00$).[530] Hier scheint es zu einer größeren Dosierung gekommen zu sein, besonders im Vergleich zum inflationären Gebrauch dieses Satzzeichens rund um die 60er Jahre. Ähnlich wie beim Superlativ könnte man jene Strategie mit der relativ schnellen Abnutzung dieses Sprachmerkmals in Verbindung bringen.[531] In den 70er Jahren formulierte der damalige BILD-Chefredakteur Günter Prinz zum Gebrauch des Ausrufezeichens die Erkenntnis: „Ich halte es wie das Wort Skandal für überflüssig. Alle Massenverkaufsblätter benutzen es zu häufig.“[532]

---

[529] Vgl. die ähnliche Analysetechnik bei Saxer u.a. (1979), S. 157.

[530] Signifikante Unterschiede liegen vor zwischen: 50er/90er zu den 60er/70er Jahren; 60er zu den 80er Jahren.

[531] Ein Rückschluss auf Veränderungen inhaltlicher Art erscheint wenig sinnvoll, denn offenbar war die phasenweise gehäufte Verwendung von Ausrufezeichen losgelöst von ihrer eigentlichen Funktion, der Kennzeichnung von Ausrufen und Imperativen.

[532] Zit. nach Meyer (1997), S. 210. Auch der Autor konstatiert, dass der „Rufzeichen-Journalismus“ in den Boulevardblättern nachgelassen habe. Vgl. ebd., S. 211.

Die gesammelten Daten weisen zudem aus, dass sowohl **Fragen** als auch die **Anreden Dritter** ($p = 0{,}005$)[533] mit der Zeit zugenommen haben. Der Befund ließe sich so interpretieren, dass die Überschriften mit der Zeit „dialogischer" werden, was ein probates Mittel ist, um Leser anzulocken. Ob hierbei tatsächlich ein zusammenhängendes Konzept zur Emotionalisierung verfolgt wurde, ist freilich aufgrund der geringen Zahl von Belegen nicht ersichtlich. Auffällig ist außerdem ein starker Trend zur **Personalisierung** in den Aufmachertiteln, den man an der Zunahme der Personennennungen ablesen kann - gleichermaßen bei Namen ($p = 0{,}026$) und Kosenamen.[534]

Schließlich sei auch erwähnt, dass die 60er Jahre eine weit überdurchschnittliche Verwendung der **„Wir"-** und **„Ich"-Perspektive** aufweisen. Während man die Häufung der „Wir"-Perspektive unter anderem als Ausdruck einer vorübergehend stark politisierten Berichterstattung werten kann, die mit dem Gebrauch der „Wir"-Form die Abgrenzung von politischen Gegnern semantisch betonte, ist der Befund zum Stilmittel „Ich-Perspektive" vorläufig nicht erklärbar.

■ Emotionsfärbung **Empörung**

Im Theorieteil wurde das Prinzip „Medienpranger" als wichtige diskursive Strategie hervorgehoben, mit der die Boulevardpresse die Gunst ihrer Leser erringen will (vgl. ▸ KAPITEL 1.2.4). In den Aufmacher-Überschriften der BILD-Zeitung wurde untersucht, ob die Emotionsfärbung Empörung vorhanden ist. Die Auswertung ergab, dass in jeder fünften Überschrift Empörung zum Ausdruck kommt. Hierbei nimmt BILD gegenüber den Mächtigen oft die Rolle des Anwalts der „kleinen Leute" ein, mit dem sich die Leser identifizieren können. Das zeigen Schlagzeilen wie: „Kanzler, jetzt reichts!" [Nr. 157], „Die Nullen von Bonn" [Nr. 168], „Haben die Politiker einen Sonnenstich?" [Nr. 174] und „Lafontaine / Absahner oder was?" [Nr. 175]. Eine weitere Variante, die Perspektive des „unbescholtenen Bürgers", kommt zur Sprache in der Überschrift: „Bild fordert: Flaschenwerfer ins Gefängnis!"[535] [Nr. 46]

---

[533] Die 90er Jahre unterscheiden sich signifikant von den 60er, 70er und 80er Jahren.

[534] Mit zwei Ausnahmen: Bei der Variable „Personenname" fällt der Wert der 90er Jahre gegenüber dem extrem hohen Mittel der 80er Jahre wieder etwas ab. Bei der Variable „Kosename" fällt allein der sehr geringe Wert der 60er Jahre aus dem Rahmen. Bei der Variable Kosename beträgt $p = 0{,}059$.

[535] In dem Beitrag ging es um Fälle von Randale in deutschen Fußballstadien.

In den Ausgaben der 50er und 60er Jahre wurde ungefähr in jedem dritten Aufmacher das Stilmittel Empörung vorgefunden. Mit einem Anteil von 8 Prozent liegen dagegen die 80er Jahre unter dem Durchschnitt ($p = 0{,}003$).[536] Der Wert könnte mit der Abstinenz politischer Themen in dem Jahrzehnt zusammenhängen. Wie die zitierten Beispiele zeigen, eignet sich dieser Themenbereich besonders gut zur Herstellung von Empörung. Ein Beleg dafür sind auch die Befunde zu den 50er und 60er Jahren, die reich an Politikberichterstattung waren. In den frühen Jahren verwendet die BILD-Zeitung im übrigen häufig das Thema Behördenwillkür, um Empörung auszudrücken.[537]

■■■ Zusammenfassung [zu F4][538]:

Wie die Analyse relevanter Stilmittel ergab, enthalten die Überschriften der BILD-Aufmacher eine **konstant hohe Zahl von Merkmalen einer affektgeladenen Sprache**. Der Befund stützt sich einerseits auf die Ergebnisse zu den einzelnen Stilmitteln: Insbesondere Alliterationen und Metaphern, Ausrufe- und Fragezeichen sowie Umgangssprache gehören zur Grundausstattung der Aufmachertitel; in geringerem Maße auch die urboulevardesken Stilmittel Superlativ und Kontrastierung. Die BILD-Strategie der Personalisierung von Nachrichten zeigt sich erneut am häufigen Gebrauch von Personen-namen, speziell auch an Vor- und Kosenamen, wobei seit Bestehen der BILD-Zeitung ein Wachstumstrend erkennbar ist. Dagegen ging der Gebrauch von Ausrufezeichen, ein Hauptelement eines marktschreierischen Journalismus, signifikant zurück. Im Zeitverlauf wurde eine Verknappung der Schlagzeilen-Syntax auf zuletzt 4,2 Wörter (90er Jahre) gemessen.

Außerdem war ein additiver Komlexitäts-Index Bestandteil der Auswertung. Er ergab einen relativ erklecklichen Durchschnittswert von 2,76. Zudem war ein hohes Maß an **Kontinuität** erkennbar: Seit der Gründung von BILD enthalten die Aufmacher im Mittel der Jahrzehnte jeweils zwischen zwei und drei Stilmittel (mit leicht steigender Tendenz über die Zeit). Auch die Betrachtung der Stilmittel im Einzelnen ergab nur wenige quantitative

---

536 Die 50er und die 60er Jahre unterscheiden sich signifikant von den 70er, 80er und den 90er Jahren.

537 Beispiele für dieses Sujet sind: „17 Heiratspapiere und doch kein Trauring für Ingrid" [Nr. 5], „Keiner war zuständig für den Toten" [Nr. 11], „Soweit sind wir – Tauziehen um einen Trauschein" [Nr. 19] und „Zwei Jahre unter Irren" [Nr. 27].

538 Die Forschungsfrage lautete: Welche wesentlichen sprachlichen Merkmale konstituieren die Überschrift im Aufmacher der BILD-Zeitung – vor allem im Hinblick auf das publizistische Primärziel Aktivierung –, und ist dabei ein Trend festzustellen?

Unterschiede im Periodenvergleich. Diese Befunde sind zu einem gewissen Grade nicht überraschend: Auch die Ergebnisse der Studien zur BILD-Sprache von MITTELBERG (1967) und VOSS (1999) beinhalten – trotz großen zeitlichen Abstands – eine weitgehende Übereinstimmung.[539]

Man kann annehmen, dass die eben genannten Stilmerkmale auf der einen Seite zur Leseraktivierung dienen sollen. Wie das im Detail geschieht, wurde an einigen Stellen angedeutet. Auf der anderen Seite unterliegt die Sprache in den Überschriften der BILD-Aufmacher offenbar auch dem Ziel, die Leser-Blatt-Bindung zu verstärken. Die wiederkehrende Verwendung von Vor- und Kosenamen, der „Wir"-Pespektive oder auch der Emotionsfärbung Empörung sind klassische Mittel, um ein gewisses Gemeinschaftsgefühl zu stiften, innerhalb dessen die BILD-Beiträge emotionale Adäquanz liefern.

[539] Vgl. das gleichlautende Fazit bei Voss (1999), S. 104.

8.4 Bereich journalistische Qualität

Zum Abschluss der Ergebnisdarstellung wird nachfolgend der Bereich Journalistische Qualität betrachtet.

8.4.1 Richtigkeit

In der Qualitätsdimension „Richtigkeit“ wurden ausschließlich Kriterien zu Informationstransparenz und Vollständigkeit beim BILD-Aufmacher herangezogen. Es waren dies: [1.] die Vollständigkeit der beantworteten W-Fragen, [2.] Art der Kausalität, [3.] Identifikation der Informationsquellen und [4.] Positionenvielfalt.[540]

[Zu 1.] Für die vorliegende Arbeit wurde jeweils die Zahl der beantworteten W-Fragen erhoben. Der überwiegende Teil der Aufmacher gibt Antworten auf sämtliche sechs **W-Fragen**. Dies ergab einen recht hohen Mittelwert von 5,52. Das Ergebnis spiegelt wahrscheinlich den großen Aufwand sowie die Voraussetzungen wieder, unter denen BILD Aufmacher produziert: Um überhaupt als Top-Nachricht ausgewählt zu werden, dürfen bei einem Sachverhalt wahrscheinlich prinzipiell keine wesentlichen Fragen offen bleiben. Die Anteilswerte steigen im Zeitverlauf signifikant ($p = 0{,}034$).[541] Die Unterschiede fallen aber unerheblich aus.

[Zu 2.] Unter den W-Fragen, die in BILD-Aufmachern unbeantwortet bleiben, sticht „die schwierige Frage nach dem Warum“[542] (HALLER) quantitativ heraus: Jeder siebte Aufmacher lässt die **Warum-Frage** offen. Der größte Teil der Beiträge, etwas mehr als die Hälfte, beantwortet die Warum-Frage monokausal. Nur in jedem dritten Aufmacher werden Sachverhalte multikausal dargestellt.[543] Dieser Umgang mit Kausalität geht konform mit der Vorstellung von einem relativ niedrigen kognitiven Niveau bei der Boulevardpresse – und einer entsprechenden Bedürfnisstruktur bei ihren Lesern.[544] Denn es ist sicherlich anspruchsvoller, in einem journalistischen

---

[540] Die Faktentreue der Inhalte konnte nicht überprüft werden, vgl. ▸ KAPITEL 7.7.2.

[541] Signifikant sind die Unterschiede von den 50er und 70er Jahren (5,30) zu den 90er Jahren (5,66).

[542] Haller (1999), S. 29.

[543] Die ebenso erhobenen Ausprägungen „explizit begründete Multikausalität“ sowie „vermittelte Ungewissheit“ (vgl. Codebuch im Anhang, S. 173f.) fallen mit zusammen 4 Prozent kaum ins Gewicht.

[544] Vgl. ▸ KAPITEL 4.3. Freilich sollen hier keine alten Vorurteile transportiert werden: Auch unter den gebildeten Schichten finden Boulevardblätter – nach absoluten Zahlen – viele

Beitrag mehrere Ursachen eines Sachverhalts zu verarbeiten als eine oder gar keine. Außerdem ist diese Form der Rationalisierung wohl auch auf ein Produktspezifikum der Boulevardpresse zurückzuführen: die Schlagzeile. Sie muss komplexe Sachverhalte auf eine möglichst knappe, verständliche und natürlich attraktive Aussage reduzieren; um den Leser nicht zu irritieren, wird dieser Diskurs-Modus dann oft auch im Haupttext fortgeführt.

Abb. 12: Kausalität

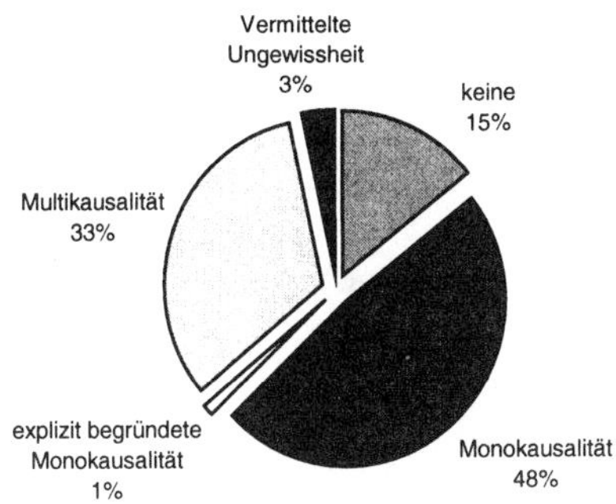

Eigene Berechnung
n = 250

Wie BÜSCHER gezeigt hat, bringt BILD Informationen in Überschriften häufig auf die Formel simpler Ursache-Wirkung-Aussagen.[545] Auch in den Schlagzeilen dieser Untersuchung finden sich Beispiele wie „Kein Bett frei! Baby starb auf der Straße“ [Nr.10] oder „Niemand durfte helfen: Einer verblutete im Drahtverhau“ [Nr. 21].

[Zu 3.] Ein weiteres Gütekriterium einer auf Transparenz bedachten Berichterstattung ist die genaue **Identifikation von Informationsquellen**. Die BILD-Aufmacher weisen in der Hinsicht erhebliche Mängel auf: In 59 Prozent der Fälle wird die Informationsquelle nicht transparent. Während sie in 8 Prozent der analysierten Beiträge zumindest anonymisiert genannt wurde, war nur in etwa jedem dritten Aufmacher eine konkrete Quellenangabe enthalten. Der Zeitvergleich ergab keine markanten Abweichungen. Offenbar

Leser. Innerhalb der Leserschaft überwiegen aber eher Menschen mit niedriger Bildung. Vgl. Bruck; Stocker (1996), S. 32.

545 Vgl. Büscher (1996), S. 286-293.

zeigt sich hier ein typisches Arbeitsprinzip der Boulevardpresse: „Keine Quelle bleibt unbearbeitet, alle Vorlagen werden ‚eingeschmolzen' in den Gesamtstil des Blattes. Damit erübrigen sich Quellenangaben. Statt dessen tritt der Reporter/Redakteur (mit vollem Namen) in den Vordergrund nach dem Prinzip ‚BILD war dabei'." [546]

Abb. 13: Identifikation von Informationsquellen

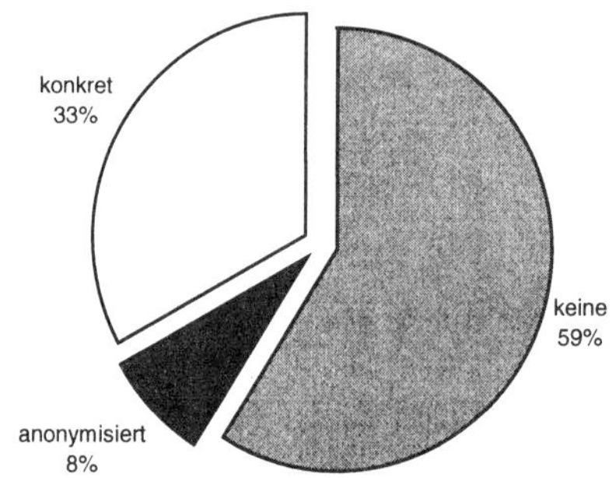

Eigene Berechnung
n = 250

[Zu 4.] Auch die Analyse bezüglich der **Positionenvielfalt** brachte Defizite zu Tage: In einem Drittel aller Beiträge, die eine Kontroverse thematisierten oder in denen BILD selbst Vorwürfe erhoben hat, wurde einseitig darüber berichtet, d.h. die Position der Gegenseite wurde nicht dargestellt. Dieser Befund scheint damit zusammenzuhängen, dass Boulevardzeitungen Sachverhalte verkürzen und zuspitzen, um den sensationellen Gehalt von Nachrichten hervorzuheben. Der Wert der 80er Jahre fällt überdurchschnittlich hoch aus (50 %), jener der 50er Jahre besonders moderat (17 %). Für das Ergebnis der 50er Jahre könnte erneut der hohe Anteil an Gerichtsberichterstattung, bei der zwangsläufig mehrere Seiten einer Kontroverse vorkommen, eine Rolle gespielt haben.

546 Burger (1984), S. 99.

■■■ Zusammenfassung [zu F5a][547]:

Die Analyse des Qualitätskriteriums Richtigkeit basierte auf einem sehr vereinfachten Konzept. Abgesehen davon, dass die BILD-Aufmacher in hohem Maße die W-Fragen beantworten, was als ein Zeichen für Vollständigkeit gelten kann, traten einige Defizite zu Tage: Offenbar werden Sachverhalte von BILD systematisch verkürzt und vereinfacht. Dafür spricht der hohe Anteil an Aufmachern, die monokausal oder einseitig (nach dem Kriterium Positionenvielfalt) berichten. Besonders eklatant ist darüber hinaus das häufige Fehlen von Quellenangaben.

8.4.2 Aktualität

Als zentraler Aspekt journalistischen Handelns überhaupt ist Aktualität ein unumstrittenes Wesensmerkmal von Qualität im Journalismus. Die Betrachtung, in wieweit BILD in ihrer täglichen Top-Meldung aktuelle Sachverhalte präsentiert, wurde durch einen Umstand erschwert: Viele Aufmacher – vor allem der 50er und 60er Jahre – enthalten außer einer Datumsmarke an der Spitze ihres Haupttextes (z.B. „München, 1.4.“) keine weitere Zeitangabe. Angegeben ist stets der Erscheinungstag der Ausgabe, in dem der Beitrag steht – nicht aber das Datum der Artikelentstehung, geschweige denn der Zeitpunkt des betreffenden Ereignisses. Bei den meisten dieser Beiträge ohne konkrete Zeitangabe zum vermittelten Geschehen (15 %) war es zwar nicht eindeutig, doch im jeweiligen Kontext plausibel, dass sie mit hoher Aktualität erschienen.

Insgesamt sind die BILD-Aufmacher in ihrer überwiegenden Mehrzahl hochgradig aktuell: 73 Prozent beschäftigen sich mit Dingen, die sich im Zeitraum zwischen zwei Ausgaben ereignen bzw. ereignet haben, vom Erscheinungstag aus gesehen also: gestern, heute oder morgen. Bei weiteren 2 Prozent wurde eine latente Aktualität verzeichnet. Wenn man die Datumsmarken-Fälle dazu zählt, dann erhielte man sogar einen kumulierten Wert von 90 Prozent hochaktueller Nachrichten. Umgekehrt fallen lediglich 4 Prozent der Aufmacher in die Kategorie „keine“ oder „niedrige“ Aktualität. Weitere 6 Prozent der Aufmacher betreffen Ereignisse, die zwischen zwei und sieben Tagen vom Veröffentlichungsdatum entfernt sind. Der Periodenvergleich zeigte keine wesentlichen Unterschiede.

---

[547] Die Forschungsfrage lautete: In wieweit erfüllt der Aufmacher der BILD-Zeitung inhaltsanalytisch messbare Kriterien für journalistische Qualität in der Dimension Richtigkeit, und ist dabei ein Trend festzustellen?

Abgesehen davon, dass eine Tageszeitung schon qua Definition über möglichst aktuelle Begebenheiten berichtet, erscheint die hohe Aktualität der BILD-Aufmacher auch funktional verständlich: Mit der Zahl potentieller Käufer, die eine in der Schlagzeile angekündigte Nachricht noch nicht kennen, steigt auch ihre Attraktivität, der journalistische (und damit kommerzielle) Wert einer Nachricht. Und je aktueller eine Nachricht ist, umso kleiner ist die Wahrscheinlichkeit, dass sie vielen Menschen bereits bekannt ist.

8.4.3 Relevanz

In der Qualitätsdimension Relevanz kann es nur um kollektive (soziale) Relevanz gehen, weil individuelle nicht mit dem verwendeten Untersuchungsdesign feststellbar ist. Um zu bestimmen, welche soziale Relevanz die BILD-Aufmacher besitzen, wurden die Nachrichtenfaktoren „Reichweite", „Nutzen/Erfolg" und „Schaden/Misserfolg" herangezogen. Die Ergebnisse, die bereits dargelegt wurden (vgl. ▶ KAPITEL 8.1.2), lauten zusammengefasst: Die Reichweite der Nachrichten im BILD-Aufmacher fällt in der Mehrzahl gering aus; unmittelbar betroffen sind meist nur Einzelpersonen – und nicht die Gesellschaft oder größere Teile von ihr. Nur selten werden Sachverhalte mit weitreichenden sozialen Folgen (Nutzen bzw. Schaden) thematisiert. Stattdessen sind Nachrichten sehr stark auf privater Ebene angesiedelt. Wie erwähnt haben sich davon nur die 60er Jahre ab, da in jener Periode die Faktoren „Reichweite", Nutzen und Schaden stärker ins Gewicht fallen.

Die genannten Befunde führen einerseits zu der Feststellung, dass BILD den Aspekt „soziale Relevanz" – und damit ein wichtiges Qualitätskriterium – in seinen Aufmachern vernachlässigt. Andererseits muss man sehen, dass die Aussagekraft der Ergebnisse beschränkt ist: Hier kann nicht geklärt werden, in wieweit dieses Relevanzdefizit beim Leser durch den Erhalt *persönlich* relevanter Nachrichten wettgemacht wird. Dass genau dies die Stärke eines Boulevardblatts wie BILD sein könnte, deuten z.B. die Ergebnisse zu den Nachrichtenfaktoren „Persönlicher Nutzen" bzw. „Persönlicher Schaden" an: Sehr oft werden im Aufmacher gravierende existentielle Folgen wie Tod, schwere Krankheit, etc. bei Einzelpersonen thematisiert (großer „persönlicher Schaden"). Offenbar ist BILD bestrebt, persönliche Betroffenheit und emotionale Reaktionen bei den Lesern hervorzurufen – und damit Relevanz auf persönlicher Ebene herzustellen. Ob dies so geschieht, bleibt Spekulation: Die Rezeption von Boulevardzeitungen ist bisher sehr wenig erforscht.[548] Eine Ausnahme ist die Studie von BRUCK & STOCKER (1996). Bei Lesern der „Neuen Kronen Zeitung“ fanden sie heraus, dass deren spezifische Interessen (z.B. für Tiere oder Sport) in großem Umfang von der Zeitung berücksichtigt wurden.[549] Wegen der hohen Popularität von Boulevardzeitungen überrascht dieses Ergebnis nicht.

Als Zwischenfazit kann man festhalten, dass die BILD-Aufmacher im Qualitätsbereich „soziale Relevanz“ Defizite erkennen lassen, dieser Befund aber nur einen Teil der Dimension Relevanz abdeckt.

8.4.4 Ethische Angemessenheit

Zuletzt sollen Aussagen über die ethische Angemessenheit der Berichterstattung in den Aufmachern der BILD-Zeitung getroffen werden. Dazu wurden die Publizistischen Grundsätze des Deutschen Presserats operationalisiert. An dieser Stelle sei noch einmal angemerkt, dass im Rahmen dieser Analyse keine Aussagen über das jeweilige *Ausmaß* der Normverletzungen möglich sind.

Die Auswertung ergibt ein Bild, das auch schon ausgehend von der Rügenstatistik dieses Gremiums bezüglich BILD zu erwarten war:[550] Die empirisch feststellbaren Verstöße konzentrieren sich bei den **Presseratsziffern 8 und 13**. In etwa jedem siebten Aufmacher wurde eine *Missachtung das Privatlebens und der Intimsphäre des Menschen* (laut **Ziffer 8**) festgestellt.[551] In fast allen Fällen ging es darum, dass die Zeitung (vermeintliche) Täter oder Opfer von Verbrechen oder Unglücken abbildete bzw. den vollständigen Namen veröffentlichte, ohne dass für ihre Identifizierung ein schwerwiegender Grund oder ein öffentliches Interesse vorlag. Ein eklatantes Beispiel war etwa die Abbildung des Portraits eines Pfarrers, den ein offenbar geistesgestörter Mann unter grausamen Umständen ermordet hatte. Die Schlagzeile lautete: „Teufelsaustreibung / Augen raus / Hoden ab“ [Nr. 109].

---

[548] So bezeichnen BRUCK & STOCKER (1996: S. 31) den Forschungsstand als „miserabel“.

[549] Vgl. Bruck; Stocker (1996), S. 301f.

[550] Vgl. ▸ KAPITEL 4.4.

[551] In den 50er und 80er Jahren liegen die Mittelwerte mit 23 Prozent am höchsten, die 90er Jahre weisen den niedrigsten Wert auf (11 %).

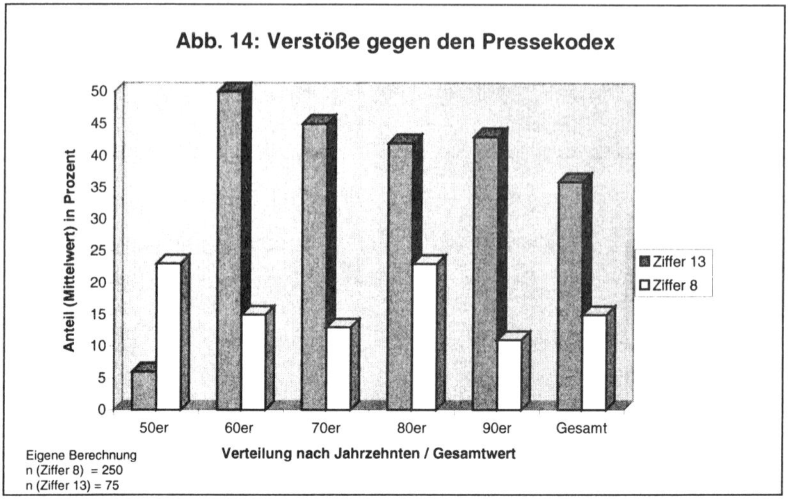

In einem weiteren Schritt wurde geprüft, ob die BILD-Aufmacher das Gebot der *vorurteilsfreien Berichterstattung über schwebende Ermittlungen und Gerichtsverfahren* (**Ziffer 13**) einhalten. In die Auswertung gingen nur Beiträge ein, die sich mit schwebenden Ermittlungen und Gerichtsverfahren beschäftigten. Wie sich zeigt, liegt hier der Anteil der Verstöße sogar noch höher als bei Ziffer 8: eine Vorverurteilung enthielt jeder dritte in Frage kommende Bericht. In ihnen wurden Personen, die nicht rechtskräftig verurteilt waren, als faktische Täter einer Straftat bezeichnet. Einzig der minimale Wert der 50er Jahre (6 %) fällt aus dem Rahmen.[552] Eine Erklärung könnte sein, dass BILD in diesem Zeitraum auffällig oft mit Berichten über sensationelle Justizprozesse „aufmacht". Diese Beiträge beschäftigen sich meist mit bereits gefällten Gerichtsurteilen; eine Vorverurteilung durch die Zeitung ist also nicht mehr möglich.

Bei den übrigen sechs Pressekodex-Grundsätze, die zur Analyse herangezogen wurden, kamen in weitaus geringerem Maße Verletzungen zu Tage. Eine *Sinnentstellung in der Überschrift* (als Komponente der Sorgfaltspflicht nach **Ziffer 2**) wurde in 4 Prozent der Fälle registriert, ohne Unterschiede im Zeitverlauf.[553] Die *Unangemessen sensationelle Darstellung von Gewalt*

[552] Der p-Wert (0,63) liegt knapp über dem Signifikanzintervall.

[553] Sinnentstellend ist z.B. die Schlagzeile „266 verbrennen im feurigen Schacht" (über ein Grubenunglück in Belgien), denn aus dem Haupttext geht hervor, das Schicksal dieser Menschen sei noch ungewiss [Nr. 17]. An anderer Stelle wurde mit der Überschrift „Medizin-Sensation: Babys aus Gebär-Maschinen" der Eindruck erweckt, es gehe um

und Brutalität (**Ziffer 11**) war in 3 Prozent der Aufmacher zu beobachten, wobei für die 50er und 60er Jahren kein einziger Verstoß festgestellt wurde. Ebenso marginal war der Tatbestand der *Diskriminierung* (**Ziffer 12**), den ein einziger Fall (0,4 %) erfüllte.[554]

Zu drei Bestimmungen des Pressekodex wurde keine einzige Normverletzung festgestellt. Es sind dies: die **Ziffer 9** (*Unbegründete Behauptungen und Beschuldigungen*), **Ziffer 10** (*Verstoß gegen sittliche und religiöse Empfindungen*) sowie **Ziffer 14** (*Unangemessen sensationelle Darstellung von medizinischen Themen*).

8.4.5 Fazit: Journalistische Qualität

In der vorliegenden Untersuchung wurden verschiedene Dimensionen journalistischer Qualität unterschieden und zur Analyse der Aufmacher in BILD verwendet. Wie die Auswertung ergab, zeichnen sich die Aufmacher durch hohe **Aktualität** aus. Sie beantworten in hohem Maße die wesentlichen W-Fragen, was ein Indiz für das Kriterium Vollständigkeit ist. Darüber hinaus wurden in anderen Teilen des Qualitätsmodells Mängel festgestellt: In der Dimension **Richtigkeit** fiel die geringe Quellentransparenz ebenso auf wie die häufige Verkürzung von Sachverhalten auf monokausale Zusammenhänge oder die einseitige Berichterstattung über Kontroversen. Im Bereich **„ethische Angemessenheit"** wurde deutlich, dass BILD bei der Produktion seiner Aufmacher regelmäßig Persönlichkeitsrechte verletzt hat: in erster Linie durch die Missachtung des Privatlebens und der Intimsphäre von Menschen (laut Ziffer 8 des Pressekodex) sowie durch Vorverurteilungen (Ziffer 13). Im Bereich **Relevanz** wurde nur die kollektive Ebene betrachtet. Hier wurden bezüglich der untersuchten Nachrichtenfaktoren Qualitätsmängel festgestellt. Wie im betreffenden Abschnitt erörtert wurde, ist die Aussagekraft der Befunde begrenzt.

Was die Verstöße gegen den Pressekodex angeht, so gibt es prinzipiell keine Begründungen, die dieses Verhalten legitimieren könnten. Während in dieser Hinsicht also eindeutig ein niedriges Niveau journalistischer Qualität angezeigt wird, muss man die Defizite im Bereich Richtigkeit differenzier-

Menschen. Im Text erfährt man, dass bisher nur Experimente bei Welpen erfolgreich waren; die Anwendung bei Menschenbabys stehe noch aus. [Nr. 185].

[554] Es handelt sich um den Aufmacher mit dem Titel „So peinigte ein Araber seine Münchner Frau" [Nr. 93]. In dem Bericht über einen Mann, der eine Frau misshandelt haben soll, wird grundlos immer wieder seine ethnische Zugehörigkeit („Araber", „Afrikaner") betont.

ter betrachten. In manchen Fällen könnte etwa die fehlende Antwort auf die rechercheintensive Warum-Frage mit der hohen Aktualität der Aufmacher-Nachrichten zusammenhängen. Außerdem muss man bedenken, dass BILD offenbar bestrebt ist, die Komplexität von Sachverhalten zu reduzieren, um der geringen Lesekompetenz einiger Rezipientenkreise entgegenzukommen. „Eine Boulevardzeitung kann komplexe Themen nicht komplex darstellen."[555] Um journalistische Qualität mit Bestimmtheit bewerten zu können, wäre hier im Einzelfall abzuwägen, wie weit die Vereinfachung von Sachverhalten hinsichtlich deren Richtigkeit gestattet ist.

Vereinfachung ist ein Bestandteil der Qualitätsdimension **Vermittlung**.[556] Gerade in diesem Bereich liegt nach Befunden aus der Theorie eine der qualitativen Stärken von BILD: GLOTZ & LANGENBUCHER heben an Zeitungen der Massenpresse, namentlich an BILD, wohlwollend hervor, dass „sie populäre journalistische Darstellungsformen verwenden, [...] verständlich und deshalb – notwendig – simpel geschrieben sind, [...], weil sie an das Gefühl appellieren und die Wunschträume von Millionen beschwören."[557] Beispielsweise zeigt sich die Einfachheit der Sprache daran, dass in BILD die Hälfte der Sätze aus vier oder weniger Wörtern besteht.[558] Die genaue Analyse der Vermittlungsleistung der BILD-Aufmacher war wegen der Vielschichtigkeit dieser Dimension nicht Gegenstand der vorliegenden Arbeit. In der Gesamtschau qualitativer Aspekte muss aber betont werden, dass bei BILD nach Lage der Theorie im Bereich Vermittlung eine hohe Qualität zu erwarten ist.

■ Journalistische Qualität in den 90er Jahren

Das Hauptmotiv für die Untersuchung journalistischer Qualität im BILD-Aufmacher war es, die These von der Wandlung der BILD-Zeitung in den 90er Jahren empirisch zu überprüfen. Dazu wurden die Ergebnisse nicht nur nach Jahrzehnten verglichen; um die Analyse möglicher Trends zu verfeinern, wurden die Daten der 90er Jahre noch einmal in zwei Gruppen geteilt: in die Jahre 1990-94 bzw. 1995-99.

---

555 Haller (1999), S. 20.

556 Vgl. hierzu ▸ KAPITEL 5.2.1.

557 Glotz, Peter; Langenbucher, Wolfgang R.: Der mißachtete Leser. Zur Kritik der deutschen Presse, Köln; Berlin 1969, S. 37. Die hohe Vermittlungskompetenz von Boulevardblättern wie BILD wird ebenso hervorgehoben von: Lüger (1995), S. 23-25.

558 Vgl. Schneider; Raue (1996), S. 128.

Wie die Auswertung ergab, liegen in den Kategorien Richtigkeit, Aktualität und Relevanz keine auffälligen Abweichungen vor. Anders verhält es sich mit dem Bereich „ethische Angemessenheit“, insbesondere mit der **Ziffer 13** (Vorurteilsfreie Berichterstattung über schwebende Ermittlungen und Gerichtsverfahren): Mit einem Anteil von 43 Prozent (Verstöße) liegen die 90er Jahre insgesamt betrachtet im Durchschnitt; von der ersten Hälfte des Jahrzehnts zur zweiten Hälfte nimmt der Wert allerdings deutlich ab: von 50 Prozent (1990-94) auf 30 Prozent (1995-99). Im Verlauf der 90er Jahre haben Vorverurteilungen im BILD-Aufmacher folglich nachgelassen.[559] Ein geringer Trend zur Besserung zeigt sich auch bei der **Ziffer 8** (Achtung von Privatleben und Intimsphäre). Der Wert der 90er Jahre (Anteil der Verstöße: 11 %) liegt leicht unter dem Mittelwert des Gesamtzeitraums (15 %). Innerhalb der 90er Jahre sinkt er leicht von 12 Prozent (1990-94) auf 10 Prozent (1995-99).

So bleibt also festzuhalten: Anhand der vorliegenden Daten zur journalistischen Qualität der BILD-Aufmacher lassen die 90er Jahre in vielen Bereichen keine Abweichungen erkennen. Eine Ausnahme ist der Rückgang von Vorverurteilungen gemäß Ziffer 13 des Pressekodex; in geringem Maße auch die Reduzierung von Verstößen gegen die Ziffer 8 (Achtung von Privatleben und Intimsphäre). Diese Veränderungen sind in soweit besonders bemerkenswert, weil BILD in der Vergangenheit bevorzugt gegen die betreffenden Ziffern verstoßen hat.

[559] Die Unterschiede zwischen der ersten und der zweiten Hälfte der 90er Jahre liegen knapp außerhalb des Signifikanzintervalls (p = 0,054).

9. Zusammenfassung und Ausblick

Die vorliegende Arbeit verfolgte das Ziel, wesentliche Merkmale der Auswahl und Gestaltung der Titelseiten-Aufmacher der BILD-Zeitung seit ihrem Bestehen zu analysieren. Maßgeblich für die Untersuchung war zum einen die Feststellung, dass der Aufmacher in der Boulevardpresse Aufmerksamkeit bei potentiellen Zeitungskäufern herstellen soll. Wie dies geschieht, wurde auf inhaltlicher, sprachlicher und insbesondere auch auf formaler Ebene betrachtet. Zum anderen wurde am Untersuchungsobjekt Aufmacher die These von der Wandlung der BILD-Zeitung in den 90er Jahren empirisch geprüft. Die Inhaltsanalyse brachte zahlreiche interessante Ergebnisse hervor (vgl. ▶ KAPITEL 8), von denen die wichtigsten nun noch einmal herausgestellt werden.

Allein schon wegen seiner Größe ist der Aufmacher im gesamten Zeitraum ein **bedeutsames formales Element** der Titelseite von BILD.[560] Seine durchschnittliche Fläche war in den 60er Jahren am größten und hat seitdem abgenommen. Dieser Trend könnte mit der **zunehmend komplexeren Gestaltung** des Aufmachers zusammenhängen: Auffällige typografische Elemente wie die Farbe Rot oder Negativraster wurden im Laufe der Zeit häufiger und differenzierter eingesetzt und sind geeignet, den Flächenverlust optisch zu kompensieren.

Wie die Auswertung ergab, dominieren in den Aufmachern der BILD-Zeitung typografische Mittel – an erster Stelle eindeutig die Schlagzeile. Fotos haben dagegen eine nachrangige Bedeutung. Fast jeder dritte Aufmacher enthält gar kein Foto. Auch was die Bildgröße und die Vielfalt der verwendeten Motive angeht, ist der **Einsatz von Fotos** im BILD-Aufmacher merklich **reduziert**. Im Mittelpunkt der Fotos stehen Menschen. Im Vergleich dazu haben aktivierende Bildinhalte wie „Sex“ oder „Gewalt“ eine geringe Bedeutung. Damit ist auch schon ein wesentlicher Befund des Zeitvergleiches angesprochen: Die BILD-Aufmacher lassen im Vergleich der Jahrzehnte einen **Trend zur Personalisierung** erkennen. Dies zeigt sich etwa an den verwendeten Fotos: Im Laufe der Zeit wird die Anzahl der ab-

[560] Auch seine Position auf der Seite 1, die Größe seiner Überschrift im Vergleich zur nächstkleineren sowie die Anzahl der übrigen Themen über dem Bruch weisen den Aufmacher als hoch bedeutsames Element der BILD-Titelseite aus. Siehe hierzu ▶ KAPITEL 8.2.1.

gebildeten Menschen und der Bildausschnitt zunehmend verengt: in Richtung auf das Motiv „Mensch pur". Auch die Schlagzeilen spiegeln diesen Trend wieder. Sie enthalten immer öfter Personennamen.

Die Entwicklung des Aufmachers war in den 50er Jahren noch stark von Axel Springers ursprünglichem Konzept von BILD als **Tagesillustrierte** geprägt, die sich erst allmählich zum konventionellen Boulevardblatt entwickelte.[561] Ein deutlicher konzeptioneller Einschnitt war die vorübergehende **Politisierung** der BILD-Zeitung in den 60er Jahren, die sich auch in der Analyse der Aufmacher niedergeschlagen hat. In dieser Phase fallen etwa Nachrichtenfaktoren, die mit gesamtgesellschaftlichen Sachverhalten zusammenhängen (z.B. „Nutzen", „Schaden"), stärker ins Gewicht; ebenso die gemeinschaftsstiftende „Wir"-Perspektive. Daneben brachte die Analyse aber auch ein hohes Maß an **Kontinuität** zu Tage, insbesondere bei der Verwendung von **sprachlichen Stilmitteln**. „Die BILD-Zeitung ist handwerklich und inhaltlich so erfolgreich gestaltet, daß sie aufgrund ihrer emotionalen Durchschlagskraft Generationen von Zeitungslesern praktisch unverändert zu überdauern vermag."[562]

Diese Durchschlagskraft geht allerdings auf Kosten **journalistischer Qualität**. Bei der entsprechenden Auswertung wurden vor allem Defizite in den Bereichen „Richtigkeit" (Quellentransparenz, Kausalität etc.) und „ethische Angemessenheit" – primär die Persönlichkeitsrechte betreffend – festgestellt. In diesem Zusammenhang wurde speziell geprüft, ob sich die BILD-Aufmacher der 90er Jahre qualitativ von denen aus früheren Jahrzehnten unterscheiden bzw. ob *innerhalb* der 90er Jahre ein Trend zu mehr Qualität vorliegt. Dies dürfte der erste Ansatz überhaupt sein, der die in den letzten Jahren häufig vorgebrachte „Wandlungs-These" empirisch untersucht. In den meisten der analysierten Qualitätsdimensionen wurde hierbei keine nennenswerte Veränderung entdeckt. Eine Ausnahme ist der Befund, dass **Vorverurteilungen** in den 90er Jahren nachgelassen haben. In geringem Umfang gilt dies auch für die Verstöße gegen Ziffer 8 des Pressekodex (Achtung von Privatleben und Intimsphäre).

Der Eindruck, BILD sei in den 90er Jahren „seriöser" geworden, könnte nicht zuletzt auch durch Unterschiede zum davor liegenden Jahrzehnt entstanden sein: In den 80er Jahren waren die BILD-Aufmacher besonders

---

[561] Als Indikatoren wurden z.B. genannt: die Vergrößerung der Schlagzeile, die Reduzierung des Haupttextes im Aufmacher sowie die Zahl der verwendeten Fotos über dem Bruch. Vgl. ▸ KAPITEL 8.2.

[562] Voss (1999), S. 104.

boulevardesk. Sie waren gekennzeichnet durch die weitgehende Abstinenz von politischen Themen, durch besonders großformatige Schlagzeilen und beispielsweise auch durch einen erhöhten Anteil an Bildern, die „Gewalt" zeigen.

Die vorliegende Arbeit war bemüht, die BILD-Aufmacher – vor allem ihre Aktivierungstechniken – möglichst umfassend und facettenreich zu analysieren. Angesichts des breiten Zugangs zu dem Thema versteht es sich von selbst, dass einige Aspekte nur kursorisch abgehandelt wurden. Vor allem der Bereich der diskursiven Strategien verdient zukünftig eine genauere Betrachtung. Hier ist zum Beispiel die Frage relevant, mit welchen **Emotionen** in den BILD-Aufmachern um das Interesse der Leser geworben wird. Die vorgenommene Auswertung der Gefühlsfärbung Empörung war in dieser Hinsicht nur ein Anfang. Klärungsbedürftig ist unter anderem auch die Frage, welche Rolle bei der Leserwerbung Strategien der Ab- und Ausgrenzung spielen, darin etwa das Schüren von Vorurteilen.[563]

Im Rahmen der Analyse von Aktivierungstechniken der BILD-Aufmacher verdient auch der Nachrichtenfaktor „Etablierung von Themen", der wegen des großen Untersuchungszeitraums nicht berücksichtigt werden konnte, eine eingehendere Untersuchung. Um die Aufmerksamkeit ihrer Leser zu binden, bedient sich BILD bisweilen einer „'Hinhalte-Taktik' wie bei Fortsetzungsromanen" [564]: Ein Nachrichtenthema wird tage- und wochenlang „häppchenweise serviert"[565] immer wieder zum Gegenstand der Berichterstattung. Eine Sonderform hierbei ist die **Kampagne**.[566] Im Juli 1964 beispielsweise protestierte BILD wochenlang gegen die geplante Erhöhung der Telefongebühren in Deutschland. Das Thema avancierte fünfmal hintereinander zum Aufmacher der Zeitung, mit Schlagzeilen wie „Schluß mit der Post-Diktatur". Hier wäre es interessant, journalistische Muster herauszufiltern, mit deren Hilfe eingeführte Themen über eine längere Periode gestreckt, d.h. immer wieder aktualisiert, werden.

Abschließend sei ein Aspekt erwähnt, auf den zum Beispiel der frühere BILD-Chefredakteur Udo Röbel mehrfach hingewiesen hat: Nach seinen

[563] Vgl. hierzu etwa die Analyse von Wodak, Ruth: Jedem Österreicher seine Krone - jedem Österreicher sein Vorurteil? In: Bruck (1991a), S. 108-127.

[564] Schulte-Willekes (1977), S. 48. Der Autor nennt als Beispiel die „Opa-Meyer-Story": Es handelt sich dabei um die Geschichte eines 70jährigen, der eine 19jährige heiratet, was BILD nacheinander 13 Berichte wert war.

[565] Ebd.

[566] Vgl. hierzu etwa JACOBI (1996: S. 96), der bemerkt, BILD habe sich seit den 60er Jahren „nach amerikanischem Vorbild eigene Nachrichten durch Kampagnen [geschaffen]."

Worten ist BILD „eine unglaubliche Medienlokomotive geworden“, die gerade durch die „Widerspiegelung in den elektronischen Medien eine unglaubliche Authentizität“[567] erhält. Zugespitzt formuliert heißt das: „Was heute in ‚Bild‘ ist, steht morgen überall.“[568] Boulevardformate wie „Explosiv“ oder „Blitz“, die ebenfalls täglich ein Millionenpublikum erreichen, greifen Themen der BILD-Zeitung auf und verleihen diesen somit zusätzliche Popularität.[569] In einer Zeit, in der Massenmedien immer stärker aufeinander Bezug nehmen[570], wäre gerade die prominenteste Meldung der BILD-Zeitung, der Aufmacher, ein reizvoller Ausgangspunkt, um Aspekte der Reflexivität der Medien zu studieren.

---

[567] Zit. nach: Wolf (1998), S. 36.

[568] Wenderoth (1999). Ein Beleg für diese These ist unter anderem, dass BILD zu den bevorzugten Medien gehört, die von deutschen Journalisten regelmäßig genutzt werden. Vgl. Weischenberg, Siegfried; Löffelholz, Martin; Scholl, Armin: Merkmale und Einstellungen von Journalisten. Journalismus in Deutschland II, in: Media Perspektiven (1994) 4, S. 154-167, hier: S. 163. BILD ist nach eigener Auskunft die meistzitierte Tageszeitung Deutschlands. Vgl. BILD, 14.01.2000.

[569] Vgl. hierzu etwa: Scharf, Catrin: Die unerträgliche Leichtigkeit des Seins, in: Sage & Schreibe (1997) 3, S. 10-13.

[570] Vgl. Fabris (1999).

ANHANG

I. Die BILD-Schlagzeilen der Stichprobe

Zum besseren Verständnis wurde gegebenenfalls der Zeilenumbruch [/] markiert.

1. Der Mann, der Heinr. Himmler verhaftete (22.04.53)
2. Tumult um die Zwillinge (22.06.53)
3. Liebeskomödie um einen Verbrecher (22.08.53)
4. Ein Leben am Eisernen Vorhang zerbrochen (08.12.53)
5. 17 Heiratspapiere und doch kein Trauring für Ingrid (15.02.54)
6. Spitzenfilm auf der Anklagebank (12.04.54)
7. Tragödie vor Gericht: Blinder Täter von Schuld erlöst (19.06.54)
8. Märchenhafte Begegnung auf offener Straße (10.11.54)
9. Tollkühner Handstreich auf Gesandtschaft (16.02.55)
10. Unerhört! Kein Bett frei! Baby starb auf der Straße (24.08.55)
11. Keiner war zuständig für den Toten (01.09.55)
12. Nächtliche Revolte im Mädchenheim (05.10.55)
13. Mutter auf der Flucht vor ihrem toten Baby (14.01.56)
14. Ehefrau kämpft um die Ehre des toten Mannes (28.02.56)
15. Froschmann ging betrunken in die Tiefe (11.02.56)
16. Opfertod einer Mutter für ihren Sohn (09.07.56)
17. 266 verbrennen im feurigen Schacht (09.08.56)
18. 28 Sowjets im Strom der Elbe ertrunken (07.03.57)
19. Soweit sind wir - Tauziehen um einen Trauschein (05.04.57)
20. Radio Moskau meldet: Raketenhund wohlauf (05.11.57)
21. Niemand durfte helfen: Einer verblutete im Drahtverhau (15.11.57)
22. 125 deutsche Besucher aus Belgien ausgewiesen (10.03.58)
23. Streik-Gespenst (22.03.58)
24. Selbstmord des Doppel-Mörders von Nürnberg? (14.10.58)
25. Der dramatische Auftritt: JOHN brennt vor Haß gegen WOWO (12.12.58)
26. ERHARD - Bundespräsident? Oder Wirtschaftsminister? (27.02.59)
27. Zwei Jahre unter Irren (26.03.59)
28. Rom erwartet Sorayas Verlobung (28.03.59)
29. Es war LEICHTSINN: 53 Tote (10.07.59)
30. Gangster im Boxen (07.08.59)
31. Dramatischer Endkampf um Jaccoud (04.02.60)
32. Nur Tempo 80 auf den Bundesstraßen! (06.04.60)
33. Kongo-Appell an die Weißen: Bleibt! (12.07.60)
34. Ich habe es geschafft! (01.11.60)
35. Es bleibt dabei: Mehr Geld! (25.02.61)
36. Eichmann sagt aus (21.06.61)
37. Amerika wußte VORHER Bescheid (08.08.61)
38. Sowjet-Hubschrauber über den Berliner Sektoren-Grenzen (29.08.61)
39. Hoher Richter war betrunken (05.01.62)
40. Hunger und Mangel marschieren im Osten (09.08.62)
41. Landen beide Russen in einer Rakete? (15.08.62)
42. Freispruch für Leibbrand (03.10.62)
43. Neuer Hilferuf! 4000 Mark - und er ist frei! (15.01.63)
44. Jubel / Jubel / Jubel (24.06.63)
45. Erhards Kampfansage (19.10.63)
46. Bild fordert: Flaschenwerfer ins Gefängnis! (16.12.63)
47. Und wir zahlen, zahlen, zahlen! (23.05.64)

48. Bremst Erhard! (29.07.64)
49. Belohnt für ihre Menschlichkeit (11.09.64)
50. Tollkühne Flucht 2 Meter über den Bäumen (18.09.64)
51. Kinder schreien, Männer fluchen, Frauen weinen! (07.04.65)
52. § 218 / Richter: Männer haben zuwenig Verständnis für unsere Frauen (05.05.65)
53. Selbstmord an der Eiger-Nordwand (18.08.65)
54. Wer nicht mordet, kommt vor Gericht (13.09.65)
55. Hund störte Nachbarn - Der Tierarzt macht ihn stumm! (08.03.66)
56. Hinein! Schuß! Tooor! (12.07.66)
57. Die Generale haben an allem Schuld (30.08.66)
58. Jetzt gehts wieder / Aufwärts! (28.11.66)
59. Mutter ahnte nichts vom Tod ihrer Fünflinge (19.01.67)
60. 15jähriger erstach 5jährigen Bruder (14.02.67)
61. 15jährige verführte den Vater (08.05.67)
62. Berlins Regierung zurückgetreten (27.09.67)
63. Sind Mainzel-Mädchen unmoralisch? (23.03.68)
64. Gesucht! Dieser Verbrecher entführt Kinder und mißbraucht sie (03.05.68)
65. Lippenstift entlarvte dreifachen Mädchen-Mörder (16.10.68)
66. Schluß mit dem Sterben (02.11.68)
67. Gebt diesem Mann sein Geld zurück! (10.02.69)
68. Alle lieben ihren Chef (07.08.69)
69. Wach auf, Liebling! Jetzt habe ich die richtige Liebes-Temperatur (07.10.69)
70. Ramm-Bamm! Rattattatta! (26.11.69)
71. Das Leben hört nicht mit 30 auf (26.01.70)
72. Mutti, gib mir Taschengeld! (26.02.70)
73. Keine Post am Samstag (13.03.70)
74. Filmstar zahlte 1,8 Millionen für Seitensprung (11.04.70)
75. Jetzt schicken sie kleine Kinder in den Bürgerkrieg! (10.02.71)
76. Alarm für viele Arbeitsplätze (17.08.71)
77. Eine Frau sah den Einbrecher - und starb vor Schreck (23.08.71)
78. Ehemann verbrannte 23 000 Mark im LSD-Rausch (18.09.71)
79. Soldat fuhr fünf Kameraden in den Tod (09.02.72)
80. Unglaublich! Millionen um das Fußball-Endspiel betrogen (28.06.72)
81. Olympia / Die zehn wichtigsten Meldungen vor dem Start (25.08.72)
82. Zwillinge beim Einkaufsbummel geboren (16.10.72)
83. Ein Wochenende ohne Fleisch und Wurst? (04.05.73)
84. Spanien steigert auf fünf Millionen (14.07.73)
85. Geiseln raus! Der Jumbo explodiert (15.07.73)
86. Oel-[sic!]Häfen in Flammen (13.10.73)
87. Blutiger Bankraub / Geisel tot / Gangster tot (19.04.74)
88. 100 deutsche Camper mit Gas betäubt - ausgeraubt (27.07.74)
89. Senta Berger brach zusammen / Magenoperation! (28.07.74)
90. Schuco-Millionär muß Villa und Auto verkaufen (17.12.74)
91. Das haben sie aus ihm gemacht (01.03.75)
92. Rentner gewann 2,3 Millionen im Lotto (03.04.75)
93. Münchnerin vier Jahre im Liebes-Gefängnis gefoltert! (29.10.75)
94. Sorayas bester Freud ermordet (01.11.75)
95. TV-Star Helmensdorfer heiratete heimlich! (15.01.76)
96. Toll! Silber (10.02.76)
97. 15 Millionen im Stau - aber der Himmel war blau (17.04.76)
98. 4 verletzt / Können wir so Spanien schlagen? (20.04.76)

99. Beckenbauer trotz allem: „Keine Scheidung!“ (07.04.77)
100. Hilde Knef: Angst um Tinta (12.07.77)
101. Margaret schrie und tobte im Palast (03.10.77)
102. SPD-Schatzmeister starb im Hotel (19.11.77)
103. Haftbefehl: Caroline Kennedy gesucht (14.01.78)
104. Biedenkopf läßt sich scheiden (06.05.78)
105. Tinas Russe Spionage-Chef (05.08.78)
106. Pfarrer verbrannte sich vor dem Altar (20.09.78)
107. Scheel will doch Präsident bleiben (05.02.79)
108. Schah / Neues Gesicht aus Angst vor Mördern? (04.07.79)
109. Teufelsaustreibung / Augen raus / Hoden ab (03.09.79)
110. Baby da! Kulis Sohn heiratet Professor-Tochter (11.12.79)
111. Margaret weinte vor Soldaten (21.03.80)
112. Interferon-Forscher Nr.1 starb an Krebs (21.06.80)
113. Schah tot (28.07.80)
114. Der Attentäter (28.09.80)
115. München: Königin Silvias Freundin tot vorm Bett (28.04.81)
116. Egon Bahr zog zur Geliebten (17.06.81)
117. Starnberg: Terror / Explosion bei Verleger Schulz (10.08.81)
118. Krebs! Sophia Lorens Mann stirbt (28.09.82)
119. Iglesias Vater freigesprengt (18.01.82)
120. 3:1 / Prima Tore / aber, aber... (18.02.82)
121. Laim: Kardinal-Bewacher als Geiselgangster - verhaftet! (12.10.82)
122. Vorsicht! Diebe stehlen Weihnachts-Geschenke (06.12.82)
123. Rekordvater / 66 Kinder / läßt sich sterilisieren (10.03.83)
124. Vom Vater entführt / mit Hammer erschlagen (17.10.82)
125. Flugzeug mit Toten gelandet (25.10.83)
126. Brandt (70) / Brigitte (37) / Wir haben geheiratet (14.12.83)
127. München Attentat: Brennende Mädchen in Sex-Disco (09.01.84)
128. Drafi: Lechtenbrink mit meiner Frau im Bett (17.03.84)
129. Pfarrer Sommerauer zeigt Hexe an (21.09.84)
130. 3:2 / Zittern wg. Malta (16.12.84)
131. Frau starb nach Sonnenbank (06.04.85)
132. Wecker / Neue Liebe / Böhm-Tochter (29.04.85)
133. Mildred könnte noch leben... (16.05.85)
134. Boris suuuper (07.07.85)
135. Atom (01.05.86)
136. Atomgefahr: Die ganze Wahrheit (17.05.86)
137. Alexandra Cordes ermordet - weil sie erfolgreicher war (29.10.86)
138. TV-Skandal im BR - Christkind als Fratz beschimpft (19.12.86)
139. Eis! Irrer, Wettfahrt/ 3 Tote (04.01.87)
140. Dieses Kind floh vor der Mutter (27.01.87)
141. Neckermann fiel um (06.06.87)
142. Helmut Schmidt / Todesahnungen (01.07.87)
143. Helga Feddersen bei Geisterheilerin (18.05.88)
144. Der Schwur unserer Elf: ‘Wir bleiben zusammen’ (23.06.88)
145. Als der Tod vom Himmel stürzte (30.08.88)
146. Cordes: Ein Jahr in Ketten (15.09.88)
147. 0:1 / Bayern setzt aufs Rückspiel (29.02.89)
148. Der Todeskäfig (16.04.89)
149. Lilo Pulver / Die Tragödie ihrer Tochter (23.06.89)

150. Der Coop-Sumpf / Lappas verhafte (30.11.89)
151. Kati Witt und der Bayern-Arzt / Pikante Liebesgerüchte (06.04.90)
152. Mach´s gut, Deutschland (22.06.90)
153. Maggies Minister vergleicht Kohl mit Hitler (13.07.90)
154. Welche Rolle spielt das 'Pimpernel'? (18.07.90)
155. 'Du bist der Vater' - da flüchtete Peter Graf (25.07.90)
156. Sedlmayr: Dahms nicht der Mörder (30.07.90)
157. Kanzler, jetzt reicht´s! (07.09.90)
158. Töte Vater, sonst tue ich es! (10.10.90)
159. Gottschalk / Die Operation (20.10.90)
160. Sein 1. Sprecher raste in den Tod (25.10.90)
161. Wir sind ein Volk (05.03.91)
162. Streit um Kohls Diät (30.03.91)
163. Kinder für Pornos verkauft (31.05.91)
164. Go Bayern Go (01.06.91)
165. Micha, Boris / Wir sind stolz auf euch (06.07.91)
166. Stasi hörte Kohl ab (15.07.91)
167. Das ist der Henker von Leipzig (26.08.91)
168. Die Nullen von Bonn (04.09.91)
169. Caroline: Neuer Fluch (05.09.91)
170. Bankräuber: Familie als Geisel (30.11.91)
171. Matthäus / Scheidung (07.01.92)
172. Schwarzer Sonntag für SPD & CDU (06.04.92)
173. Münchner Mutter erschoß ihr Baby (02.05.92)
174. Haben die Politiker einen Sonnenstich? (25.05.92)
175. Lafontaine / Absahner oder was? (01.06.92)
176. Woody Allen / Die Tochter spricht (20.08.92)
177. Stürzt er Kohl? (07.09.92)
178. Bus-Katastrophe / 16 Dachauer tot (28.09.92)
179. Barschel / Detektiv tot im Bett (16.11.92)
180. 0:0 (19.11.92)
181. Kinder-Sex / Kirche vertuscht Skandal um Pfarrer (04.03.92)
182. BILD-Leser, soviel mußt Du zahlen (15.03.92)
183. Karin Baal / Was hat das Leben aus ihr gemacht? (01.04.93)
184. Sonnen-Schock (27.04.93)
185. Waigels Ehe / Schmutzige Verleumdung (24.04.93)
186. Babys aus Gebär-Maschinen (11.08.93)
187. 28-Stunden-Woche und weniger Lohn (29.10.93)
188. Di / Intime Fotos durchs Schlüsselloch (08.11.93)
189. BILD zahlt alles (15.11.93)
190. Dreckiger Komplott gegen Di (06.12.93)
191. Stoibers Minister müssen Audi fahren (04.02.94)
192. Er war´s (11.02.94)
193. Clinton kämpft um die Ehre seiner Frau (09.03.94)
194. Ehefrau legte ihren Mann in Ketten (16.04.94)
195. 3.2 / Berti, es ist zum Weinen (28.06.94)
196. Ehekrieg / Roland Kaisers Frau schlägt zurück (29.08.94)
197. Priester im Bett erdrosselt (20.09.94)
198. Burt Lancaster † (22.10.94)
199. Das Blut-Haus (08.12.94)
200. Mord beim Gottesdienst (15.12.94)

201. Terror-Angst (09.01.95)
202. Polizist in U-Bahn erschossen (23.01.95)
203. Veigel / Gehirn-Tumor (25.01.95)
204. Doppelmord / Wieder Freispruch (15.02.95)
205. Giftgas? Terror-Alarm in Bonn (01.04.95)
206. Der schreckliche Frauenarzt (29.04.95)
207. Tränen bei Gottschalk (13.05.95)
208. Gauweiler warf hin (04.07.95)
209. Sieger Maske (16.10.95)
210. Matthäus: Lolita zog aus! (29.11.95)
211. Angst um Steffi (16.03.96)
212. Urlauber-Streik! (30.03.96)
213. Bayern 2:2 / Babbel patzte / Jetzt wird´s schwer (03.04.96)
214. Milliardär Flick 5 Stunden operiert (18.04.96)
215. Franz brüllt (06.05.96)
216. Seine Tochter wurde erschossen (11.05.96)
217. Klinsi / Vorsicht vor diesem Russen (15.06.96)
218. Ihr dreckiger Tod (03.07.96)
219. Tschernobyl kocht wieder (18.09.96)
220. Pflege-Versicherung / Überall Betrüger? (29.10.96)
221. Kelly Family / Der verlorene Sohn (03.01.97)
222. Angst! (09.04.97)
223. Todes-Gift (10.04.97)
224. Ärzte-Pfusch? Steffi an Krücken (14.06.97)
225. Triumph für Schumi (23.08.97)
226. BSE-Alarm (25.08.97)
227. Di´s Leibwächter / Das ganze Protokoll (24.09.97)
228. Müssen wir uns schämen für unser Land? (21.10.97)
229. Mädchen (18) von Psychiatrie-Patient niedergemetzelt (10.11.97)
230. Weihnachtsgeld / Das bleibt übrig (17.11.97)
231. Verona Feldbusch / Neue Nasenspitze (20.01.98)
232. Ring frei! (03.03.98)
233. Berti, witsch sie weg! (20.06.98)
234. 2:2 / Berti, unsere Nerven! (22.06.98)
235. Patrick Lindner adoptierte dieses Baby (14.07.98)
236. Drama um Jan (28.07.98)
237. Ich bin schuld an Di´s Tod (03.08.98)
238. Unser Nobelpreisträger / Papa ist tot (30.10.98)
239. Wetter-Zange (11.12.98)
240. Bomben auf Bagdad (17.12.98)
241. Kein Geld mehr für Überstunden (11.01.99)
242. Die Schatten der Vergangenheit (01.02.99)
243. Sabotage gegen Urlauber-Flieger (20.02.99)
244. Die nette Frau Nolte [Unterzeile: „... zog bei Mann und Kind aus“] (16.03.99)
245. 48 Tage Sex-Geisel (13.04.99)
246. Horst Frank: Hirntod / Frau vor furchtbarer Entscheidung (26.05.99)
247. Schritt für Schritt zurück ins Leben (13.06.99)
248. Boris zog Kiefer die Ohren lang (25.06.99)
249. Bye bye Boris (01.07.99)
250. Schumi / Wen macht er zum Weltmeister? (30.10.99)

II. Codebuch

Kategoriensystem mit Kategoriendefinitionen

A. Kontrollvariablen

Laufende Beitragsnummer (- - -)
Die zu untersuchenden Aufmacher werden chronologisch durchnummeriert, dabei dreistellig codiert.

Erscheinungsdatum (- - - - - -)
Wird sechsstellig und nach folgender Reihenfolge codiert: Jahr (52 bis 00), Monat (01 bis 12), Tag (01 bis 31). Das Datum 1. Mai 1974 erscheint demnach als „740501".

B. Formale Variablen

Aufmacher als Ganzes

1 **Fläche des Aufmachers** ***(in cm²)***
Der Aufmacher ist der Beitrag mit der größten Schriftgröße in der Überschrift. Er umfasst sämtliche gleichthematischen Text- und Bildelemente.

2 **Position des Aufmachers**
1 Er grenzt an den oberen Seitenrand und umfasst auch die Fläche senkrecht über dem BILD-Logo.
2 Er grenzt an den oberen Seitenrand, umfasst aber nicht die gesamte Fläche senkrecht über dem BILD-Logo.
3 Er grenzt nicht an den oberen Seitenrand.

3 **Fläche von Negativraster beim Aufmacher** ***(in cm²)***
Unter Negativraster versteht man die Grundierung einer Layoutfläche z.B. unter einer Schrift, also etwa weiße Schrift auf dunklem Hintergrund.
Bei der Messung der Fläche ist zu beachten: Liegt ausnahmsweise keine rechtwinklige Fläche vor, so wird die Fläche eines imaginären rechtwinkligen Vierecks gemessen, das von den äußersten Punkten des vorliegenden Negativrasters begrenzt wird. Gibt es mehrere - nicht deckungsgleiche - Negativraster, dann werden die erhaltenen Flächenmaße addiert.
Hier auch Negativraster bei Bildunterschriften mit vermessen.
Kommt kein Negativ vor, wird der Wert „0" eingetragen.

Verwendung der Farbe Rot im Aufmacher

4 **a) als Negativraster bei Elementen der Überschrift**
0 kommt nicht vor
1 kommt vor

5 **b) als Unterstreichung**
0 kommt nicht vor
1 kommt vor

6 **c) als Pfeil, Kreislinie, Kreuz**
(z.B. werden bestimmte Fußballspieler bei einem Mannschaftsbild „ausgekreuzt"; auf einem Gruppenfoto wird der Kopf einer Person durch eine Kreislinie hervorgehoben.)
0 kommt nicht vor
1 kommt vor

7 **d) als Rahmen, Zierleiste**
0 kommt nicht vor
1 kommt vor

8 **e) als Typosignale in der Überschrift**
Typosignale sind Aufzählungszeichen, z.B. Geviert oder Punkt.
0 kommt nicht vor
1 kommt vor

Haupttext

9 **Fläche des Haupttextes** (in cm^2)
Vermessen wird die randlose Textfläche (inkl. Autorenzeile und Fortsetzungshinweis). Enthält der Aufmacher einen weiteren Text (bzw. mehrere weitere Texte) wird dieser (bzw. werden diese) auch vermessen, allerdings unter Auslassung der Überschrift. Nicht vermessen werden Bildunterschriften.

Überschrift / Schlagzeile

10 **Versalgröße der Schlagzeile** (in Millimetern)
Die Schlagzeile ist die Titelüberschrift mit der größten Schriftgröße. Erfasst wird die maximale Buchstabenhöhe bei den Versalien (= Großbuchstaben).

12 **Schlagzeilenfläche** (in cm^2)
Zur Schlagzeile gehören sämtliche Wörter, die eine optische Einheit bzw. eine Sinneinheit bilden. Ein Indikator sind z.B. gemeinsame Unterstreichungen. Die Schlagzeile setzt sich vom übrigen Teil der Überschrift durch ihre größere Schrift deutlich ab.
SIEHE BEISPIELE 1-4.

Gemessen wird die Fläche eines imaginären rechtwinkligen Vierecks, das von den äußersten Punkten der Schlagzeile begrenzt wird. Verläuft die Schlagzeile über mehrere Zeilen, wird jede Zeile einzeln vermessen, danach werden die Werte addiert.
SIEHE BEISPIEL 5.

Der Lokführer

Hatte er Liebes-Kummer?

Lokführer Sascha B. (28) – in seiner Freizeit ein Feuerwehrmann

Die Todesfahrt von Lokführer Sascha B. (28) – sie endete in einem Haus am Bahndamm, das zertrümmert wurde.

Dienstag, 8. Februar 2000, 80 Pf

Bild

UNABHÄNGIG · ÜBERPARTEILICH

MÜNCHEN

Nachbarn berichten: Kurz vor der Katastrophe zog seine Freundin aus der gemeinsamen Wohnung aus

Das Bahn-Inferno von Brühl. Noch immer ist völlig unklar, warum Nachtexpress D 203 mit 122 km/h in die Katastrophe raste. Staatsanwaltschaft und das Eisenbahnbundesamt ermitteln weiter auf Hochtouren. Mindestens acht Menschen kamen ums Leben, 149 wurden zum Teil schwerverletzt, als die Lok an Weiche 48 entgleiste. Lok-Führer Sascha B. (28) aus Weilerswist ist noch immer in psychiatrischer Behandlung, verweigert die Aussage zum Unfallhergang. Gestern wurde bekannt, dass die Freundin des jungen Mannes erst vor einer Woche aus der gemeinsamen Wohnung ausgezogen ist. Nachbarn beschrieben, Sascha B. sei seitdem niedergeschlagen und deprimiert gewesen. **Litt er unter Liebeskummer? Seiten 10/11**

SUPER-BINGO

Viele, viele Chancen

Kiep: CDU-Mill

unter der Bett

Schumis n

Neue Nase

Das größte Geheimnis d

Formel 1 ist gelüftet. Ge

tern stellte Ferrari sein

THREE

⇑ [**Beispiel 1**] Als Schlagzeile gilt: „**Der Lokführer / Hatte er Liebes-Kummer?**“

CDU-Kassen

Staatsanwalt übersah geheimen Panzerschrank

Was weiß dieser Tresor?

Der Tresor vom Typ „Pegasus“ – ein Vorläufermodell steht im Keller des Weyrauch-Hauses

Von D. HOEREN, E. KOCH und S. SCHÄFER

Sind in diesem Tresor die Geheimnisse der schwarzen CDU-Kassen verborgen? Hat hier der Kohl-Vertraute Unions-Steuerberater **Horst Weyrauch** die bislang unentdeckten Listen über anonyme Spender und geheimnisvolle Konten bei der Züricher Privatbank Vontobel versteckt? Den Tresor, der nach BILD vorliegenden Informationen und Dokumenten im Keller eines Mietshauses der Weyrauch-Ehefrau Elisabeth im Frankfurter Bahnhofsviertel steht, hat die Staatsanwaltschaft bislang nicht entdeckt. **Was er verraten kann, Kohls schwerer Gang zum „Verhör“ durch Wirtschaftsprüfer der Union – Seite 2.**

⇑ [**Beispiel 2**] Als Schlagzeile gilt: „**CDU-Kassen / Was weiß dieser Tresor?**“

Bundesliga

Der FC Schalke 04 startete mit 18 Ausländern in die Saison 1999/2000 (siehe Foto). Bei Anpfiff standen einmal in der Hinrunde sogar 9 Legionäre auf dem Platz (Bundesliga-Rekord). Durch Neuverpflichtungen und Wechsel sind zum Start der Rückrunde von 26 Profis 13 aus dem Ausland. Gerald Asamoah (mittlere Reihe, 2. v. links) ist Fußball-Deutscher.

Mittwoch, 5. Januar 2000, 80 Pf

Bild

UNABHÄNGIG · ÜBERPARTEILICH

MÜNCHEN

Leser-Telefon 089/21 103 - 288

Ausländer-Stopp?

Vorstoß von FIFA und UEFA: Mindestens 6 Deutsche müssen spielen

Von KLAUS SCHLÜTTER

Wird demnächst der Bundesliga ein Ausländer-Stopp verordnet? Weltverband FIFA und die UEFA haben bei der Europäischen Union einen ersten Vorstoß gemacht. Die beiden Präsidenten Blatter und Johansson schlagen eine Begrenzung auf fünf Legionäre vor. **Das bedeutet: Jeder Bundesligist muss mindestens mit sechs Spielern antreten, die auch für die Nationalelf spielberechtigt sind.** Seit dem Bosman-Urteil ist der Einsatz von Fußball-Söldnern nicht mehr begrenzt – **SPORT.**

⇑ [**Beispiel 3**] Als Schlagzeile gilt: „**Bundesliga / Ausländer-Stopp?**“

Schäuble

100 000 Mark in bar vom Waffenhändler

War's das?

- **Die Ersten fordern seinen Rücktritt**
- **Warum hat er so lange geschwiegen?**
- **Hat Kohl ihn jetzt unter Druck gesetzt?**

CDU-Chef Wolfgang Schäuble: Bargeld-Geständnis im TV

Die CDU-Spendenaffäre – seit gestern Abend ist sie auch eine Schäuble-Affäre!

Völlig überraschend hat der CDU-Chef in der ARD eingeräumt, 1994 eine Parteispende von Waffenhändler Karlheinz Schreiber erhalten zu haben! Es waren 100 000 Mark in bar!

Das Geld ist nicht im Spendenbericht der Partei aufgetaucht! Schäubles Aufklärungs-Bemühungen, die Glaubwürdigkeit des neuen CDU-Chefs – das war's wohl...

Nicht nur die Partei fragt sich jetzt: Warum hat er solange geschwiegen? Hat Kohl Schäuble zu dem Geständnis gezwungen?Die Ersten fordern bereits seinen Rücktritt. **Seite 2**

⇑ [**Beispiel 4**] Als Schlagzeile gilt: „**Schäuble / War's das?**“

Super-Bingo

Goldene Zahl: 43356144

7. Spiel 100 166 185 249 307 339 370

5000 Mark für Frau Linscheid

Der Bingo-Jubel hört nicht auf! „5000 Mark! Ich kann's gar nicht fassen!", strahlte Joker-Gewinnerin Erika Linscheid (76) aus Hagen. Gewinne mit der Goldenen Zahl, 1000-Mark-Volltreffer – noch immer ist bei SUPER-BINGO alles drin! **Mehr Bingo im SPORT.**

Mittwoch, 15. Dezember 1999, 80 Pf 293/50

Bild

UNABHÄNGIG · ÜBERPARTEILICH

MÜNCHEN

☎ Leser-Telefon 089/21 103 - 288 ☎

Dax-Rekord: Börsen in

Millennium schamlos: Porno-Star plant größte Orgie im Internet

2000 Männer in 24 Stunden

Von HE[illegible]UT VOSS

Der Millenniu[illegible]inn kennt offenbar keine Gre[illegible]mehr: Der belgische **Pornostar Sabrina Johnson** (23, Foto) will am Silvestertag in 24 Stunden Sex mit 2000 Männern haben! Der letzte soll Punkt Mitternacht antreten. **Die schamlose Orgie wird live im Internet übertragen.** Die Suche nach passenden Männern, wo der Fließband-Sex stattfinden soll – **Seite 9.**

Millennium-Spiel: Heute Porsche gewinnen!

⇑ [**Beispiel 5**] Die Schlagzeile wird zeilenweise entlang ihrer äußersten Punkte vermessen; die erhaltenen Flächenwerte werden addiert.

13 **Vor-/ Dachzeile(n) vorhanden?**
Die Vor- bzw. Dachzeile ist ein Überschriften-Element, das räumlich über (hinsichtlich des Leseflusses: vor) der Schlagzeile steht. Hier werden auch Überschriftenkomponenten codiert, die zwischen Bestandteilen der Schlagzeile stehen, also „eingeschoben" sind.
0 nein
1 ja

14 **Nach-/ Unterzeile(n) vorhanden?**
Die Nach- bzw. Unterzeile ist ein Überschriften-Element, das räumlich hinter (hinsichtlich des Leseflusses: nach) der Schlagzeile steht.
0 nein
1 ja

Hinweis auf Bild in Verbindung mit der Überschrift?

15 **a) Sprachlicher Hinweis im Text der Überschrift**
*Entsteht i.d.R. durch Demonstrativpronomen (z.B. „**Dieser** Mann ...") oder durch Personalpronomen (z.B. „Kippt **er** die Öko-Steuer?"; „**Sie** lassen **ihn** fallen!")*
0 kommt nicht vor
1 kommt vor

16 **b) Grafischer Hinweis bei der Überschrift (Pfeil)**
0 kommt nicht vor
1 kommt vor

Bilder im Aufmacher

17 **Anzahl der Fotos (- -)**
Unter den Begriff 'Foto' fallen auch alle Bildcollagen.
Ein Foto, das in ein anderes eingestellt ist, wird als eigenständiges Foto codiert.

18 **Fläche des größten Fotos** (in cm^2)
Kommt im Aufmacher nur ein einziges Foto vor, wird seine Fläche hier verschlüsselt.
Nicht vermessen wird die Randlinie.
Bei nicht-quadratischen (z.B. freigestellten) Fotos wird die Fläche eines imaginären rechtwinkligen Vierecks gemessen, das von den äußersten Punkten des vorliegenden Fotos begrenzt wird.
Ist ein weiteres Foto (oder mehrere) in die Fläche eingestellt, dann wird die Gesamtfläche des größten Fotos „unbereinigt" - ohne Abzug - angegeben.

19 **Verwendung freigestellter Fotos**
0 keine
1 kommt/kommen vor
Nur teilweise freigestellte Fotos werden ebenfalls hier vercodet.

Inhalt von Fotos
Die Variable gibt Antwort auf die Frage: Was wird dargestellt? Zur Codierung werden sämtliche Fotos im Aufmacher herangezogen.

20 **a) Mensch/Menschen**

0 kommt/kommen nicht vor
1 kommt/kommen vor
9 kein Foto vorhanden

21 **b) Tier/Tiere**

0 kommt/kommen nicht vor
1 kommt/kommen vor
9 kein Foto vorhanden

22 **c) Gegenstand/Gegenstände**

In diese Kategorie fallen sämtliche unbelebten Objekte - in Abgrenzung zu Lebewesen und Natur/Landschaft. Hier werden auch abgebildete Dokumente (Faksimiles) codiert, aber nicht Kleidung von Personen.

0 kommt/kommen nicht vor
1 kommt/kommen vor
9 kein Foto vorhanden

23 **d) Natur/Landschaft**

Hier auch Aufnahmen aus dem All codieren.

0 kommt nicht vor
1 kommt vor
9 kein Foto vorhanden

Aktivierende Bildinhalte

Zur Codierung werden sämtliche Fotos im Aufmacher herangezogen.

24 **a) Kind/Kinder**

Codiert werden Darstellungen von (Klein-)Kindern, die das „Kindchenschema" erkennen lassen: große Augen, volle Wangen, rundliche Körperformen, etc.

0 kommt/kommen nicht vor
1 kommt/kommen vor
9 kein Foto vorhanden

25 **b) Sexuelles/Erotik**

Gemeint sind Bilder, die allgemein dazu geeignet sind, eine sexuelle Stimulation hervorzurufen. In der Regel geschieht dies durch die Betonung der (bedeckten oder unbedeckten) primären und/oder sekundären Geschlechtsmerkmale.

0 kommt nicht vor
1 kommt vor
9 kein Foto vorhanden

26 **c) Aggression/Gewalt bzw. ihre Opfer (im Rahmen von Verbrechen und Unglücken)**

Indikatoren: Aggression in Mimik (Angst, Schmerz, Wut), Gestik (z.B. Faust) oder in der Interaktion der dargestellten Personen (z.B. Kampf); Leichen, Blut, sichtbarer körperlicher Schaden; Waffen, Feuer (nicht: als Lichtquelle); zerstörte Objekte. Hier auch codieren: abgebildete Leichen, die verhüllt auf einer Trage transportiert werden.

0 kommt nicht vor
1 kommt vor
9 kein Foto vorhanden

27 d) Prominente

Prominente sind Personen des öffentlichen Lebens aus Politik, Wirtschaft, Sport, Kultur, Religion, Adel, Unterhaltung etc., die beruflich, gesellschaftlich und/oder hinsichtlich ihrer Darstellung in den Massenmedien einen hervorragenden Rang einnehmen - und daher namentlich einem Großteil der Gesamtgesellschaft bekannt sind.

0 kommt/kommen nicht vor
1 kommt/kommen vor
9 kein Foto vorhanden

28 Personenzahl ***(0 bis 7)***

Angegeben wird die Anzahl der dargestellten Personen. Sind es genau oder mehr als 7, wird der Wert als „7" verschlüsselt.
Codiert wird <u>nur das größte Bild im Aufmacher</u>. Erfüllen mehrere Bilder dieses Kriterium, wird jenes ausgewählt, das weiter oben (bei gleicher Höhe: weiter links) steht. Gezählt werden nur Personen, die identifizierbar sind. Entscheidend ist die Abbildung des Gesichts. Sind wesentliche Teile verdeckt oder fototechnisch unscharf, werden solche Personen vernachlässigt.

[**Beispiel 6**] ⇒

Der rechte Läufer wird nicht gezählt, da er nicht identifizierbar ist (seine Darstellung ist fototechnisch unscharf, sein Gesicht verdeckt).

ping Schock

Gold-Baumann
klich 10fache
Anabolika?
enn im Sport gar
mehr sauber?

Dieter Baumann und sein größter Triumph: In Barcelona holte er 1992 mit einem dramatischen Endspurt Gold über 5000 Meter.

Von K. SCHLÜTTER und T. FELSKE
Was haben wir uns mit diesem Mann gefreut. Über seine Goldmedaille. Und jetzt der Doping-Schock!
Dieter Baumann, 5000-Meter-Olympiasieger 1992 in Barcelona, in zwei Proben wurde das Anabolikum Nandrolon gefunden. Die Konzentration lag um das Zehnfache über dem erlaubten Grenzwert! Ausgerechnet unser Gold-Baumann! Der sein Leben lang gegen Doping kämpfte. Dem wir in Niederlagen zujubelten, weil wir der Konkurrenz misstrauten. Ist ... Sport ...hr sau... ...RT. ...OSECKI

ld
ÜBERPARTEILICH
CHEN
089/21 103 - 288

Nicht als Person gezählt wird die Abbildung einzelner Körperteile (Ausnahme: Gesicht). Beispiel: Eine ausgestreckte Hand in Collage, die den Vorgang einer geheimen Geldübergabe illustrieren soll.

29 Personendarstellung (Bildschnitt)

Codiert wird nur das größte Bild im Aufmacher. Erfüllen mehrere Bilder dieses Kriterium, wird jenes ausgewählt, das weiter oben (bei gleicher Höhe: weiter links) steht. Sind mehrere Personen in unterschiedlichen Ausschnitten dargestellt, dann wird derjenige Ausschnitt vercodet, der flächenmäßig überwiegt. In Zweifelsfällen wird die höhere Ausprägung gewählt.

0 keine

1 Kopfdetail

Darstellung zeigt ausschließlich den Körperbereich zwischen Kinn und Kopfscheitel bzw. einen Ausschnitt daraus.

2 Brustbild, Portrait bildfüllend

3 Brustbild, Portrait mit Umfeld

4 Person oder Personengruppe bildfüllend

Als Abgrenzung zum Portrait gilt: Darunter fallen Darstellungen von Menschen, die auch Körperpartien unterhalb der Hüfte einschließen.

5 Person oder Personengruppe mit Umfeld

Siehe (4).

Verwendung anderer Bildformen im Aufmacher

Vignetten/Typografische Symbole werden unter (35) codiert.

30 a) Karikatur

Darunter fällt jede „bildkünstlerische Darstellung, die sich zu ihrer Artikulation einer graphischen Symbolsprache mit bewusst komischen bzw. humorvollen Effekten bedient.“[1]

0 kommt nicht vor

1 kommt vor

31 b) Infografik

Bezeichnet Schaubilder zur grafischen Darstellung von Inhalten.

Beispiele: Diagramme, Typografiken, Karten, etc.

0 kommt nicht vor

1 kommt vor

32 c) Sonstige Bildformen

Aufmacher enthält neben Foto, Karikatur und Infografik sonstige Bildformen.

Beispiele: Phantombild, zeichnerische Darstellung einer Szene im Gerichtssaal

0 kommt nicht vor

1 kommt vor

[1] Knieper, Thomas: Der „Ausländer“ im Spiegel der politischen Karikatur Deutschlands, in: Quandt, Siegfried; Gast, Wolfgang (Hrsg.): Deutschland im Dialog der Kulturen: Medien, Images, Verständigung. Konstanz 1998, S. 101-113, hier: S. 101.

33 Verwendung von Vignetten/Typografischen Symbolen
Dabei handelt es sich i.d.R. um Elemente, die u.a. dem Leser die thematische Einordnung des Beitrags beim ersten Blickkontakt erleichtern sollen. Sie können auch reine Zierfunktion haben. Beispiele: Wappen, Krone, Münze, Herz, Sportgerät (z.B. Fußball).
0 kommt/kommen nicht vor
1 kommt/kommen vor

34 Farbeinsatz bei Bildern/Vignetten
Die Variable prüft die Verwendung mehrfarbiger Bilder. Sind mehrere Bilder vorhanden, aber nicht alle mehrfarbig, gilt der Farbeinsatz als „teilweise" vorhanden.
0 kommt nicht vor
1 kommt teilweise vor
2 kommt vollständig vor
9 kein Bild vorhanden

Aufmacher-externe Elemente

35 Anzahl der übrigen Beiträge über dem Bruch (- -)
Codiert wird die Anzahl der übrigen (d.h. alle nicht zum Aufmacher gehörigen) redaktionellen Beiträge, die ganz oder teilweise über dem Bruch stehen. Bei „Meldungs-Kästen" wird jede einzelne, andersthematische Nachricht gezählt, die sich durch eine eigene Überschrift abhebt.

36 Anzahl der übrigen Bilder über dem Bruch (- -)
Codiert wird die Anzahl der übrigen (d.h. alle nicht zum Aufmacher gehörigen) redaktionellen Bilder, die ganz oder teilweise über dem Bruch stehen.

37 Größe der Titelzeile des Unteraufmachers (in Millimetern)
Gemessen wird die größte Schriftgröße außerhalb des Aufmachers.

C. Inhaltliche Variablen

(1) THEMENBEREICHE

Bitte erst alle Bereiche lesen, dann den spezifischsten Bereich wählen. Die Codierung richtet sich nach der Frage: Was ist die thematische Hauptkomponente des vorliegenden Beitrags.

1 **Politik: national**
Betrifft politische Ereignisse, die sich hauptsächlich in Deutschland (vor dem 3.10.1990: in Bundesrepublik und DDR) abspielen.
Der Bereich Politik umfasst Ereignisse und Zustandsbeschreibungen, die das politische System betreffen (z.B. Handlungen politischer Organe, Wahlen, politisch motivierte Gewaltanwendung wie Krieg oder Bürgerkrieg). Hier auch Sachverhalte aus dem Bereich Militär verschlüsseln.

2 **Politik: international**
Politische Ereignisse, die sich hauptsächlich außerhalb Deutschlands abspielen.
Zur Definition von Politik: siehe (1).

3 **Wirtschaft, Soziales**
Betrifft Ereignisse, die das wirtschaftliche System betreffen (Produktion und Konsum von Dienstleistungen und Gütern; Unternehmen; Arbeitsmarkt, Arbeitsplätze und Löhne; soziale Sicherheit).

4 **Sport**
Betrifft Ereignisse aus der Welt des Sports (z.B. Wettkämpfe, Sportlerkarrieren).

5 **Unglücke (Unfälle, Katastrophen)**
Darunter fällt Leid (physische und psychische Schäden), das durch höhere Gewalt oder Interaktion mit der Umwelt entstanden ist - ohne vorsätzliche Einwirkung Dritter.
Hier auch entsprechende Ereignisse codieren, die abgewendet wurden. Beispiel: Befürchtete Massenunfälle auf deutschen Straßen blieben aus.
Indikatoren: Erdbeben, Vulkanausbruch, Hochwasser, Unwetter, Kältewelle, Hitzewelle, Lawine, Erdrutsch; Flugzeug- / Zugunglück, Autounfall, Havarie, Sportunfall und inhaltlich verwandte Themen.

6 **Kriminalität, Strafverfolgung**
Darunter fällt Leid (physische und psychische Schäden), das durch vorsätzliche menschliche Einwirkung entstanden ist und sonstige Verstöße gegen geltendes Recht; außerdem seine Aufklärung durch Ermittlungsbehörden und seine Ahndung durch die Justiz.
Hier auch entsprechende Ereignisse codieren, die abgewendet wurden. Beispiel: Bahn entgeht Anschlag.
Indikatoren: *Mord, Totschlag; Körperverletzung; Vergewaltigung, sexuelle Nötigung, Sittlichkeitsdelikte; Entführung, Geiselnahme; Anschlag, Attentat; Sabotage; Erpressung; Brandstiftung; Raub, Diebstahl; Betrug; Agententätigkeit, „Widerstand gegen die Staatsgewalt"* und inhaltlich verwandte Themen.
Achtung: Ereignisse (z.B. Attentat, Agententätigkeit) unter (1) oder (2) codieren, wenn die politische Dimension eindeutig im Vordergrund steht.

7 **Privatbereich (allgemein)**
Bezeichnet Begebenheiten aus dem Intim- und Privatleben von Menschen.
Hier auch Suizide von Nicht-Prominenten codieren.
Ist der Privatbereich von Prominenten betroffen, dann unter (8) codieren!

8 **Prominentenklatsch/Privatbereich von Prominenten**
Bezeichnet Begebenheiten aus dem Intim- und Privatleben von Prominenten bzw. ihrem näheren sozialen Umfeld (z.B. Tod, Krankheit, Hochzeit, Scheidung Geburt, Ehebruch, Schlägerei). Hier auch Suizide codieren.
Prominente sind Personen des öffentlichen Lebens aus Politik, Wirtschaft, Sport, Kultur, Religion, Adel, Unterhaltung etc., die beruflich, gesellschaftlich und/oder hinsichtlich ihrer Darstellung in den Massenmedien einen hervorragenden Rang einnehmen - und die daher namentlich einem Großteil der Gesamtgesellschaft bekannt sind.

9 **Film/Fernsehen**
Betrifft Themen, bei denen das Medium Film (Kino) oder Fernsehen im Mittelpunkt steht.
Beispiel: „Ekel-TV"; „Folter-TV"; „Wer will meine Frau .../ Morgen bei RTL: Ehemann bietet Sex-Nacht mit ihr an".

10 **Medizin, Gesundheit, Psychologie**
Darunter fallen Themen aus dem Bereich Medizin, Gesundheit, Psychologie (Gesundheitssystem, Gesundheitsvorsorge, Schaden für Gesundheit, Bedrohung von Gesundheit, medizinische Innovationen, medizinische Forschungserfolge etc.)
Beispiel: „Volkskrankheit Moorhuhn / Computerspiel macht halb Deutschland krank"

11 **Wissenschaft, Technik**
Betrifft den Bereich Naturwissenschaft, Geistes- und Sozialwissenschaft, Technik sowie Themen, die mit den entsprechenden Forschungs- und Lehrinstitutionen (von Schule bis Universität) in Zusammenhang stehen. Beispiel: Raumfahrt.

12 **Natur/Wetter**
Hier Wetter und Naturereignisse ohne mysteriösen Charakter codieren.
Beispiele: „Pst! Die Sonne scheint!"; „Riesiger Feuerschweif über Deutschland".

13 **Religion**
Darunter fallen Themen aus dem Bereich Religion.
Achtung: In Abgrenzung zu (14) werden hier solche Themen codiert, die religiöse Gemeinschaften bzw. theologische Fragen betreffen.

14 **Mysteriöses**
Betrifft Vorkommnisse, die sich nicht rational erklären lassen bzw. in Grenzbereiche menschlicher Auffassungsgabe fallen, z.B. Wahrsagerei, Astrologie, „Außerirdisches".

15 **Spiele, BILD-Aktionen**

16 **Sonstiges**

NACHRICHTENFAKTOREN

Für jeden Aufmacher-Beitrag werden die Nachrichtenfaktoren bestimmt. Zuerst wird der gesamte Beitrag vollständig (mit Umlauf, d.h. der Fortführung auf einer der folgenden Seiten) gelesen. Danach wird für jeden einzelnen Nachrichtenfaktor die Ausprägung ermittelt. Kommen in einem Beitrag mehrere Ereignisse mit unterschiedlichen Nachrichtenfaktoren vor, so wird grundsätzlich für jeden Nachrichtenfaktor das Ereignis codiert, das die jeweils höchste Ausprägung aufweist.

(2) FAKTIZITÄT

Unter Faktizität wird die Ereignishaltigkeit von Beiträgen verstanden. Hierfür wird der Anteil bzw. die Bedeutung von Primärereignissen für den Beitrag ermittelt.

0 geringste Faktizität
Der allergrößte Teil des berichteten Geschehens umfaßt verbale Äußerungen, Stellungnahmen und Interpretationen. Solches Geschehen wird als Sekundärereignis bezeichnet (z.B. Pressekonferenzen, Bundestagsdebatten, Verhandlungen, Zeugenvernehmungen).
Bsp: Gauweiler fordert in CSU-Sitzung Rücktritt Schäubles.

1 mäßige Faktizität
Enthält etwa in gleichen Teilen verbale Äußerungen, Stellungnahmen und Interpretationen eines Geschehens wie auch Handlungen, Vorfälle oder Begebenheiten (faktisches Geschehen).

2 größte Faktizität
Der größte Teil des berichteten Geschehens umfaßt Handlungen, Vorfälle oder Begebenheiten (faktisches Geschehen), auch Detailinformationen zum Hergang von Ereignissen (z.B. Flugzeugabsturz, Attentat, Unglücksfall).

9 Beitrag ist ereignislos
Darunter fallen z.B. Gewinnspiele.

(3) ORTSSTATUS

Unter dem Status der Ereignisregion wird die Bedeutung von Ereignisorten in Deutschland verstanden. Die Bedeutung ergibt sich aus der Einwohnerzahl, der politischen Bedeutung (Hauptstadt, Sitze von obersten Behörden) und der Wirtschaftskraft (Umsatz) eines Ortes. Achtung: Bei Orten, die in der ehemaligen DDR liegen, wird der Wert laut Schlüsselplan bei STAAB[2] ermittelt.
⇒ Verschlüsselt wird der **Ort des zentralen Ereignisses**!

0 kein Ort
Kein Ort wird genannt.

[2] Aufgeführt in: Staab, Joachim F.: Nachrichtenwert-Theorie. Formale Struktur und empirischer Gehalt, Freiburg 1990, S. 228.

Hier auch Orte im Weltall codieren. Soweit nur Orte im Ausland genannt werden, wird dies unter (5) codiert!

1 **geringster Status**
Alle Städte und Gemeinden in Deutschland, die nicht unter 2-4 fallen.

2 **geringer Status**
Bielefeld, Bochum, Braunschweig, Esslingen, Gelsenkirchen, Kassel, Karlsruhe, Kiel, Leverkusen, Ludwigshafen, Mainz, Mannheim, Mühlheim, Münster, Recklinghausen, Saarbrücken, Wiesbaden, Wolfsburg, Wuppertal

3 **großer Status**
Bremen, Dortmund, Duisburg, Essen, Hannover, Nürnberg

4 **größter Status**
Berlin, Düsseldorf; Frankfurt, Hamburg, Köln, München, Stuttgart, zusätzlich Bonn sowie Ereignisse in einzelnen Bundesländern und bundesweite Ereignisse. Außerdem EG/EU (d.h. Ereignis erstreckt sich auf EG/EU als Ganzes).

5 **Ort im Ausland**
Nur Orte im Ausland kommen vor.
Zum Ereignisort „Gesamte EG/EU“: siehe unter (4)!

(4) EINFLUSS

Unter Einfluss wird die politische und wirtschaftliche Macht einer Gruppe, Institution oder deren Vertreters bzw. einer Einzelperson verstanden.
Unter Einfluss können alle vorkommenden Personen, Gruppen und Institutionen codiert werden, unabhängig davon, ob sie als Handelnde, sich Äußernde oder Betroffene vorkommen und unabhängig davon, ob sie nur am Rande im Beitrag erwähnt werden, oder ob über sie vorwiegend berichtet wird.
⇒ Ehemals einflussreiche Personen **nur nach momentanem Einfluss codieren**. Der Rest ist mit Prominenz abgedeckt.

0 **kein Einfluss**
Gruppen, Institutionen bzw. deren Vertreter oder Einzelpersonen werden überhaupt nicht erwähnt. Statt dessen wird ein unbestimmtes ‚man' verwendet oder es handelt sich um Berichte über Ereignisse ohne Handlungsträger (z.B. Natur, Statistiken, etc.). Achtung, wenn es heißt: die Wirtschaft, die Wissenschaft, die Industrie etc., dann sind in der Regel konkrete Personen oder Institutionen gemeint, die so zusammengefasst werden. Also nicht hier codieren.

1 **geringster Einfluss**
Gruppen, Institutionen: auf Gemeinde-Ebene mit sehr geringem Einfluss (z. B. Kirchenrat, Elternbeirat), nur auf kommunaler Ebene verbreitete Vereine und Jugendorganisationen, kommunale Bürgerinitiativen.
Einzelpersonen: „einfache Leute“, Personen ohne politische Macht.

2 **geringer Einfluss**

Gruppen, Institutionen: Kommunale Legislative und Exekutive (z.B. Kreistag, Stadtrat), 'einfache' Gerichte, Europaparlament. Regional verbreitete Vereine und Jugendorganisationen und nicht-national verbreitete Bürgerinitiativen; kleinere, regional tätige Wirtschaftsunternehmen.
Einzelpersonen: Kommunalpolitiker (z. B. Bürgermeister von Nicht-Landeshauptstädten) und einfacher Klerus.

3 **großer Einfluss**
Landesebene-Gruppen, -Institutionen: Legislative und Exekutive auf Landesebene (Landtag), Landtagsfraktionen, Landesgerichte, Gremien auf Landesebene (z.B. Untersuchungsausschuss des Landtags);
Nationale Gruppen, -Institutionen: Untergruppen national verbreiteter Parteien (z.B. CDU-Frauenvereinigung, Untersuchungsausschüsse), Interessensverbände, Bürgerinitiativen (z.B. BUND), Universitäten, wissenschaftliche Institutionen, Massenmedien, berufsständische Vereinigungen (z. B. Ärzte, Handwerker), bundesweit tätige Behörden (z.B. Arbeitsamt, Statistisches Landesamt), Deutscher Städtetag, mittlere Wirtschaftsunternehmen, Parteijugend, Kirchen, Polizei, Militär oder militärähnliche Organisationen, übergeordnete Gewerkschaften (z.B. DGB), Untergewerkschaften (z.B. IG Metall, DAG), Tarifbezirke, Gewerkschaftsbezirke (z.B. IG Metall-Bezirk Essen), Arbeitgeberverbände (z.B. Metallarbeitgeber des Tarifgebiets xyz);
Einzelpersonen: Landespolitiker - außer Minister (z.B. Spitzenkandidat der Berliner SPD), Verbandsfunktionäre (z.B. Geschäftsführer des Lebensmittelverbands), mittlere Gewerkschaftsfunktionäre (z.B. Vorsitzender der Eisenbahnergewerkschaft), mittlere Parteifunktionäre oder Regierungsangestellte (z.B. innen- und rechtspolitische Sprecher, stellvertretende Fraktionsvorsitzende, Staatssekretäre), Vorsitzende oben genannter Gruppen und Institutionen, höherer Klerus sowie Leiter wissenschaftlicher Einrichtungen.

4 **größter Einfluss**
Internationale Gruppen, Institutionen: Internationale Interessensverbände (z.B. EG/EU, OPEC, PLO, Greenpeace, Amnesty International), bedeutende internationale Organisationen (z.B. UNO, NATO, Warschauer Pakt, Weltbank, Weltwährungsfond, UNESCO), Staaten, Freiheitsbewegungen, Botschaften, große Wirtschaftsunternehmen, Banken und Versicherungen, religiöse Zentralinstanzen (z.B. Vatikan)
Nationale Gruppen, Institutionen: Parteien, Bundestagsfraktionen, exekutive, legislative oder judikative Organe auf Bundesebene (z.B. Bundesverfassungsgericht, Bundessozialgericht, Bundesländer, Länderregierungen, nationale Exekutiven, Legislativen oder Judikativen, (Spitzenorgane der) Parlaments- und Staatsparteien.
Einzelpersonen: Regierungsmitglieder, führende Bundespolitiker (z.B. Fraktionsvorsitzende), Landeschefs und Minister (z.B. Ministerpräsidenten, Landesminister), führende Partei-, Gewerkschaftsfunktionäre, Staatsoberhäupter, Parteichefs sozialistischer Länder, Regierungschefs, oberste Repräsentanten supranationaler Organisationen und Religionsgemeinschaften.

(5) PROMINENZ

Unter Prominenz wird der Grad der Bekanntheit einer Person (aus Politik, Sport, Kultur, Religion, Adel, Unterhaltung, etc.) verstanden, unabhängig von ihrer politischen Macht. Unter Prominenz können alle vorkommenden Personen und Gruppen codiert werden, unabhängig davon, ob sie als Handelnde, sich Äußernde oder Betroffene vorkommen und unabhängig davon, ob sie nur am Rande im Beitrag erwähnt werden, oder ob über sie vorwiegend berichtet wird.

0 keine Person genannt

1 „einfache Leute"
Diese Variable umfasst die in der Öffentlichkeit unbekannten oder nur in Experten-Kreisen bekannten Persönlichkeiten

2 auf regionaler Ebene bekannte Persönlichkeit
In der Regel sind die hier zu codierenden Personen nicht aus den überregionalen Medien bekannt, sondern höchstens aus regionalen Medien.

3 auf nationaler Ebene bekannte Persönlichkeit
Hier werden Personen codiert, die aus den Medien bekannt sind, deren Bekanntheit sich aber auf den deutschen bzw. deutschsprachigen Bereich beschränkt.

4 auf internationaler Ebene bekannte Persönlichkeit
Hier werden Personen codiert, die aus den Medien international bekannt sind.

(6) PERSONALISIERUNG

Personalisierung bezeichnet die Bedeutung, die Personen in einem Ereignis zugesprochen wird. Je stärker eine Institution oder Gruppe im Gegensatz zu einer Einzelperson im Vordergrund steht, desto weniger personalisiert ist der Beitrag. Die Variable betrifft die Frage, ob im Beitrag genannte Personen als Einzelpersonen dargestellt werden, oder ob Personen lediglich stellvertretend für eine bestimmte Institution vorkommen oder als Sprecher einer solchen Institution genannt werden - oder auch gar nicht genannt werden.

⇒ In Fällen, in denen **sowohl die Gruppe oder Institution als auch die Einzelperson genannt** wird, wird die Personennennung codiert.

⇒ **Bei mehreren Personen-Nennungen** wird die höchste Ausprägung codiert.

0 keine Personalisierung
Es wird keine Person namentlich genannt. Entweder kommen nur Gruppen oder Institutionen vor, oder es lässt sich überhaupt kein Handlungsträger ermitteln (z.B. abstrakte Zustandsbeschreibungen, Naturberichte, etc.).

1 geringe Personalisierung
Personen werden zwar namentlich genannt, kommen aber nur in ihrer Funktion als Sprecher oder Vertreter einer Institution vor. Im Vordergrund steht die Gruppe oder Institution, für die die Person handelt.

2 große Personalisierung
Codiert werden (1.) Personen ohne bestimmte Funktion sowie (2.) Personen, die zwar namentlich und in ihrer Funktion erwähnt werden, ohne daß jedoch die Institution oder Gruppe, für die sie stehen, im Vordergrund steht. Vielmehr werden sie als Einzelpersonen dargestellt, die auch unabhängig, möglicherweise im Gegensatz zu ihrer Funktion stehend, handeln und/oder sich äußern.

(7) KONTROVERSE

Unter Kontroverse wird die Kontrastierung von Meinungsunterschieden - bis hin zur Gewaltanwendung - verstanden. Verschlüsselt wird die Kontroverse auch dann, wenn in der Meldung nur eine Meinung erwähnt wird, aber eine Kontroverse explizit thematisiert wird. Die (kontroverse) Meinung muss nicht unbedingt dargestellt werden, wenn sie sich aus dem Zusammenhang erschließen lässt oder als bekannt gelten kann.
Indikatoren für Kontroverse: z.B. *widersprechen, demgegenüber, angreifen, verletzen, beleidigen, streiten, Widerstand, Vorwürfe, Debatte, diskutieren, ärgern, Streik, umstritten; kämpfen, morden aus Rache* und sinngemäße Entsprechungen.

⇒ Achtung: "Problem" oder "Verfahren" allein deutet noch nicht auf eine Kontroverse hin. **Die Kontroverse muss schon thematisiert werden**. Auch das Wort Streik oder Krieg deutet noch nicht per se auf eine Kontroverse hin, wenn Streik oder Krieg nicht thematisiert werden, sondern nur als thematischer Bezug auftauchen. Beispielsweise wird bei einem Beitrag über die einstimmige Verurteilung des Krieges in Bosnien keine Kontroverse codiert, wenn im Beitrag nicht weiter über den Krieg berichtet wird.

⇒ **Die Kontroverse wird abgestuft über die Ebene der Auseinandersetzung**. Findet die Auseinandersetzung auf rein verbaler Ebene statt, wird eine schwache Kontroverse codiert, findet die Auseinandersetzung mit Mitteln statt, die über das Verbale hinausgehen, so wird eine große, bei Gewaltanwendung die größte Kontroverse codiert.

⇒ **Im Zweifel wird die höchste Ausprägung codiert**. Beispiel: „Ökosteuer treibt Benzinpreise hoch ... Verfassungsklage eines Bonner Jura-Professors sieht die Regierung mit Gelassenheit entgegen." - Hier die Verfassungsklage codieren (2), auch wenn der Beitrag sich vorwiegend mit den Folgen der Ökosteuer an deutschen Zapfsäulen beschäftigt. Es gilt die höchste Ausprägung, unabhängig davon, ob die Kontroverse nur einen Nebenaspekt des Beitrags darstellt.

0 keine Kontroverse
Keine Kontroverse erkennbar.

1 geringe Kontroverse
Rein verbale Auseinandersetzung, Darstellung divergierender Ansichten. Hier werden u.a. Abstimmungen, Debatten, Diskussionen codiert.

2 große Kontroverse
Auseinandersetzung mit über das Verbale hinausgehenden Mitteln, nicht aber mit Gewalt (siehe unter [3]).

3 größte Kontroverse
Auseinandersetzung, in der Gewalt angewandt wird oder mit Gewaltanwendung gedroht. Gewalt wird verstanden als die gezielte Schädigung von Sachen und Personen

durch nicht staatlich legitimierte Akteure. Beispiele: leichte und schwere Körperverletzung, Freiheitsberaubung, Sachbeschädigung, Morddrohungen, Krieg, Bürgerkrieg.

(8) ÜBERRASCHUNG

Unter Überraschung wird das Ausmaß der Erwartungswidrigkeit von Ereignissen verstanden. Die Überraschung bezieht sich sowohl auf tatsächliche Ereignisse als auch auf Prognosen oder zukünftige Ereignisse, soweit deren Inhalt überraschend ist. Erwartungswidrig ist ein Ereignis, das nicht ankündbar ist sowie ein Ereignis, das bestehenden Erwartungen widerspricht. Dabei muss sich die Ankündbarkeit nicht auf jeden Aspekt dieses Ereignisses beziehen. Bei Reden bspw. wird Ort, Zeit und Redner bekannt sein, der genaue Inhalt der Rede aber nicht. Bei Verhandlungen wird bis auf das Ergebnis alles bekannt sein. Wenn sich im Text kein Hinweis auf die Erwartungswidrigkeit solcher Aspekte findet, so kann man davon ausgehen, daß das Ereignis nicht überraschend ist.
Wenn ein Ereignis dagegen nicht angekündigt werden kann, ist es überraschend.
Die Überraschung kann abgestuft werden. Nicht ankündbare Ereignisse lassen sich danach unterscheiden, ob gar keine spezifischen Erwartungen bestanden oder ob ein Ereignis den Erwartungen widerspricht. In der Regel geht dann aus dem Beitrag hervor, in welcher Weise ein Ereignis bestehenden Erwartungen widerspricht.
Indikatoren: *Überraschend, unerwartet, Wunder, trotz, obwohl* und sinngemäße Entsprechungen.

0 **keine Überraschung**
Ereignis ist nicht spontan, sondern ankündbar.
Z.B. Eröffnungen, Baumaßnahmen, Personalwechsel, Jahrestagungen, Geburtstage, Justizprozess. Auch Ereignisse hier codieren, wo Inhalt oder Ergebnis noch offen sind, es sei denn, Text enthält Hinweis auf Erwartungswidrigkeit.

1 **geringe Überraschung**
Ereignis ist nicht ankündbar, sondern spontan. Aus dem Text geht nicht hervor, daß spezifische Erwartungen hinsichtlich des Ereignisses bestanden, denen dieses Ereignis widerspricht.

2 **große Überraschung**
Ereignis widerspricht Erwartungen. Ob ein Ereignis ankündbar ist oder nicht, spielt hier keine Rolle. Der Text muss einen Hinweis auf die Erwartungswidrigkeit enthalten. Entweder es werden verbale Indikatoren genannt, oder die ursprünglichen Erwartungen werden geschildert.

(9) REICHWEITE

Unter der Reichweite eines Ereignisses wird die Anzahl der Personen verstanden, die direkt von ihm betroffen sind (waren, sein werden, sein könnten). Reichweite wird unabhängig davon codiert, ob ein Ereignis tatsächlich oder möglich ist. Die Richtung der Folgen eines Ereignisses ist unabhängig davon. Es handelt sich um einen rein quantitativen Aspekt. Codiert werden nicht die Beteiligten, sondern ausschließlich die Betroffenen.

⇒ **Sind unterschiedliche Personengruppen von positiven und negativen Folgen betroffen**, so wird die Anzahl addiert. Die Betroffenen müssen nicht explizit genannt werden, aber sie müssen direkt und nicht vermittelt über mehrere Schritte, die ihrerseits Folgen haben, betroffen sein.

⇒ Wenn in einem Beitrag über eine **Äußerung** berichtet wird, **die keinen Beschlusscharakter hat**, wo also keine unmittelbaren Konsequenzen für potentielle Betroffene drohen, wird keine Reichweite codiert; d.h. Betroffenheit kann nur vorliegen, wenn eine Handlung berichtet wird oder eine Situation beschrieben wird. Das heißt nicht, daß unter (0) ausschließlich Sprechhandlungen codiert werden. Selbstverständlich können auch Handlungen oder Situationen ohne Betroffene vorkommen.

0 **keine Betroffenenreichweite feststellbar**
Reichweite lässt sich nicht einschätzen, z.B. bei Zustandsbeschreibungen, generell bei Beiträgen über sehr abstrakte Folgen (z.B. Stellungnahmen, Korruption, wirtschaftliche Entwicklungen).

1 **geringste Betroffenenreichweite**
Betroffen sind Einzelpersonen; auch kleinere Gruppen wie z.B. eine Familie, Insassen eines Autos, eine Kartenrunde, etc.

2 **geringe Betroffenenreichweite**
Betroffen sind einzelne oder mehrere mittlere bis große Personengruppen wie z.B. Schulen, Kindergärten, Betriebe, Besucher einer Ausstellung, Vereine, Bundestag (als Betroffener), etc.

3 **große Betroffenenreichweite**
Betroffen sind soziale Kategorien wie Berufs- und Interessengruppen oder regionale Teile davon sowie Betriebe allgemein (z.B. Beamte, Studenten, Bürger einer Stadt, Parteimitglieder, Arbeiter, Arbeitslose, Gewerkschaftler, Ausländer).

3 **größte Betroffenenreichweite**
Betroffen sind alle Bürger eines Bundeslandes, Deutschlands oder anderer Nationen oder mehrerer Nationen; die Gesellschaft, der Staat insgesamt. Außerdem alle Personengruppen, die mehr als die Hälfte der Bevölkerung ausmachen (z.B. Frauen).

(10) NUTZEN / ERFOLG

Unter Nutzen wird nicht eine psychologische Bestärkung des Lesers oder von Beteiligten (z.B. Bestärkung der Meinungen, Mut zusprechen, etc.) verstanden, sondern gesellschaftliche Folgen hinsichtlich von materiellen, ideellen und existentiellen Werten. Unter materiellem Nutzen versteht man etwa Nutzen für Sachen und Eigentum, ideeller Nutzen meint politischen Nutzen, Erhalt von Werten, und existentieller Nutzen umfasst Gesundheit und Leben sowie Freiheit.
Die Abstufung von Nutzen richtet sich nach der Zentralität der betroffenen Werte und nach der Folgendauer.
Unter Nutzen wird die im Beitrag zum Ausdruck kommende Bewertung codiert und nicht die positiven Folgen von Ereignissen für die unter REICHWEITE verschlüsselten Betroffenen (sonst müsste die Verhaftung von Kriminellen unter Schaden codiert werden).

⇒ **Falls im Beitrag eine positive Bewertung nicht zum Ausdruck kommt**, kann Nutzen trotzdem codiert werden, wenn man von einer hohen gesellschaftlichen Übereinstimmung hinsichtlich der Bewertung des Sachverhaltes ausgehen kann (z.B. Umweltschutz im allgemeinen, Gesundheit, Tierschutz, Frieden, Gewaltfreiheit, Arbeitsplätze, Wirtschaftsaufschwung, niedrige Zinsen etc.). Wenn zum Inhalt eines Beitrags keine übereinstimmende Meinung vorausgesetzt werden kann (z.B. Abtreibung, Sterbehilfe, "wilde Ehen", autofreie Städte, etc.), wird weder Nutzen noch Schaden codiert.

⇒ **Sprechhandlungen ohne Beschluss-Charakter** können nie unter Nutzen codiert werden, da sie keine Konsequenzen und keine Betroffenen haben.

⇒ Nutzen kann auch das **Nicht-Eintreten von Schaden** sein, sofern dieses Nicht-Eintreten explizit thematisiert wird. Ob der Nutzen tatsächlich oder nur möglicherweise eintritt, spielt hier keine Rolle.

⇒ **Wahlausgänge** werden nur dann unter Nutzen codiert, wenn der Nutzen explizit im Text erwähnt wird. Erfolgt keine Bewertung, so wird kein Nutzen codiert, da man hier nicht von einer übereinstimmenden Bewertung ausgehen kann.

Indikatoren: *Fortschritt, positive Entwicklung, besser, mehr, Vergünstigung, Einigung* und sinngemäße Entsprechungen. Meist muss der Nutzen ohne Indikatoren eingeschätzt werden.

0 **kein Nutzen**
Kein Nutzen erwähnt oder Sachverhalt umstritten.

1 **geringer Nutzen**
Materieller Nutzen oder ideeller Nutzen (z. B. Schutz von Pflanzen, Tieren, Durchsetzung oder Erhalt von Freiheitsrechten, Wahlsiege). Außerdem kurzfristige Verbesserungen für Gesundheit und Freiheit.

2 **großer Nutzen**
Verbesserung für zentrale menschliche Bereiche: Leben, langfristige Gesundheit und langfristige Freiheit (= existentieller Nutzen).

(11) SCHADEN / MISSERFOLG

Unter Schaden wird nicht eine psychologische Entmutigung des Lesers oder von Beteiligten (z.B. Verunsicherung der Meinungen, Angst machen, etc.) verstanden, sondern gesellschaftliche Folgen hinsichtlich von materiellen, ideellen und existentiellen Werten. Unter materiellem Schaden versteht man Schaden für Sachen und Eigentum, ideeller Schaden meint politischen Schaden, Beschädigung von Werten; und existentieller Schaden umfasst Krankheit, Tod, Unfreiheit. Die Abstufung von Nutzen richtet sich nach der Zentralität der betroffenen Werte und nach der Folgendauer.
Unter Schaden wird die im Beitrag zum Ausdruck kommende Bewertung codiert und nicht die positiven Folgen von Ereignissen für die unter REICHWEITE verschlüsselten Betroffenen (sonst müsste der Ausbruch von Kriminellen unter Nutzen codiert werden).

⇒ **Falls im Beitrag eine negative Bewertung nicht zum Ausdruck kommt**, kann Schaden trotzdem codiert werden, wenn man von einer hohen gesellschaftlichen Übereinstimmung hinsichtlich der Bewertung des Sachverhaltes ausgehen kann (z.B. Kriege, Umweltverschmutzung, Gewalt, Krankheit, Tierquälerei, Flaute, hohe Zinsen, Arbeitslosigkeit etc.).

Wenn zum Inhalt eines Beitrags keine übereinstimmende Meinung vorausgesetzt werden kann (z.B. Abtreibung, Sterbehilfe, "wilde Ehen", autofreie Städte, etc.), wird weder Schaden noch Nutzen codiert.

⇒ **Sprechhandlungen ohne Beschluss-Charakter** können nie unter Schaden codiert werden, da sie keine Konsequenzen und keine Betroffenen haben.

⇒ Schaden kann auch das **Nicht-Eintreten von Nutzen** sein, sofern dieses Nicht-Eintreten explizit thematisiert wird. Ob der Schaden tatsächlich oder nur möglicherweise eintritt, spielt hier keine Rolle.

⇒ **Wahlausgänge** werden nur dann unter Schaden codiert, wenn der Schaden explizit im Text erwähnt wird. Erfolgt keine Bewertung, so wird kein Schaden codiert, da man hier nicht von einer übereinstimmenden Bewertung ausgehen kann.

Indikatoren: *negativ, ungünstig, leider, scheitern, verletzt* und sinngemäße Entsprechungen. Meist muss der Schaden unabhängig von diesen Indikatoren eingestuft werden.

0 kein Schaden
Kein Schaden erwähnt.

1 geringer Schaden
Materieller Schaden (z. B. Verringerung des Lebensstandards, Verlust von Eigentum), ideeller und politischer Schaden (z.B. Zerstörung von Pflanzen, Tieren; Ungerechtigkeit, Wahlniederlagen oder andere persönliche Misserfolge).
Vorübergehender existentieller Schaden (z.B. leichte Krankheiten, Freiheitsentzug).

2 großer Schaden
Verschlechterung für zentrale menschliche Bereiche: Leben, langfristige Krankheit und langfristige Unfreiheit (= existentieller Schaden) und langfristiger ideeller oder politischer Schaden (z.B. Rücktritt; aber nicht Wahlniederlage, weil vorübergehend).

(12) PERSÖNLICHER NUTZEN / ERFOLG

Hier werden nicht gesellschaftliche sondern individuelle Folgen hinsichtlich von materiellen, ideellen und existentiellen Werten codiert. Unter materiellem Nutzen versteht man etwa Nutzen bezüglich Sachen und Eigentum, ideeller Nutzen meint politischen Nutzen und existentieller Nutzen umfasst Gesundheit und Leben sowie Freiheit.
Die Abstufung von Nutzen richtet sich nach der Zentralität der betroffenen Werte und nach der Folgendauer.

⇒ Nutzen kann auch das **Nicht-Eintreten von Schaden** sein, sofern dieses Nicht-Eintreten explizit thematisiert wird. Ob der Nutzen tatsächlich oder nur möglicherweise eintritt, spielt hier keine Rolle.

0 kein Nutzen
Kein Nutzen erwähnt oder Sachverhalt umstritten.

1 geringer Nutzen
Materieller Nutzen oder ideeller Nutzen (z. B. finanzielle Besserstellung einer Person). Außerdem kurzfristige Verbesserungen für Gesundheit und Freiheit.

2 großer Nutzen
Verbesserung für zentrale menschliche Bereiche: Leben, langfristige Gesundheit und langfristige Freiheit (= existentieller Nutzen).

(11) PERSÖNLICHER SCHADEN / MISSERFOLG

Hier werden nicht gesellschaftliche sondern persönliche Folgen hinsichtlich von materiellen, ideellen und existentiellen Werten codiert. Unter materiellem Schaden versteht man Schaden bezüglich Sachen und Eigentum, ideeller Schaden meint politischen Schaden; und existentieller Schaden umfasst Krankheit, Tod, Unfreiheit. Die Abstufung von Nutzen richtet sich nach der Zentralität der betroffenen Werte und nach der Folgendauer.

⇒ Schaden kann auch das **Nicht-Eintreten von Nutzen** sein, sofern dieses Nicht-Eintreten explizit thematisiert wird. Ob der Schaden tatsächlich oder nur möglicherweise eintritt, spielt hier keine Rolle.

0 **kein Schaden**
Kein Schaden erwähnt.

1 **geringer Schaden**
Materieller Schaden (z. B. Verringerung des Lebensstandards, Verlust von Eigentum), ideeller und politischer Schaden (z.B. Erleiden von Ungerechtigkeit, Wahlniederlagen oder andere persönliche Misserfolge).
Vorübergehender existentieller Schaden (z.B. leichte Krankheiten, Freiheitsentzug).

2 **großer Schaden**
Verschlechterung für zentrale menschliche Bereiche: Leben, langfristige Krankheit und langfristige Unfreiheit (= existentieller Schaden) und langfristiger ideeller oder politischer Schaden (z.B. Rücktritt, aber nicht Wahlniederlage, weil vorübergehend).

(14) SEX/EROTIK

Unter Sex/Erotik wird die Darstellung von oder die Anspielung auf sexuelle Handlungen verstanden. Nicht codiert wird, wenn lediglich Beziehungen oder Liebe allgemein thematisiert werden.
Beispiel für Codierung: „Durch ihren knabenhaften Körper und ihre von Teebädern bronzen gewordene Haut galt die Tänzerin als unbestrittene Schönheit ihrer Zeit.“

0 **Sex/Erotik kommen nicht vor.**

1 **Sex/Erotik kommen vor.**

D. Sprachliche Variablen

In diesem Variablenblock wird ***ausschließlich die Überschrift codiert****, der Haupttext wird vernachlässigt.*

1 Ausruf-/Aufforderungssatz

Darunter fallen alle Sätze, die mit einem Ausrufezeichen versehen sind.

0 kommt nicht vor
1 kommt nur in Schlagzeile vor
2 kommt nur in Vor-/Unterzeilen vor
3 kommt in Schlagzeile und in Vor-/Unterzeilen vor

2 Fragesatz

Darunter fallen (1.) alle Sätze, die mit einem Fragezeichen versehen sind, und (2.) alle indirekten Fragesätze (Beispiel: „Warum Frauen immer auf Männer reinfallen").

0 kommt nicht vor
1 kommt nur in Schlagzeile vor
2 kommt nur in Vor-/Unterzeilen vor
3 kommt in Schlagzeile und in Vor-/Unterzeilen vor

3 Leser-Anrede

Codiert wird die direkte Anrede des Lesers.
Beispiel: „April, April: Wurden Sie auch reingelegt?"

0 kommt nicht vor
1 kommt nur in Schlagzeile vor
2 kommt nur in Vor-/Unterzeilen vor
3 kommt in Schlagzeile und in Vor-/Unterzeilen vor

4 Anrede Dritter

Codiert wird die Anrede Dritter.
Beispiele: „Schalke, laßt Euch knutschen", „Lothar, bitte halt die Klappe!"

0 kommt nicht vor
1 kommt nur in Schlagzeile vor
2 kommt nur in Vor-/Unterzeilen vor
3 kommt in Schlagzeile und in Vor-/Unterzeilen vor

5 Personenname

Codiert werden nur Personennamen von Menschen (Nachnamen, die allein oder in Verbindung mit Vornamen genannt werden) und nicht Amtsbezeichnungen. Eine Ausnahme sind Titel, die eindeutig mit einer einzigen Person in Verbindung gebracht werden (z.B. „der Schah").
Achtung: Wird allein ein Vorname genannt (ohne Nachname), wird dies unter (6) codiert. Ausnahme: Adelsnamen („Prinz Charles") werden hier als Namen codiert, wenn auch der Rang („Prinz", „Herzog" etc.) beigegeben ist!
Achtung: Auch Spitz-/Kosenamen unter (6) codieren!

0 kommt nicht vor
1 kommt nur in Schlagzeile vor
2 kommt nur in Vor-/Unterzeilen vor
3 kommt in Schlagzeile und in Vor-/Unterzeilen vor

6 **Vorname, Spitz- bzw. Kosename**

Vorname wird hier nur codiert, wenn er ohne zugehörigen Nachnamen vorkommt. Hier auch Spitznamen von Personengruppen (z.B. „Amis“ für Amerikaner, „Ossi“ für Ostdeutsche[r]) verschlüsseln.

Beispiele: „Oskar“ (falls ohne Nachname „Lafontaine“),„Steffi“ (ohne „Graf“); „Bobbele“, „Lotto-Lothar“

0 kommt nicht vor
1 kommt nur in Schlagzeile vor
2 kommt nur in Vor-/Unterzeilen vor
3 kommt in Schlagzeile und in Vor-/Unterzeilen vor

7 **„Wir“-Perspektive**

Codiert wird die Verwendung der 1. Person Plural bei Pronomen („Wir“ und „uns“ bzw. „unser“); außerdem der explizite Bezug auf einen personellen Bezugsrahmen, der praktisch alle BILD-Leser mit einschließt (z.B. die Bezeichnung „die Deutschen“).

*Beispiele: „Außerirdische bedrohen **uns** Menschen“; „Teheran: Tod **den Deutschen**“*

0 kommt nicht vor
1 kommt nur in Schlagzeile vor
2 kommt nur in Vor-/Unterzeilen vor
3 kommt in Schlagzeile und in Vor-/Unterzeilen vor

8 **„Ich“-Perspektive**

Codiert wird die Verwendung der 1. Person Singular von Pronomen („Ich“ und „mich“ bzw. „mir“).

Beispiele: „Mein Mann sprach 155 Tage kein Wort mit mir“; „Basler: Solche Tore schieß nur ich“

0 kommt nicht vor
1 kommt nur in Schlagzeile vor
2 kommt nur in Vor-/Unterzeilen vor
3 kommt in Schlagzeile und in Vor-/Unterzeilen vor

9 **Umgangssprache**

Umgangssprache bezeichnet im weitesten Sinne eine Sprachform, die von den Normen der Hochsprache abweicht. Umgangssprache entspringt aus der mündlichen Kommunikation (Alltagssprache) und zeigt sich an typischen Merkmalen wie

- *Mundartbegriffen und -formen;*
- *Jargon (die Sondersprache einer Berufsgruppe oder Gesellschaftsschicht);*
- *Verkürzungen (Beispiele: „war's“ statt „war es“; „vorm“ statt „vor dem“, „'ne“ statt „eine“; nicht: „vom“ für „von dem“).*

Weil die sprachlichen Merkmale der Umgangssprache keine festen Normen aufweisen, ist der Codierer bei dieser Variable in höherem Maße auf sein Sprachgefühl angewiesen. Die Orientierungsfrage lautet: Weicht die Formulierung von der geläufigen Schriftsprache ab? In Zweifelsfällen wird der „Duden“[3] zur Beurteilung herangezogen (Indikator ist der Eintrag „ugs.“ für „umgangssprachlich“). Besteht trotzdem immer noch ein Zweifel, wird die Ausprägung „kommt nicht vor“ codiert.

[3] Der Duden: in 12 Bänden, hrsg. vom Wissenschaftlichen Rat der Dudenredaktion. Auf der Grundlage der neuen amtlichen Rechtschreibregeln. Bd.1: Die deutsche Rechtschreibung. 21., völl. neu bearb. und erw. Aufl., Mannheim u.a. 1996.

0 kommt nicht vor
1 kommt nur in Schlagzeile vor
2 kommt nur in Vor-/Unterzeilen vor
3 kommt in Schlagzeile und in Vor-/Unterzeilen vor

10 Metapher

Codiert werden sprachliche Gestaltungsmittel der uneigentlichen Rede, d.h. Wörter mit übertragener Bedeutung, oft in Form eines abgekürzten Vergleichs (Metapher).
Beispiele: „Bonn haut auf den Tisch"; „Karten auf den Tisch!", „Hut ab vor der IG Metall", „Loch in Kohls Kasse", „Deutschlandfrage nicht auf Eis legen!", „Lehrling als lebende Fackel"
Nicht codiert werden konventionalisierte („tote") Metaphern, z.B. Glühbirne.
0 kommt nicht vor
1 kommt nur in Schlagzeile vor
2 kommt nur in Vor-/Unterzeilen vor
3 kommt in Schlagzeile und in Vor-/Unterzeilen vor

11 Alliteration

Eine Alliteration bezeichnet den Gleichklang der Anlaute von Wörtern.
*Beispiel: „**B**oote, **B**ier und **B**usen"; „**H**erztod in der **H**aft"*
Nicht codiert werden entsprechende Namen (z.B. „Carolyne Kennedy", „Secret Service").
0 kommt nicht vor
1 kommt nur in Schlagzeile vor
2 kommt nur in Vor-/Unterzeilen vor
3 kommt in Schlagzeile und in Vor-/Unterzeilen vor

12 Superlativ

Der Superlativ bezeichnet die Meist- bzw. Höchststufe.
Beispiele: „Das ist Deutschlands kälteste Ehe"; „Porno-Star plant größte Orgie im Internet"
Daneben werden all die Mittel codiert, die einen sehr hohen Grad ausdrücken:

- ***Präfixe,** z.B. Super-, Riesen-, Mega-, Bomben-(stimmung); ebenso knall-(hart), bettel-(arm), stein-(reich), ur-(komisch), gold-(richtig), erz-(dumm).*
- ***Gradadverbien und -adjektive**, z.B. sehr, höchst, äußerst, überaus, ungemein, (ganz) besonders, außerordentlich, ungewöhnlich, wirklich, vollkommen, erstaunlich, winzig; [**umgangssprachliche**:] unheimlich, riesig, gewaltig, schrecklich, phantastisch, furchtbar, kolossal, enorm, wahnsinnig, irre.*

***Achtung**: Codiert wird die Verwendung „schrecklich" in der Aussage „Es geht ihm schrecklich schlecht"; dagegen nicht codiert: „Er benimmt sich schrecklich".*
0 kommt nicht vor
1 kommt nur in Schlagzeile vor
2 kommt nur in Vor-/Unterzeilen vor
3 kommt in Schlagzeile und in Vor-/Unterzeilen vor

13 Polare Ausdrucksweise

Bezeichnet eine polare Ausdrucksweise, d.h. es liegt ein inhaltlicher Kontrast vor.
Beispiele: „Neuer Krach um das Schweigen"; „Friedenstauben und Dynamit"; „Todeskandidat gerettet - damit er sterben kann"; „Tod im Urlaub"; „Der Papst und die schöne Sünderin", „Glücksbote erhängt im Keller"

0 kommt nicht vor
1 kommt nur in Schlagzeile vor
2 kommt nur in Vor-/Unterzeilen vor
3 kommt in Schlagzeile und in Vor-/Unterzeilen vor

14 Direkte Rede
Unter direkte Rede versteht man die wörtliche Wiedergabe einer Äußerung. Indikator: Anführungszeichen („ ... ")
0 kommt nicht vor
1 kommt nur in Schlagzeile vor
2 kommt nur in Vor-/Unterzeilen vor
3 kommt in Schlagzeile und in Vor-/Unterzeilen vor

15 Brachialer Wortschatz
Betrifft Wörter, die auf drastische Art die Anwendung roher Gewalt (i.d.R. bei Verbrechen und Unglücksfällen) beschreiben.
Indikatoren: *verbrennen; ersticken, ertränken, erschlagen, erstechen, ertränken, erwürgen, erdrosseln (nicht: erschießen); abschlachten, abhacken; zerquetschen, zermalmen, zersägen, zerstückeln, zertrümmern, zerschneiden, zerfleischen, zerreißen; aufschlitzen, aufspießen, köpfen; Blut (in Komposita wie „Blutbad"; auch: blutig, verbluten; nicht aber: medizinischer Fachausdruck wie „Blutsturz")* und semantische Entsprechungen.
0 kommt nicht vor
1 kommt nur in Schlagzeile vor
2 kommt nur in Vor-/Unterzeilen vor
3 kommt in Schlagzeile und in Vor-/Unterzeilen vor

16 Wortfeld „Sensation/Skandal/Wirbel"
Weitere Indikatoren (auch als Teil eines Kompositums; Achtung: jeweils nur im Sinne von „Aufsehen erregende Ereignisse"): *Aufregung, Spektakel, Tumult, Alarm, Lärm (um), Ärger, Eklat, Affäre, Sumpf; Schande, Schamlosigkeit; Drama* und sinnverwandte Ausdrücke.
0 kommt nicht vor
1 kommt nur in Schlagzeile vor
2 kommt nur in Vor-/Unterzeilen vor
3 kommt in Schlagzeile und in Vor-/Unterzeilen vor

17 Wortfeld Geheimnis
Weitere Indikatoren (auch als Teil eines Kompositums; Achtung: jeweils nur im Sinne von „Geheimnis"!): *Heimlichkeit, Phantom, Geist, Zauber, Orakel, Rätsel, Mysterium, Dunkel, Unerklärliches; verbergen, verdecken, verschleiern, schleierhaft, verhüllen, ahnen, unbekannt, nicht öffentlich, konspirativ, hinter verschlossenen Türen, intern, still, diskret, verschwiegen, vertraulich, unerforscht* und sinnverwandte Ausdrücke.
0 kommt nicht vor
1 kommt nur in Schlagzeile vor
2 kommt nur in Vor-/Unterzeilen vor
3 kommt in Schlagzeile und in Vor-/Unterzeilen vor

18 Anzahl der Wörter pro Schlagzeile

Wird zweistellig codiert. Jede Zahl (zusammenhängende Ziffernfolge) wird hierbei als ein Wort gewertet (Beispiel: „8 Millionen für Frau Raffzahn" enthält demnach 5 Wörter). „0:0" (lies: „Null zu Null") enthält 3 Wörter.
Komposita („Gen-Bier", „Bomben-Test" u.a.) gelten jeweils als ein Wort.

19 Gefühlsfärbung Empörung

In der Überschrift wird jeweils untersucht, ob die Gefühlsfärbung Empörung (bzw. Wut, Ärger) zum Ausdruck kommt. Hierbei geht es gewöhnlich darum, dass Missstände angeprangert werden.
Beispiele: „CDU-Sumpf"; „Alltags-Nebenkosten explodieren / Sind wir denn nur noch Melk-Kühe?"; „8 Millionen für Frau Raffzahn";

0 kommt vor
1 kommt nicht vor

E. Variablen zu Journalistischer Qualität

RICHTIGKEIT

1 **Vollständigkeit der W-Fragen**

Es wird geprüft, wie viele der „W-Fragen" im Aufmachertext beantwortet werden und die Anzahl codiert. Die sechs „W-Fragen" lauten:

1. WER (ist der Handlungsträger)? - (bzw. WEM ist etwas widerfahren?)
2. WAS (ist die Handlung)?
3. WANN (passierte oder passiert die Handlung)?
4. WO (passierte oder passiert die Handlung)?
5. WIE (passierte oder passiert die Handlung)?

Betrifft die Umstände eines Ereignisses. Die Beantwortung der WIE-Frage klärt, auf welche Weise etwas zustande gekommen ist.

6. WARUM (passierte oder passiert die Handlung)?

Liefert die Begründung eines Ereignisses. Betrifft die Frage nach Ursache und Wirkung, Absichten und Zielsetzungen, also nach dem kausalen Sinnzusammenhang zwischen Handlungsträgern und Handlungen. Oft ist dies eine Interpretationsleistung durch den Journalisten.

2 **Kausalität**

Diese Variable prüft, ob die nachrichtlich zentralen Vorgänge bzw. Ereignisse im Beitrag kausal begründet wird, und wie dies geschieht (vgl. oben: WARUM-Frage). Im Zweifelsfall wird als zentraler Artikelinhalt jene Aussage angesehen, die in der Schlagzeile (falls dort nicht ersichtlich: in Vor- oder Nachzeile) formuliert wird.
Im Zweifelsfall wird die höhere Ausprägung codiert.

0 **keine Kausalität vermittelt**
WARUM-Frage wird nicht beantwortet.

1 **Monokausalität**
Im Beitrag wird ein einziger Grund für die zentrale Handlung oder Zustandsveränderung genannt. Die Beschränkung auf diese einzige Ursache wird nicht nachvollziehbar gemacht.
Achtung: eine spezielle Variante dieser Ausprägung wird unter (2) codiert!

2 **explizit begründete Monokausalität**
Im Beitrag wird ein einziger Grund für die zentrale Handlung oder Zustandsveränderung genannt; mit dabei ist ein expliziter Hinweis auf die Einzigartigkeit des Grundes (d.h. die Vermittlung von Monokausalität wird intersubjektiv nachvollziehbar begründet).
Bsp: Als Grund für den Selbstmord eines Mannes wird im Beitrag einzig die Scheidung von seiner Ehefrau angeführt (Monokausalität liegt vor). Die Aussage stützt sich explizit einen Abschiedsbrief des Mannes, der die genannte Begründung als alleinige anführt (Monokausalität ist somit intersubjektiv nachvollziehbar).

3 **Multikausalität**
Im Beitrag werden mehrere Gründe für die zentrale Handlung oder Zustandsveränderung genannt.

4 **Vermittelte Ungewissheit**
Im Beitrag wird erwähnt, dass die Kausalitätsverhältnisse (noch) ungewiss sind.
Beispiel: „Das Mordmotiv ist laut Polizei noch völlig unklar."

3 **Identifikation von Informationsquellen**
Diese Variable prüft, ob für den nachrichtlich zentralen Sachverhalt im Beitrag eine Quelle genannt wird. Im Zweifelsfall wird als Hauptereignis der Sachverhalt begriffen, der in der Schlagzeile vermittelt wird.

0 **Informationsquelle wird nicht genannt**
Quelle für Informationen wird in Beitrag nicht angegeben.

1 **Informationsquelle wird anonymisiert genannt**
Quelle für Informationen wird in Beitrag nur anonymisiert - nicht konkret - angegeben.
Bsp: „nach BILD vorliegenden Informationen und Dokumenten"; „Ein Vertrauter des Schahs".

2 **Informationsquelle wird konkret genannt**
Konkrete Quelle für Informationen wird im Beitrag angegeben.
Bsp: „Laut Berliner Zeitung"

4 **Positionen-Vielfalt (bei Kontroversen)**
Audiatur et altera pars! Diese Variable betrifft Beiträge, die eine Kontroverse beinhalten. Bestimmt wird zunächst die zentrale meinungsgeladene Aussage (z.B. eine Beschuldigung) eines Handlungsträgers oder von BILD selbst. Dann wird geprüft, ob eine Stellungnahme der Gegenseite - oder der Hinweis auf den gescheiterten Versuch, eine Gegenmeinung einzuholen - im Beitrag vorkommt.

9 **keine Kontroverse**

0 **Gegenseite kommt nicht vor**

1 **Gegenseite kommt vor**
Hier codiert wird auch der Hinweis auf den gescheiterten Versuch, eine Gegenmeinung einzuholen, z.B. *Kohl schweigt zu den Anschuldigungen.*

AKTUALITÄT

6 **Zeitliche Aktualität**
Bezeichnet die Nähe zwischen Zeitpunkt bzw. Bekanntwerden eines Ereignisses und der Berichterstattung über das Ereignis.

0 **keine Aktualität**
Ereignis findet nicht zu einem konkretem Zeitpunkt statt.

1 **niedrige Aktualität**
Ereignis ist vom Erscheinungsdatum länger als eine Woche entfernt.

2 **mittlere Aktualität**
Betrifft Ereignisse, die zwei bis sieben Tage vom Erscheinungsdatum entfernt sind. (Achtung: beachte [3]!)
Hier auch: *kürzlich, jüngst, dieser Tage, in wenigen Tagen.*

3 **hohe Aktualität**
Der Ereigniszeitpunkt (oder sein Bekanntwerden) liegt zwischen der zu codierenden BILD-Ausgabe und der vorausgegangenen bzw. folgenden Ausgabe. In der Regel sind damit die Zeitpunkt *gestern*, *heute* oder *morgen* gemeint.
Achtung: Hierbei ist der Erscheinungs- bzw. Produktionsrhythmus von BILD zu beachten! Z.B. fällt ein Ereignis, das samstags passiert, und über das BILD montags berichtet, in dieser Kategorie. Ereignisse, die nach 21.00 Uhr passieren oder bekannt werden, werden dem darauf folgenden Tag zugeordnet.
Auch hier codieren: *jetzt*

4 **latente Aktualität**
Betrifft Ereignisse im Zusammenhang mit Themen, die wegen ihrer besonders hohen gesellschaftlichen Bedeutung ständig Aktualität beanspruchen können, z.B. in den 50er bis 80er Jahren der Ost-West-Konflikt; in den 90er Jahren das Thema Arbeitslosigkeit.
Wird nur bei Ereignissen codiert, die nicht unter die Ausprägung [2] oder [3] fallen.

5 **nur Datumsmarke vorhanden**
Der Beitrag enthält außer einer Datumsmarke (in der Regel vom Erscheinungstag) keine weitere Zeitangabe.

9 **nicht feststellbar**

ETHISCHE ANGEMESSENHEIT

Vorbemerkung:
Als Grundlage für die Codierung des Variablenblocks „Ethische Angemessenheit" dienen die Publizistischen Grundsätze (Pressecodex) des Deutschen Presserats in der aktuellen Fassung vom 17. September 1997.
Die beigefügten Kommentare und Beispiele sind der Spruchpraxis des Deutschen Presserats aus den Jahren 1990 bis (einschließlich) 1998 entnommen.[4]

Hinweis zum jeweiligen Quellenbeleg:
Angaben aus dem „Schwarz-Weiss-Buch" des Deutschen Presserats werden nachfolgend mit „SW" abgekürzt und dahinter mit der entsprechenden Seitenzahl versehen. Entsprechend wird mit den Jahrbüchern des Presserats aus den Jahren 1996 bis 1998 verfahren (sie werden abgekürzt: „96", „97", „98").

Sorgfaltspflicht (Ziffer 2)

„Zur Veröffentlichung bestimmte Nachrichten und Informationen in Wort und Bild sind mit der nach den Umständen gebotenen Sorgfalt auf ihren Wahrheitsgehalt zu prüfen. Ihr Sinn darf durch Bearbeitung, Überschrift oder Bildbeschriftung weder entstellt noch verfälscht werden. Dokumente müssen sinngetreu wiedergegeben werden. Unbestätigte Meldungen, Gerüchte und Vermutungen sind als solche erkennbar zu machen.
Bei Wiedergabe von symbolischen Fotos muß aus der Unterschrift hervorgehen, daß es sich um dokumentarische Bilder handelt."[5]

7 (Offensichtliche) Sinnentstellung in der Überschrift

Diese Variable kann nur Sinnentstellungen erfassen, die für den Leser transparent sind. Eine offensichtliche Sinnentstellung liegt vor, wenn die Aussagebedeutung der Titel-Überschrift wesentlich von der im Haupttext abweicht, was mehr oder minder subtil geschehen kann. In der Regel kommen zwei Arten der Sinnentstellung in Frage:

(1.) **Die Überschrift ist so formuliert, dass sie explizit-faktisch in einem wesentlichen Punkt von der Aussage im Haupttext abweicht.**
Bsp 1.: Die Überschrift „Kissinger - Die Mörder warteten in der Moschee" besagt, dass ein Mord geschehen ist (erweckt evtl. sogar den Eindruck, dass Kissinger Opfer eines Mordkomplotts wurde). Der Haupttext klärt dahin gehend auf, dass auf Kissinger in einer Moschee ein Attentat verübt werden sollte, dieser aber wegen einer Terminänderung der Moschee fern blieb.
Bsp 2: Die Überschrift lautet „Frau raubte Rentner aus". Im Haupttext erfährt der Leser jedoch, dass ein Mann den Überfall ausführte, während die in der Überschrift als Hauptakteurin genannte Frau nur eine sekundäre Rolle spielte: Sie „stand beim Raub Schmiere".

---

4 Deutscher Presserat: Schwarz-Weiss-Buch, Bd. 2: Spruchpraxis Deutscher Presserat 1990-1995, hrsg. vom Trägerverein des Deutschen Presserats, Bonn 1996. Ders.: Jahrbücher 1996 bis 1997; 1998, Bonn 1997 bis 1998; Konstanz 1999.

5 Sechs Richtlinien folgen. Außer der Richtlinie 2.2 („Symbolfoto"), die im vorliegenden Forschungskontext als nicht relevant gilt und deshalb vernachlässigt wird, sind sie nicht operationalisierbar.

Bsp 3: „Sex im Rathaus - OB haut Fummlern auf die Finger" - im Bericht geht es um Fortbildungsveranstaltungen, die sich mit dem Thema sexuelle Belästigung am Arbeitsplatz befassen. (SW 60)

(2.) Ein **nicht zutreffender Sachverhalt** kann darüber hinaus **durch die Verwendung mehrfach interpretierbarer Lexeme und Redewendungen suggeriert** werden. Mit diesem „Prinzip Falsche Fährten"[6] werden Erwartungen und Assoziationen geweckt, die im Haupttext nicht bestätigt werden - gewöhnlich eine journalistische Technik der Dramatisierung.
Bsp.: Die Überschrift „Schlagerstar YX vergiftet" ruft den Eindruck vor, die Person sei ums Leben gekommen, evtl. sogar durch vorsätzliche Fremdeinwirkung. Tatsächlich hat sie aber nur eine ungefährliche Lebensmittelvergiftung erlitten.
Indikatoren: *vergiften, zerfleischen, verbrennen, aufhängen, überfahren* und ähnlich verwendbare Entsprechungen. Solche Verben (meist im Partizip Perfekt) legen den Tod des Betroffenen assoziativ nahe, ohne dass dies gemeint ist bzw. sein muss. Dagegen beschreiben Verben wie „erstechen", „erschießen" oder „erschlagen" eindeutig den Vorgang des Tötens.

⇒ Codiert wird nur die Aufmacher-Überschrift auf der Titelseite, nicht aber die Überschrift über dem Umlauf-Text auf einer der folgenden Seiten.
⇒ Im Zweifelsfall wird die Ausprägung „0" codiert.

0 Überschrift enthält keine Sinnentstellung

1 Überschrift enthält Sinnentstellung

8 Achtung von Privatleben und Intimsphäre (Ziffer 8)

„Die Presse achtet das Privatleben und die Intimsphäre des Menschen. Berührt jedoch das private Verhalten öffentliche Interessen, so kann es im Einzelfall in der Presse erörtert werden. Dabei ist zu prüfen, ob durch eine Veröffentlichung Persönlichkeitsrechte Unbeteiligter verletzt werden.

Richtlinie 8.1. - Nennung von Namen/Abbildungen

(1) Die Nennung der Namen und die Abbildung von Opfern und Tätern in der Berichterstattung über Unglücksfälle, Straftaten, Ermittlungs- und Gerichtsverfahren (siehe auch Ziffer 13 des Pressekodex) sind in der Regel nicht gerechtfertigt. **(Anm. 1)** Immer ist zwischen dem Informations-Interesse der Öffentlichkeit und dem Persönlichkeitsrecht des Betroffenen abzuwägen. **(Anm. 2)** Sensationsbedürfnisse können ein Informationsinteresse der Öffentlichkeit nicht begründen.

(2) Opfer von Unglücksfällen oder von Straftaten haben Anspruch auf besonderen Schutz ihres Namens. Für das Verständnis des Unfallgeschehens bzw. des Tathergangs ist das Wissen um die Identität des Opfers in der Regel unerheblich. Ausnahmen können bei Personen der Zeitgeschichte oder bei besonderen Begleitumständen gerechtfertigt sein.
(3) Bei Familienangehörigen und sonstigen Betroffenen, die mit dem Unglücksfall oder der Straftat nichts zu tun haben, sind Namensnennung und Abbildung grundsätzlich unzulässig. **(Anm. 3)**

[6] Büscher, Hartmut: Emotionalität in Schlagzeilen der Boulevardpresse, Frankfurt (M.) u.a. 1996, S. 152.

(4) Die Nennung des vollständigen Namens und/oder die Abbildung von Tatverdächtigen, die eines Kapitalverbrechens beschuldigt werden, ist ausnahmsweise dann gerechtfertigt, wenn dies im Interesse der Verbrechensaufklärung liegt und Haftbefehl beantragt ist oder wenn das Verbrechen unter den Augen der Öffentlichkeit begangen wird. Liegen Anhaltspunkte für eine mögliche Schuldunfähigkeit eines Täters vor, sollen Namensnennung und Abbildung unterbleiben. **(Anm. 4)**

(5) Bei Straftaten Jugendlicher sind mit Rücksicht auf die Zukunft der Jugendlichen möglichst Namensnennung und identifizierende Bildveröffentlichungen zu unterlassen, sofern es sich nicht um schwere Taten handelt.

(6) Bei Amts- und Mandatsträgern können Namensnennung und Abbildung zulässig sein, wenn ein Zusammenhang zwischen Amt und Mandat und einer Straftat gegeben ist. Gleiches trifft auf Personen der Zeitgeschichte zu, wenn die ihnen zur Last gelegte Tat im Widerspruch steht zu dem Bild, das die Öffentlichkeit von ihnen hat.

(7) Namen und Abbild Vermisster dürfen veröffentlicht werden, jedoch nur im Benehmen mit den zuständigen Behörden.

Richtlinie 8.2 - Resozialisierung

Im Interesse der Resozialisierung müssen bei der Berichterstattung im Anschluß an ein Strafverfahren in der Regel Namensnennung und Abbildung unterbleiben. **(Anm. 5)**

Richtlinie 8.3 - Erkrankungen

Körperliche und psychische Erkrankungen oder Schäden fallen grundsätzlich in die Geheimsphäre des Betroffenen. Mit Rücksicht auf ihn und seine Angehörigen soll die Presse in solchen Fällen auf Namensnennung und Bild verzichten und abwertende Bezeichnungen der Krankheit oder der Krankenanstalt, auch wenn sie im Volksmund anzutreffen sind, vermeiden. **(Anm. 6)** Auch Personen der Zeitgeschichte genießen über den Tod hinaus den Schutz vor diskriminierenden Enthüllungen.

Richtlinie 8.4 - Selbsttötung

Die Berichterstattung über Selbsttötung gebietet Zurückhaltung. Dies gilt insbesondere für die Nennung von Namen und die Schilderung näherer Begleitumstände. Eine Ausnahme ist beispielsweise dann zu rechtfertigen, wenn es sich um einen Vorfall der Zeitgeschichte von öffentlichem Interesse handelt.

Richtlinie 8.5 - Opposition und Fluchtvorgänge

Bei der Berichterstattung über Länder, in denen Opposition gegen die Regierung Gefahren für Leib und Leben bedeuten kann, ist immer zu bedenken: Durch die Nennung von Namen oder die Wiedergabe eines Fotos können Betroffene identifiziert und verfolgt werden. Gleiches gilt für die Berichterstattung über Flüchtlinge. Weiter ist zu bedenken: Die Veröffentlichung von Einzelheiten über Geflüchtete, die Vorbereitung und Darstellung ihrer Flucht sowie ihren Fluchtweg kann dazu führen, daß zurückgebliebene Verwandte und Freunde gefährdet oder noch bestehende Fluchtmöglichkeiten verbaut werden.“[7]

[7] Vernachlässigt: Richtlinie 8.6 (Veröffentlichung von Jubiläumsdaten).

(1) Gleiches gilt für die **Veröffentlichung der genauen (Wohn-)Adresse**. Sie ist nur in seltenen Fällen zulässig: wenn ein öffentliches Interesse besteht oder die Angabe zum Verständnis des Sachverhalts unbedingt nötig ist. Gegenbeispiel: Bericht über einen blutigen Ehestreit; Angabe der (Wohn-)Adresse war hier nicht gerechtfertigt. (98: S. 58f; SW: S. 276)
Die **Nennung des Vornamens** (auch eines seltenen), des **Anfangsbuchstabens** eines Nachnamens und des **Alters** gibt i.d.R. nicht als Verstoß gegen Persönlichkeitsrechte. (97: S. 233)
Nichts einzuwenden ist allgemein gegen die Abbildung einer Person, deren Gesichtszüge abgedeckt oder verfremdet sind, so dass man annehmen kann, dass diese Person selbst von einem begrenzten Leserkreis (Menschen aus dem näheren Umfeld des Betreffenden) nicht identifiziert werden kann.

(2) **Beispiele für Vorliegen von Informationsinteresse bzw. öffentlichem Interesse:**

- Immobilienhändler, der mehrere hundert Anleger um 4,5 Mio. Mark betrogen haben soll - Namensnennung zulässig. (97: S. 231)
- Gefängniswärter, dem mehrfache Körperverletzung vorgeworfen wird und der wegen der gravierenden Anschuldigungen aus dem Justizdienst entlassen wurde - Veröffentlichung seines Fotos zulässig. (97: S. 72)

Bezüglich **vorübergehenden (relativen) Personen der Zeitgeschichte** ist zu beachten, dass die Veröffentlichung von Namen und Abbildung nur in großer zeitlicher Nähe zum Ereignis, das ihre Qualifizierung bewirkt hat, legitim ist. Beispiel: Ein TV-Star verunglückt auf der Autofahrt zu einer Disco - noch sieben Wochen danach wird ein Foto des Fahrers („der Todesfahrer“) veröffentlicht. (Presserat: zu diesem Zeitpunkt war der Fahrer keine relative Person der Zeitgeschichte mehr; SW: S. 148f.)

(3) „Bei außergewöhnlichen Vorgängen im engen sozialen Umfeld von Personen der Zeitgeschichte kann es ein berechtigtes Informationsinteresse der Öffentlichkeit geben, wenn solche Vorgänge sich in der Öffentlichkeit abspielen“ (z.B. eine Festnahme auf offener Straße). Beispiel: Im Fall „Bürgermeister-Sohn unter Tatverdacht“ ist die Namensnennung des Vaters zulässig (98: S. 90); nicht dagegen in einem Beitrag über einen „Millionärs-Sohn“, der wegen sexueller Nötigung vor Gericht steht (SW: S. 419).

(4) **Die vollständige Namensnennung bzw. Abbildung von Tatverdächtigen**, die eines Kapitalverbrechens beschuldigt werden, ist nur dann gerechtfertigt, wenn dies im öffentlichen Interesse liegt und die Voraussetzungen eines Haftbefehls gegeben sind (96: S. 107). Ein öffentliches Interesse ist z.B. die Förderung der Verbrechensaufklärung oder Informierung über eine Person der Zeitgeschichte (im presserechtlichen Sinne).

Beispiele für bestehendes öffentliches Interesse:

a) überregional

- Dem Ehrenvorsitzenden eines Bundesverbandes ist dem Vorwurf sexueller Belästigung („Er griff mir an den Busen") ausgesetzt. (SW: S. 299f.)

b) regional / lokal

- Ein Oberliga-Fußballer steht vor Gericht, weil er seinen Nachbar verprügelt haben soll. (SW: S. 286)
- Dem Fachbereichsleiter einer Volkshochschule wird vorgeworfen, er habe bei der Abrechnung von Kurshonoraren betrogen. (SW: S. 278)
- Bericht über die Inhaftierung eines Psychologen, der Patientinnen sexuell missbraucht haben soll: Die namentliche Nennung des Beschuldigten „ist gerechtfertigt, weil eine pauschale Kennzeichnung des Verdächtigten nicht nur alle Angehörigen dieser Berufsgruppe in der Stadt zu Verdächtigten gemacht, sondern auch alle Patientinnen aller Psychologen am Ort verunsichert hätte." (96: S. 166) - ***Gegenbeispiel***: Bericht über Strafprozess gegen Gastronomin, die ihren Gästen verbotene Speisen angeboten haben soll. (Presserat: „Weder der Schutz der Restaurantbesucher noch der vom Prozess nicht betroffenen Speiselokale machte es erforderlich, den Namen der Hotelbesitzerin zu nennen. Es hätte genügt, den Namen des Lokals zu nennen, in dem verdorbene Speisen gefunden worden waren"; SW: S. 274)

Kein öffentliches Interesse liegt demgegenüber z.B. für die volle Namensnennung eines Hotelangestellten vor, der wegen des Diebstahls von Hotelinventar im Wert von 100.000 Mark verurteilt wurde. (96: S. 160)

(5) Anlässlich eines Mordes wird der überführte Täter eines anderen Mordes, der 17 Jahre zuvor an der selben Stelle geschah, mit vollem Namen genannt und abgebildet. (Presserat: Muss im Rahmen der Resozialisierung unterbleiben; 97: S. 227)

(6) Die Veröffentlichung des Fotos eines schwerkranken Patienten (in Bericht über die Situation in einem Krankenhaus) war zulässig, weil sein Gesicht so verfremdet war, dass er auch für Menschen in seinem näheren Umfeld (Verwandten) nicht wiederzuerkennen war. (98: S. 110f.)

Das Zurückhaltungsgebot umfasst auch Personen der Zeitgeschichte. So ist z.B. die Veröffentlichung eines Fotos, das einen im Koma liegenden Prominenten aus dem europäischen Hochadel zeigt, nicht gerechtfertigt. (Presserat: „Dies umso mehr, als der Prominente hier als hilfloser und kranker Mensch gezeigt wird"; SW: S. 150)

0 Kein Verstoß festgestellt

1 Verstoß festgestellt

9 Unbegründete Behauptungen und Beschuldigungen (Ziffer 9)

„Es widerspricht journalistischem Anstand, unbegründete Behauptungen und Beschuldigungen, insbesondere ehrverletzender Natur, zu veröffentlichen."
(Anm. 1)

Anmerkungen:

(1) Bei der Frage, ob der Schutz der persönlichen Ehre verletzt wurde, muss eine Abwägung im Verhältnis zum Grundrecht auf Meinungsfreiheit erfolgen. Die Bezeichnung „Lügner" (97: S. 110f.) kann durch entsprechende Belege begründet sein; die Bezeichnung „Lügenschwein" dagegen ist grundsätzlich ehrabschneidend. Bei ambivalent konnotierten Begriffen folgt die Codierung der Tendenz des Presserats, im Zweifel keine Ehrverletzung festzustellen, z.B. bei der Bezeichnung „Harald Juhnke der Kommunalpolitik", denn hier sei es möglich, verschiedene Wesenszüge des Schauspielers Juhnke - positive wie negative Eigenschaften - zu benennen. (97: S. 316)

Beispiele für Verletzung

- Behauptung, die Studienleiterin eines Frauen-Bildungszentrums sei für die kirchliche Segnung von Gruppensex. Als Beleg wird lediglich eine Studie der Frau angeführt, in der sie sich für die Segnung gleichgeschlechtlicher Lebensgemeinschaften ausspricht. (SW: S. 118)
- Unbegründete Behauptung, TÜV-Prüger seien oft Menschen, die in ihrem Beruf gescheitert sind. (97: S. 319).
- Unbegründete Beschuldigung „Homosexuelle, die uns Aids gebracht haben" (98: S. 125).
- Bezeichnung „Berlin-Hasser" für zwei Sportfunktionäre, die Berliner Eishockey-Vereinen Spiellizenzen verwehrt hatten. (SW: S. 396)

Beispiele für Nicht-Verletzung

- Bezeichnung „Ekel-Paket" für einen Mann, der mit mehreren seiner Nachbarn im Streit liegt. (Presserat: keine Ehrverletzung, sondern auf Recherche gestützte, persönliche Einschätzung des Autors, die durch die Meinungsfreiheit gedeckt ist; 97: S. 104f.)
- „Widerlicher Erbschleicher", „hinterhältiger Geizhals", „ertappter Lumpen" - über prominenten Erbrechts-Anwalt, der der Veruntreuung ein größeren Erbes auf besonders infame Weise überführt war; erschien nach dessen Selbstmord. (97: S. 274)
- Über Karnevalisten, deren Karnevalsprinz bei vergangenen Kommunalwahlen für eine Abspaltung der Republikaner kandidiert hat: „Sie küßten mit Robert II. einen ansprechenden Prinz, der sich nun vor aller Auge in eine braune Kröte verwandelt. Die kann der Karneval nicht schlucken, wenn er nicht ‚Heilau' rufen will". (Presserat: Die Etikettierung des Kandidaten als „braune Kröte" sei als bildhafter Sprachgebrauch, der ersichtlich auf das Märchen vom Froschkönig anspielt, zulässig. In diesem Rahmen sei die Gleichsetzung von Menschen mit Tieren - wie bei einer Karikatur - zulässig. „Auch die mit der Formulierung „Heilau" zugespitzte Kommentierung des Geschehens bewegt sich noch im Rahmen des zulässigen Gebrauchs der Meinungsfreiheit. Dabei ist ausschlaggebend, daß der designierte Prinz für eine politische Gruppierung kandidiert hat, die ganz allgemein dem rechtsextremen Parteienspektrum zugerechnet wird."; 98: S. 138)

0 Kein Verstoß festgestellt

1 Verstoß festgestellt

10 Verstoß gegen sittliche und religiöse Empfindungen (Ziffer 10)

„Veröffentlichungen in Wort und Bild, die das sittliche und religiöse Empfinden einer Personengruppe nach Form und Inhalt wesentlich verletzen können, sind mit der Verantwortung der Presse nicht zu vereinbaren." **(Anm. 1)**

Anmerkungen:

(1) „Dabei ist zu prüfen, ob auf Grund der Form und des Inhalts der Veröffentlichung eine wesentliche Verletzung in Betracht kommt, in wieweit die Darstellung auch von sachlichen Gesichtspunkten getragen ist und ob sie aus einer seriösen Auseinandersetzung mit dem Thema herrührt." (98: S. 161)

Beispiel für Verstoß:

- Ein Foto zeigt den gekreuzigten Jesus als Halter einer Toilettenpapierrolle mit dem Titel „Nach dem Kruzifix-Urteil: Spielt Jesus noch eine Rolle?" (Presserat: nicht angemessen, weil keine inhaltliche Auseinandersetzung vorliegt sondern die „Schmähung des Kreuzes als Kernsymbol christlichen Glaubens in den Vordergrund tritt." (96: S. 144)

Beispiele für Nicht-Verstoß:

- Abbildung eines Gemäldes, das Jesus und seine Jünger beim Abendmahl zeigt; vor jedem steht ein Glas Bier auf dem Tisch - Montage für einen Beitrag zum Thema Bierwerbung. (97/262)
- Abbildung: Papst stützt sich auf Bischofsstab, der die Plastik einer barbusigen Frau enthält, die wiederum ihre Arme wie bei einer Kreuzigungsszene ausbreitet. (Presserat: Veröffentlichung ist ein Grenzfall der Verletzung von religiösem Empfinden; ausschlaggebend war: Die Darstellung wird von sachlichen Gesichtspunkten im beistehenden Text getragen; 98, 161)

0 Kein Verstoß festgestellt

1 Verstoß festgestellt

11 Unangemessen sensationelle Darstellung von Gewalt und Brutalität (Ziffer 11)

„Die Presse verzichtet auf eine unangemessen sensationelle Darstellung von Gewalt und Brutalität. **(Anm. 1)** Der Schutz der Jugend ist in der Berichterstattung zu berücksichtigen. **(Anm. 2)**

Richtlinie 11.1 - Unangemessene Darstellung

Unangemessen sensationell ist eine Darstellung, wenn in der Berichterstattung der Mensch zum Objekt, zu einem bloßen Mittel, herabgewürdigt wird. Dies ist insbesondere dann der Fall, wenn über einen sterbenden oder körperlich oder seelisch leidenden Menschen in einer über das öffentliche Interesse und das Informationsinteresse der Leser hinausgehenden Art und Weise berichtet wird. **(Anm. 3)**

Richtlinie 11.2 - Berichterstattung über Gewalttaten

Bei der Berichterstattung über Gewalttaten, auch angedrohte, wägt die Presse das Informationsinteresse der Öffentlichkeit gegen die Interessen der Opfer und Betroffenen sorgsam ab. Sie berichtet über diese Vorgänge unabhängig und authentisch, läßt sich aber dabei nicht zum Werkzeug von Verbrechern machen. Sie unternimmt keine eigenmächtigen Vermittlungsversuche zwischen Verbrechern und Polizei.
Interviews mit Tätern während des Tatgeschehens darf es nicht geben.

Richtlinie 11.3 - Unglücksfälle und Katastrophen

Die Berichterstattung über Unglücksfälle und Katastrophen findet ihre Grenze im Respekt vor dem Leid von Opfern und den Gefühlen von Angehörigen. Die vom Unglück Betroffenen dürfen grundsätzlich durch die Darstellung nicht ein zweites Mal zu Opfern werden. **(Anm. 4)**

Richtlinie 11.4 - Abgestimmtes Verhalten mit Behörden/Nachrichtensperre

Nachrichtensperren akzeptiert die Presse grundsätzlich nicht. Ein abgestimmtes Verhalten zwischen Medien und Polizei gibt es nur dann, wenn Leben und Gesundheit von Opfern und anderen Beteiligten durch das Handeln von Journalisten geschützt oder gerettet werden können. Dem Ersuchen von Strafenverfolgungsbehörden, die Berichterstattung im Interesse der Aufklärung von Verbrechen in einem bestimmten Zeitraum, ganz oder teilweise zu unterlassen, folgt die Presse, wenn das jeweilige Ersuchen überzeugend begründet ist.

Richtlinie 11.5 - Verbrecher-Memoiren

Die Veröffentlichung sogenannter Verbrecher-Memoiren verstößt gegen die publizistischen Grundsätze, wenn Straftaten nachträglich gerechtfertigt oder relativiert werden, die Opfer unangemessen belastet und durch eine detaillierte Schilderung eines Verbrechens lediglich Sensationsbedürfnisse befriedigt werden.

Richtlinie 11.6 - Drogen

Veröffentlichungen in der Presse dürfen den Gebrauch von Drogen nicht verharmlosen."

Anmerkungen:

(1) Dies betrifft auch die Aufforderung zu Gewalt. Verurteilt wurde: „Empörung über Sarajewo-Blutbad: Bombt die Mörder nieder!" - nach Explosion einer serbischen Granate auf dem Marktplatz von Sarajewo. (SW: S. 232)
Die Richtlinie 11 befasst sich **ausschließlich** mit der Darstellung von Gewalt und Brutalität **im Zusammenhang mit Menschen** (wobei der Presserat die Ausweitung auf Tierdarstellungen seit einigen Jahren zumindest erwägt; 97: S. 189).

(2) In diesem Sinne nicht zulässig ist die Darstellung eines Sodomie-Fotos aus dem Internet, das nur leicht verfremdet wurde (etwas gröbere Rasterung, keine primären Geschlechtsteile sichtbar) - bei einem Beitrag über Sodomie im Internet. (98: S. 193)

(3) Beispiele für Vorliegen von Informationsinteresse bzw. öffentlichem Interesse:

- Überschrift „Halbes Gesicht weg?" nach Attentat auf Bundesminister. (Presserat: Objektiv zwar eine deuliche Übertreibung, aber wegen der aktuellen Unklarheit und des öffentlichen Interesses nicht zu beanstanden; SW: S. 49);

Ebenso: Abbildung von Bundesminister als Attentatsopfer, das aus der Nase blutet. (Hierbei würdigt der Presserat positiv, dass das Foto nicht in Farbe sondern zurückhaltend in Schwarzweiß gezeigt wird; SW: S. 48)

- (Großflächige) Abbildung von Kinderleichen in Haiti legitim, weil so schockierende Missstände in dem Entwicklungsland dargestellt werden. (98: S. 108)
- Abbildung des blutüberströmten Gesichts - vom Opfers eines Bombenattentats in Jerusalem. (Presserat: „Mit der Veröffentlichung wird dem Leser vor Augen geführt, welche entsetzlichen Folgen das Attentat hatte. Insbesondere werden die furchtbaren Auswirkungen von Nagelbomben deutlich gemacht."; 97: S. 168)

Gegenbeispiele:
- Abbildung eines toten Säuglings, der von seinen Eltern aus dem 9. Stock eines Hauses geworfen wurde. (Presserat: Bild enthält keine Informationen, die nicht auch im Textteil hätten erörtert werden können; SW: S. 81)
- Foto von sterbendem Mann - hatte sich mitten im Berufsverkehr einer deutschen Großstadt ein Messer in den Hals gerammt, das Foto zeigt ihn bei der Behandlung durch einen Notarzt. (Presserat: Selbst wenn man habe darstellen wollen, dass Passanten in einer solchen Situation nicht helfen - angeblich wurde erst nach 45 Minuten ein Arzt verständigt - gehe die Darstellung weit über das öffentliche Interesse hinaus; 96: S. 190)

Beispiel für eine unangemessene sensationelle - weil sehr detaillierte - Schilderung: „baumelte ein junger Mann an einem Strick. (...) liegt blutüberströmt ein zweiter Mann"; für vertretbar hielt der Presserat dagegen die Formulierung „Live-Krimi" in der Überschrift „Live-Krimi an der Bushaltestelle" - über einen Mann, der dort auf dem Weg zur Arbeit erschossen wurde. (96: S. 95)

(4) Beispiel: „Die Bilder der Todespanik" - über ein Unglück im Fußballstadion von Sheffield: Drei Fotos zeigen, wie ein junger Mann mehr und mehr an ein Gitter gedrückt wird und schließlich leblos zusammensackt; das Bild des Mannes wurde heraus vergrößert. - Der Presserat sieht keinen Verstoß, weil „die Bilder nicht erkennen (lassen), daß es sich um einen sterbenden Menschen handelt." (SW 139)[8]

0	**Kein Verstoß festgestellt**
1	**Verstoß festgestellt**

[8] „Der Deutsche Presserat hält es für problematisch, generelle Kriterien für die Berichterstattung über derartige Unglücksfälle aufzustellen. (...) Ein Maßstab (für Grenzen zwischen zulässiger und unzulässiger Berichterstattung, d. Verf.) könnte dabei die persönliche Betroffenheit sein." Deutscher Presserat (1996), S. 139.

12 Diskriminierung (Ziffer 12)

„Niemand darf wegen seines Geschlechts oder seiner Zugehörigkeit zu einer rassischen, ethnischen, religiösen, sozialen oder nationalen Gruppe diskriminiert werden. **(Anm. 1)**

Richtlinie 12.1 - Berichterstattung über Straftaten

In der Berichterstattung über Straftaten wird die Zugehörigkeit der Verdächtigen oder Täter zu religiösen, ethnischen oder anderen Minderheiten nur dann erwähnt, wenn für das Verständnis des berichteten Vorgangs ein begründbarer Sachbezug besteht. **(Anm. 2)**

Besonders ist zu beachten, daß die Erwähnung Vorurteile gegenüber schutzbedürftigen Gruppen schüren könnte."

Anmerkungen:

(1) Diskriminierung bezeichnet die negative Behandlung bzw. Beurteilung (Herabwürdigung, Verächtlichmachung) sozialer Gruppen (i.d.R. Minderheiten), denen Eigenschaften und Verhaltensweisen zugeschrieben werden, die nicht notwendig tatsächlich gegeben sind.[9]

Beispiele für Verstoß

- „Die neue Bedrohung: Kosovo-Albaner in Deutschland - Sie sind wie Wölfe" (SW: S. 66)
- „Aufstand der Kurden"; „Wieder die Kurden" - über die Beteiligung eines Teils der kurdischen Bürger in Deutschland an hiesigen Protestaktionen. (SW: S. 242)
- „Vor allem türkische Großfamilien würden sich über diese Wurfprämie der Extraklasse freuen" - über politische Diskussion über Erhöhung des Kindergeldes. (Presserat: Gleichsetzung von Kindern und Tieren; 98: S. 81)
- „Ausländische Frauen: erotisch und genügsam"
- „Selbst wenn keine reale Gefahr von ihnen ausgeht, so stellen sie doch eine latente Bedrohung dar" - über Obdachlose (SW: S. 101)
- „Jetzt dürfen auch schon Krüppel und Hinfällige in die heiligen Hallen der Macht" - über einen körperbehinderten Bundespolitiker (SW: S. 82)
- Unter der Überschrift „Ausbruch in der Nervenklinik - Drei irre Verbrecher frei" heißt es: „Was ist mit unseren Gefängnissen und Nervenkliniken los?" (Presserat: „Inhaftierte von Gefängnissen und Kranke in Nervenkliniken werden gleichgesetzt und in einem Atemzug genannt. Damit wird die Gruppe psychisch kranker Menschen diskriminiert."; SW: S. 88)
- „Zeit, der Abartigkeit Grenzen zu zeigen" - über (Emanzipationsstreben von) Homosexuelle(n) (98: S. 125)
- „Fiese Busfahrer - Großstadtrocker mit Spatzenhirn"; „Busfahrer, so scheint es, werden immer fieser, immer gemeiner." (SW: S. 83)

Beispiele für Nicht-Verstoß

- „Neger" als Bezeichnung für dunkelhäutige Menschen (SW: S. 80)
- „Wir in Europa können froh sein, dass sich die Woge schwarzer Menschenmassen noch nicht unkontrolliert über uns ergießt. Afrika tickt wie eine Zeitbombe" - über Bevölkerungswachstum und interkontinentale Zuwanderung. (Presserat: als Kommentar zulässige Meinungsäußerung laut GG Art. 5, wobei allerdings die Bezeichnung „schwarze Menschenmassen" ein Grenzfall; 98: S. 71)

[9] Vgl. Meyers Grosses Taschenlexikon: in 24 Bänden. 5., überarbeitete Auflage, hrsg. und bearb. von Meyers Lexikonredaktion, Bd. 5, Mannheim u.a. 1995, S. 241.

- Überschrift „Sprengsatz / Arbeitswütige Frauen“; Text: „Fast jede Frau zwischen 18 und 60 will in den neuen Ländern arbeiten. Ihr Wunsch läßt die Zahl der Jobsucher explodieren.“ (98: S. 79)
- „Hallo, anonüme Lestageniker“ (als Untertitel unter Karikatur; SW: S. 202)

(2) Zu den situativ unzulässigen Zugehörigkeitsbezeichnungen gehört auch der Begriff „Ausländer“. Ein Beispiel für einen Fall, in dem die Bezeichnung einer Frau als Angehörige der Gruppe der Sinti plausibel ist: Sie wird des Diebstahls bezichtigt beim Versuch, an der Tür Tischdecken zu verkaufen. (98: S. 242)

0 Kein Verstoß festgestellt

1 Verstoß festgestellt

13 Vorurteilsfreie Berichterstattung über schwebende Ermittlungen, Gerichtsverfahren (Ziffer 13)

„Die Berichterstattung über schwebende Ermittlungs- und Gerichtsverfahren muß frei von Vorurteilen erfolgen. Die Presse vermeidet deshalb vor Beginn und während der Dauer eines solchen Verfahrens in Darstellung und Überschrift jede präjudizierende Stellungnahme. Ein Verdächtiger darf vor einem gerichtlichen Urteil nicht als Schuldiger hingestellt werden. **(Anm. 1)** Über Entscheidungen von Gerichten soll nicht ohne schwerwiegende Rechtfertigungsgründe vor deren Bekanntgabe berichtet werden.

Richtlinie 13.1 - Vorverurteilung - Folgeberichterstattung

Die Berichterstattung über Ermittlungs- und Gerichtsverfahren dient der sorgfältigen Unterrichtung der Öffentlichkeit über Straftaten, deren Verfolgung und richterliche Bewertung. Bis zu einer gerichtlichen Verurteilung gilt die Unschuldsvermutung, auch im Falle eines Geständnisses. Auch wenn eine Täterschaft für die Öffentlichkeit offenkundig ist, darf der Betroffene bis zu einem Gerichtsurteil nicht als Schuldiger im Sinne eines Urteilsspruchs hingestellt werden.

Vorverurteilende Darstellungen und Behauptungen verstoßen gegen den verfassungsrechtlichen Schutz der Menschenwürde, der uneingeschränkt auch für Straftäter gilt.

Ziel der Berichterstattung darf in einem Rechtsstaat nicht eine soziale Zusatzbestrafung Verurteilter mit Hilfe eines "Medien-Prangers" sein. Daher ist zwischen Verdacht und erwiesener Schuld in der Sprache der Berichterstattung deutlich zu unterscheiden.

Hat die Presse über eine noch nicht rechtskräftige Verurteilung eines namentlich erwähnten oder für einen größeren Leserkreis erkennbaren Betroffenen berichtet, soll sie auch über einen rechtskräftig abschließenden Freispruch bzw. über eine deutliche Minderung des Strafvorwurfs berichten, sofern berechtigte Interessen des Betroffenen dem nicht entgegenstehen. Diese Empfehlung gilt sinngemäß auch für die Einstellung eines Ermittlungsverfahrens. Kritik und Kommentar zu einem Verfahren sollen sich erkennbar vom Prozeßbericht unterscheiden.

Richtlinie 13.2 - Straftaten Jugendlicher

Bei der Berichterstattung über Straftaten Jugendlicher sowie über ihr Auftreten vor Gericht soll die Presse mit Rücksicht auf die Zukunft der Betroffenen besondere Zurückhaltung üben. **(Anm. 2)** Diese Empfehlung gilt sinngemäß für jugendliche Opfer von Straftaten."

Anmerkungen:

(1) Beispiele: Personen, die noch nicht rechtskräftig verurteilt sind, werden als „Mörder", „Täter", „Betrüger", „Kanzler-Spion" bezeichnet (98: S. 220; 98: S. 219; SW: S. 386) oder ihnen werden strafrechtsrelevante Tätigkeiten wie „töten" (SW: S. 417) unmittelbar zugeschrieben - und nicht unter Verwendung eines Konjunktivs („habe") oder Modalverbs („soll"). Im gleichen Sinne unzulässig ist die Bezeichnung „Todesengel" für eine Krankenschwester, die der Sterbehilfe verdächtigt wird. (97: S. 329)

a) **Einschränkung**: Ziffer 13 dient ausschließlich dem **Schutz konkreter Personen**. Die Bezeichnung eines geständigen, aber noch nicht rechtskräftig verurteilten Mannes als „schrecklicher Mädchenmörder" ist nicht sanktionierbar, wenn „sie nicht auf eine namentlich benannte oder identifizierbare Person bezogen werden kann" und damit „lediglich eine Wertung der Straftat (ist)." Im vorliegenden Fall wurde der Vorname des Verdächtigen genannt, sein Nachname abgekürzt sowie Alter, Wohnort und der Beruf (handelt mit Spielzeug) angegeben. (SW: S. 79; ähnlich: 98: S. 114)

b) Praktische Konkretisierung: Eine unzulässige Vorverurteilung kann auch dann vorliegen, wenn an einigen Stellen im Beitrag eine Relativierung erfolgt (z.B. durch das Attribut „mutmaßlich"). **Entscheidend ist die Frage, ob ein „vorherrschend verurteilender Tenor" besteht**, der sich insbesondere durch Formulierungen (s. Bsp. oben) in der Überschrift manifestiert. (SW: S. 385)

(2) Das Zurückhaltungsgebot betrifft z.B. auch den Fall des mutmaßlichen Brandstifters von Solingen (bei dem Brandanschlag starben mehrere Menschen; bei den Opfern handelte es sich um Ausländer; wegen der damals heftig geführten Debatte um Ausländerfeindlichkeit in Deutschland war das öffentliche Interesse an dem Brandanschlag besonders groß.) Der Presserat hielt in seiner Entscheidung weder die Abbildung eines Fotos des Tatverdächtigen noch die Nennung seines Vornamens für zulässig.

0	**Kein Verstoß festgestellt**
1	**Verstoß festgestellt**
9	**Berichterstattung über schwebende Gerichtsverfahren kommt nicht vor**

14 Unangemessen sensationelle Darstellung von medizinischen Themen (Ziffer 14)

Bei Berichten über medizinische Themen ist eine unangemessen sensationelle Darstellung zu vermeiden, die unbegründete Befürchtungen oder Hoffnungen beim Leser erwecken könnte. Forschungsergebnisse, die sich in einem frühen Stadium befinden, sollten nicht als abgeschlossen oder nahezu abgeschlossen dargestellt werden. **(Anm. 1)**

Richtlinie 14.1 - Medizinische oder pharmazeutische Forschung

Die Berichterstattung über angebliche Erfolge oder Mißerfolge der medizinischen oder pharmazeutischen Forschung zur Bekämpfung von Krankheiten verlangt Sorgfalt und Verantwortungsgefühl. In Text und Aufmachung ist alles zu unterlassen, was bei Kranken und deren Angehörigen unbegründete und mit dem tatsächlichen Stand der medizinischen Forschung nicht in Einklang stehende Hoffnungen auf Heilung in absehbarer Zeit erweckt. Andererseits sollen durch kritische oder gar einseitige Berichte über kontrovers diskutierte Meinungen Kranke nicht verunsichert und der mögliche Erfolg therapeutischer Maßnahmen nicht in Frage gestellt werden.“

Anmerkungen:

(1) Unangemessen sensationell ist zum Beispiel die Schlagzeile „Ende des Sterbens - Das Aids-Wunder“. (97: S. 74)

0	**Kein Verstoß festgestellt**
1	**Verstoß festgestellt**
9	**Medizinische Themen kommen nicht vor**

III. Abbildungen

Abb. 1: Verkaufte BILD-Auflage 1954 - 2000

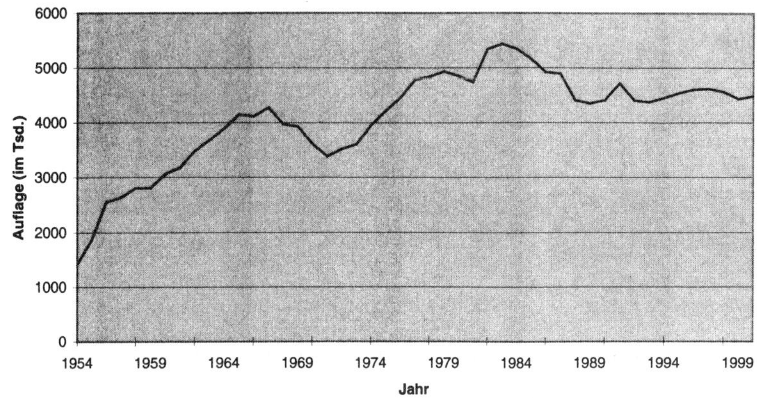

Jahr	Verkaufte Auflage (in Tausend)
1955	1.876
1960	3.066
1965	4.145
1970	3.610
1975	4.217
1980	4.854
1985	5.166
1990	4.410
1995	4.542
2000	4.484

Jährliche Durchschnittswerte, Quelle: IVW
(2000: Wert des 3. Quartals)

■ ***Abb. 2: BILD vom 03.03.2000, Seite 2.***

Korrektur

▶ **Zu: Computer-Inder: Ich freue mich auf das saubere Deutschland**/BILD vom 2. 3. 00
Eine *386er-Festplatte* gibt es nicht. *386* ist die Bezeichnung für einen (inzwischen veralteten) Prozessor-Typ.

Rüge des Presserats

Der Deutsche Presserat hat BILD wegen der Veröffentlichung „Seewolf Raimund Harmstorf in der Psychiatrie" vom 2. Mai 1998 gerügt. Er sah in der Veröffentlichung einen Verstoß gegen die Ziffern 2, 8 und 11 des Pressekodex.

■ ***Tab. 3: Themenbereiche des BILD-Aufmachers (Angaben in Prozent)***

	50er	60er	70er	80er	90er	Gesamt
1. Verbrechen	30	27,5	20	25	25	25,2
2. Prominentenklatsch	3,3	2,5	30	30	23	19,6
3. Sport	0	7,5	10	12,5	17	11,6
4. Deutsche Politik	6,7	20	7,5	0	15	11,2
5. Privatbereich (allgemein)	20	15	10	12,5	0	8,4
6. Unglücke	20	0	2,5	10	5	6,4
7. Internationale Politik	13,3	12,5	5	2,5	3	6
8. Wirtschaft, Soziales	0	7,5	7,5	0	3	3,6
9. Fernsehen	3,3	2,5	2,5	5	1	2,4
10. Medizin, Gesundheit	0	0	2,5	2,5	2	1,6
11. Technik	3,3	5	0	0	1	1,6
12. Sonstiges	0	0	2,5	0	3	1,6
13. Natur	0	0	0	0	1	0,4
14. BILD-Aktionen	0	0	0	0	1	0,4

■ ***Abb. 15: Nachrichtenfaktoren*** *(nach eigener Berechnung; n = 250)*

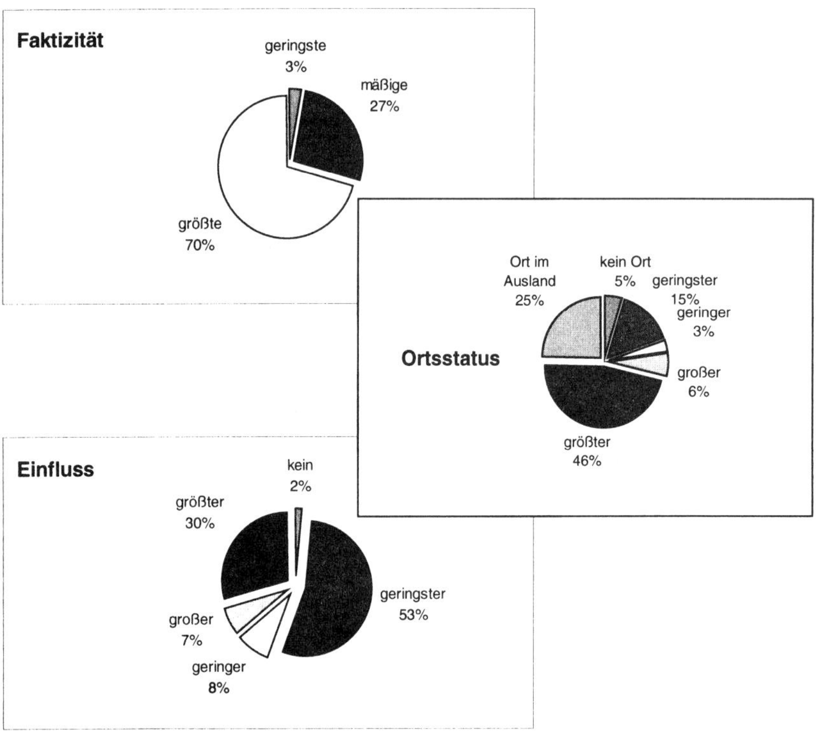

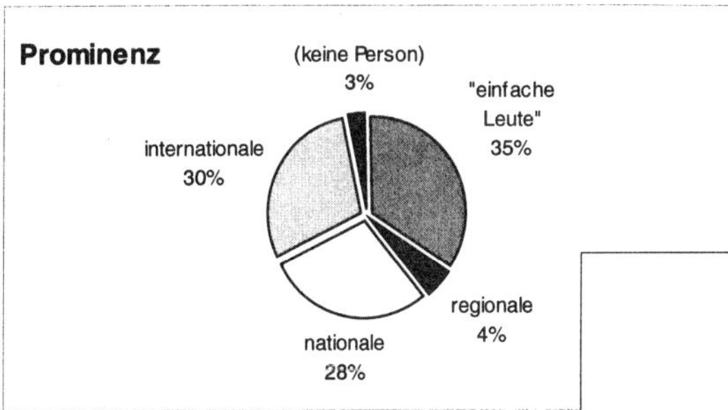
Prominenz
(keine Person)
3%
"einfache Leute"
35%
internationale
30%
regionale
4%
nationale
28%

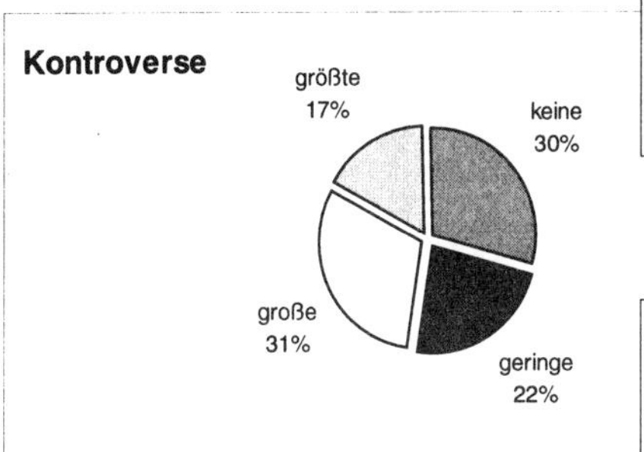
Kontroverse
größte
17%
keine
30%
große
31%
geringe
22%

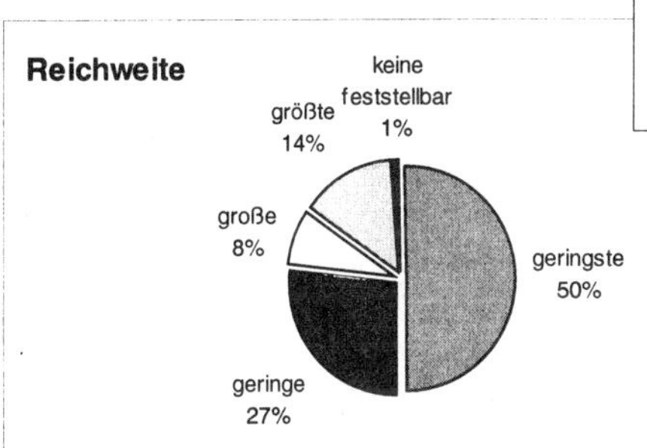
Reichweite
keine feststellbar
1%
größte
14%
große
8%
geringste
50%
geringe
27%

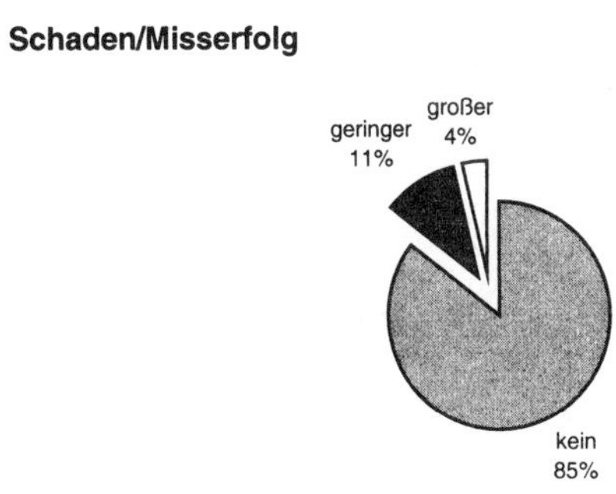
Schaden/Misserfolg
großer
4%
geringer
11%
kein
85%

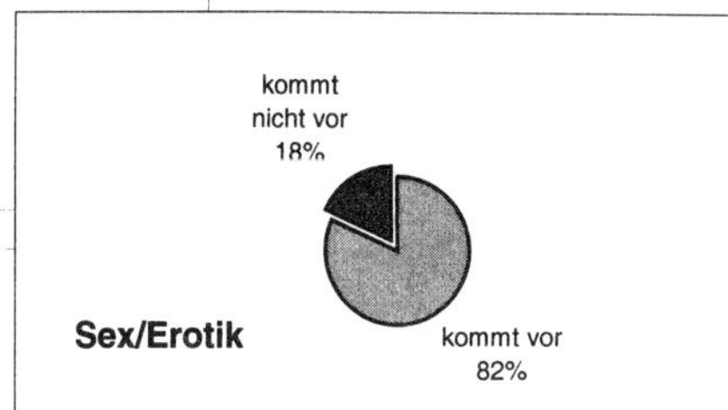
kommt nicht vor
18%
Sex/Erotik
kommt vor
82%

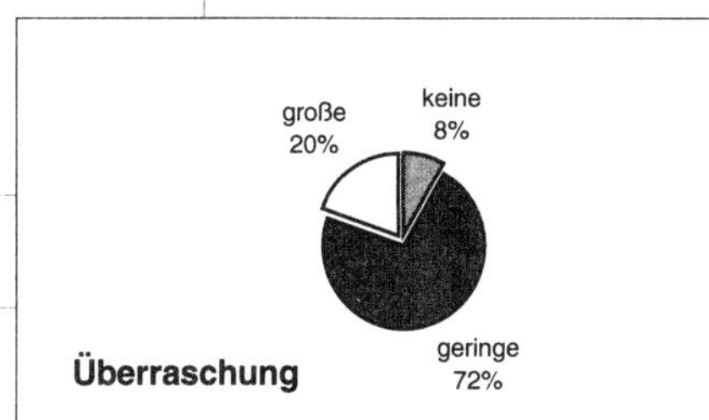
große
20%
keine
8%
Überraschung
geringe
72%

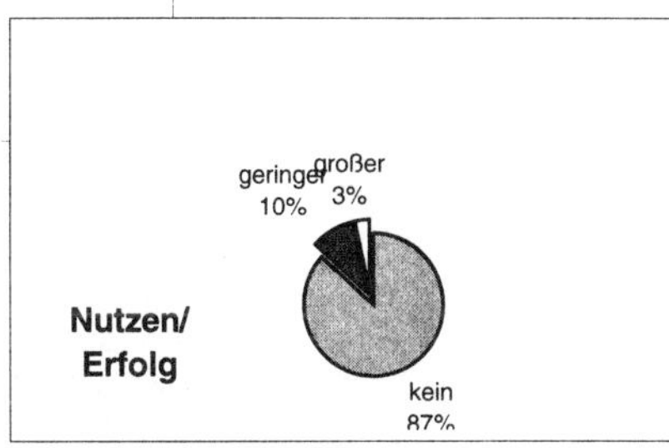
geringer
10%
großer
3%
Nutzen/ Erfolg
kein
87%

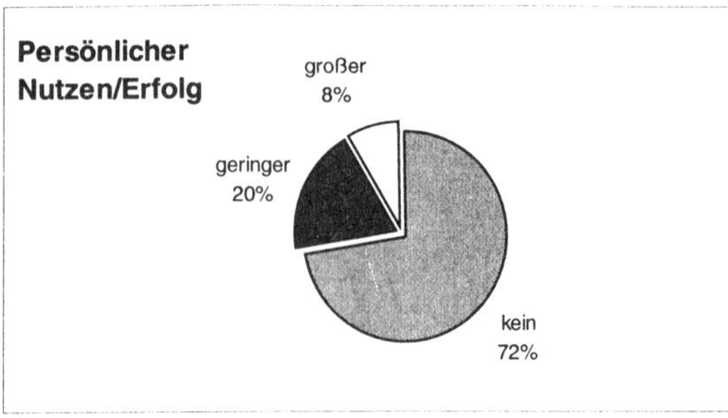

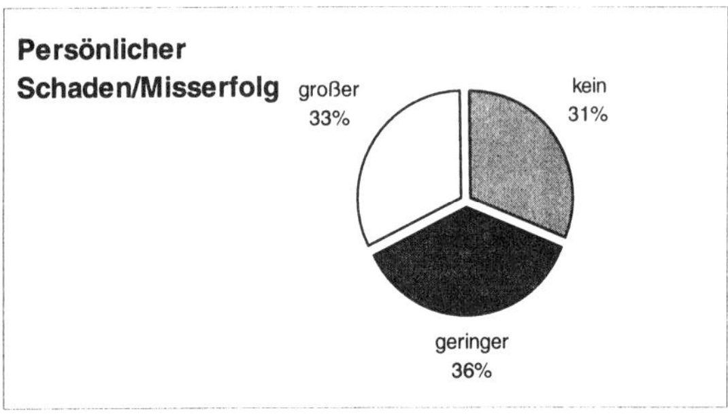

Abb. 16: Inhalte im größten Foto des BILD-Aufmachers

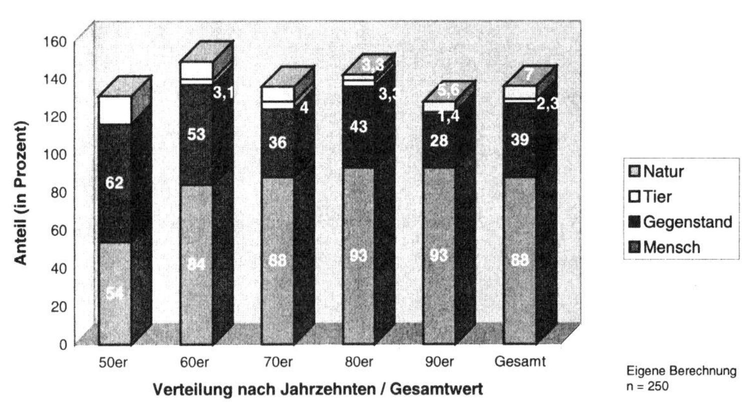

IV. Literaturverzeichnis

A

Ahlke, Karola; **Hinkel**, Jutta (1999): Sprache und Stil: ein Handbuch für Journalisten, Konstanz.

Albrecht, Richard (1982): Bild-Wirkung - Annäherung an die Wirksamkeit einer Institution, in: Neue Politische Literatur, 27 (1982) 3, S. 351-374.

Albrecht, Richard: BILD-Wirkung (II): Neue Ansichten einer alten Einrichtung, in: Neue Politische Literatur, 31 (1986) 1, S. 274-286.

Ames, Steven E. (1989): Elements of newspaper design, mit einem Vorwort von Edmund C. Arnold, New York.

Arens, Karl P. (1973): Manipulation. Kommunikationspsychologische Untersuchung mit Beispielen aus den Zeitungen des Springer-Konzerns, Berlin.

Atteslander, Peter (1995): Methoden der empirischen Sozialforschung, 8. Aufl., Berlin; New York.

Axel Springer Verlag (Hrsg.) (1999): Bild: Daten und Fakten, Hamburg.

Axel Springer Verlag (Hrsg.) (o.J.): Anzeigenpreisliste Nr. 53, gültig ab 1.1.2000, Hamburg o.J., S. 15.

B

Baader, Renate (1993): Was ist publizistische Qualität? Ein Annäherungsversuch am Beispiel Wissenschaftsjournalismus, in: Bammé u.a. (1993), S. 17-39.

Bammé, Arno u.a. (Hrsg.) (1993): Publizistische Qualität. Probleme und Perspektiven ihrer Bewertung, München; Wien.

Barmettler, Clemens (1996): Kommunikations-Design, in: Pürer (1996), S. 273-300.

BDZV (Hrsg.) (1998): Zeitungen `98, Bonn.

Beifuß, Hartmut u.a. (1994): Bildjournalismus. Ein Handbuch für Ausbildung und Praxis, 2., völl. neu überarb. Aufl., hrsg. von Rolf Sachsse, München.

Bentele, Günter (1988): Wie objektiv können Journalisten sein? In: Erbring, Lutz u.a. (Hrsg.): Medien ohne Moral. Variationen über Journalismus und Ethik, Berlin, S. 196-225.

Bentele, Günter; Hesse, Kurt R. (Hrsg.) (1994): Publizistik in der Gesellschaft, Konstanz.

Bergmann, Jörg R. (1994): Datailisierung - Typisierung - Skandalisierung: Über das (unterhaltsame) Konstruieren von Wirklichkeit in der Klatschkommunikation, in: Bosshart; Hoffmann-Riem (1994), S. 114-125.

Bericht zur Lage des Journalismus in Österreich (1998). Erhebungsjahr 1997, hrsg. vom Institut für Publizistik und Kommunikationswissenschaft der Universität Salzburg, Abteilung für Angewandte Kommunikationswissenschaft / Studienschwerpunkt Journalistik, Salzburg.

Bermes, Jürgen (1989): Der Streit um die Presse-Selbstkontrolle: Der Deutsche Presserat. Eine Untersuchung zu Arbeit und Selbstreform des Selbstkontrollgremiums der bundesdeutschen Presse, Dortmund.

Bessermann, Hans (1979): Der Fall Günter Wallraff, Mainz.

Biere, Bernd Ulrich; **Henne**, Helmut (Hrsg.) (1993): Sprache in den Medien nach 1945, Tübingen.

Blum, Joachim; **Bucher**, Hans-Jürgen (1998): Die Zeitung: Ein Multimedium. Textdesign – ein Gestaltungskonzept für Text, Bild und Grafik, hrsg. von Michael Haller, Konstanz.

Blumer, Jay G.; **Katz**, Elihu (1974): The Uses of Mass Communication: Current Perspectives on Gratification Research, Beverly Hills; London.

Böll, Heinrich (1974): Die verlorene Ehre der Katharina Blum oder: Wie Gewalt entstehen und wohin sie führen kann, Köln; Berlin.

Böll, Heinrich (1984): BILD – Bonn – Boenisch. Bornheim-Merten.

Bollinger, Ernst (1996): Pressegeschichte II. 1840-1930: Die goldenen Jahre der Massenpresse, Freiburg (Schweiz).

Bonfadelli, Heinz; **Hättenschwiler**, Walter (Hrsg.) (1998): Einführung in die Publizistikwissenschaft. Eine Textsammlung. 3., erw. Aufl., Zürich.

Bonfadelli, Heinz (1999): Medienwirkungsforschung I: Grundlagen und theoretische Perspektiven, Konstanz.

Bosshart, Louis; **Hoffmann-Riem**, Wolfgang (Hrsg.) (1994): Medienlust und Mediennutz. Unterhaltung als öffentliche Kommunikation, München.

Boventer, Hermann (1989): Pressefreiheit ist nicht grenzenlos, Bonn.

Branahl, Udo (1999): Der Beitrag des Medienrechts zur Qualitätssicherung im Journalismus, in: Schäfer, Ulrich P. u.a. (Hrsg.): Journalismus in Theorie und Praxis: Beiträge zur universitären Journalistenausbildung, Konstanz, S. 173-195.

Bredow, Rafaela Gräfin von (1995): Boulevard light für Ostberlin, in: Sage & Schreibe (1995) 3, S. 16-17.

Brielmaier, Peter; **Wolf**, Eberhard (1997): Zeitungs- und Zeitschriftenlayout, Konstanz.

Bruck, Peter A. (Hrsg.) (1991a): Das österreichische Format. Kulturkritische Beiträge zur Analyse des Medienerfolges „Neue Kronen Zeitung", Wien.

Bruck, Peter A. (Hrsg.) (1991b): Die Mozart Krone. Zur Empörung eines Boulevardblattes und der medialen Konstruktion eines Kulturkampfes, Wien u.a.

Bruck, Peter A.; **Stocker**, Günther (1996): Die ganz normale Vielfältigkeit des Lesens. Zur Rezeption von Boulevardzeitungen, Münster.

Brumm, Dieter (1980): Sprachrohr oder Volksseele? Die BILD-Zeitung, in: Thomas, Michael Wolf: Portraits der deutschen Presse. Politik und Profit, Berlin, S. 127-143.

Buchwald, Manfred (1992): Ist Ethik eine journalistische Handlungsmaxime? In: Haller; Holzey (1992), S. 178-187.

Bühl, Achim; **Zöfel**, Peter (1998): SPSS für Windows 7.5. Praxisorientierte Einführung in die moderne Datenanalyse. 4., überarb. und erw. Aufl., Bonn u.a.

Bürgi, Jürg (Hrsg.) (1984): BLICK – immer dabei. Die tägliche Inszenierung des gesunden Volksempfindens, Basel.

Büscher, Hartmut (1996): Emotionalität in Schlagzeilen der Boulevardpresse. Frankfurt (Main) u.a.

Burger, Harald (1984): Sprache der Massenmedien, Berlin; New York.

Burkart, Roland (1998): Kommunikationswissenschaft. Grundlagen und Problemfelder. Umrisse einer interdisziplinären Sozialwissenschaft, 3. überarb. und aktual. Aufl., Wien u.a.

C - D

Chmelir, Wolfgang; **Scheschy**, Wilfried (1996): Auf Augenhöhe mit dem Leser, in: Medien Journal (1996) 2, S. 27-35.

Custer, Ueli (1997): Tränen, Tiere und Tore, in: Media Spectrum (1997) 2-3, S. 42-44.

Dehm, Ursula (1984): Fernsehunterhaltung. Zeitvertreib, Flucht oder Zwang? Eine sozialpsychologische Studie zum Fernseh-Erleben, Mainz.

Der Duden (1996): in 12 Bänden, hrsg. vom Wissenschaftlichen Rat der Dudenredaktion. Auf der Grundlage der neuen amtlichen Rechtschreibregeln. Bd.1: Die deutsche Rechtschreibung. 21., völl. neu bearb. und erw. Aufl., Mannheim u.a.

Deutscher Presserat (Hrsg.) (o.J.): Freiwillige Selbstkontrolle gedruckter Medien, Bonn o.J.

Deutscher Presserat (Hrsg.) (o.J.): Publizistische Grundsätze (Pressekodex) - Richtlinien für die publizistische Arbeit nach Empfehlungen des Deutschen Presserats – Beschwerdeordnung, Bonn o.J.

Deutscher Presserat (1996): Schwarz-Weiss-Buch, Bd. 2: Spruchpraxis Deutscher Presserat 1990-1995, hrsg. vom Trägerverein des Deutschen Presserats, Bonn.

Deutscher Presserat (1997): Jahrbuch 1996, Bonn.

Deutscher Presserat (1998): Jahrbuch 1997, Bonn.

Deutscher Presserat (1999): Jahrbuch 1998, hrsg. vom Trägerverein des Deutschen Presserats, Konstanz.

Donohew, Lewis (1982): Newswritig Styles: What Arouses the Reader? In: Newspaper Research Journal (1982) 3, S. 3-6.

Donsbach, Wolfgang (1991): Medienwirkung trotz Selektion. Einflussfaktoren auf die Zuwendung zu Zeitungsinhalten, Köln u.a.

Donsbach, Wolfgang (1992): Instrumente der Qualitätsmessung – Internationale Entwicklung, in: Pressefreiheit – Pressewahrheit. Kritik und Selbstkritik im Journalismus, Erlangen.

Dovifat, Emil (1990): Der amerikanische Journalismus, hrsg. von Stephan Ruß-Mohl, Berlin.

Dovifat, Emil (1930): Auswüchse der Sensations-Berichterstattung, Stuttgart.

Dovifat, Emil (1940): Boulevard-Presse, in: Heide, Walther (Hrsg.): Handbuch der Zeitungswissenschaft, Bd. 1, Leipzig, S. 645-651.

Dovifat, Emil; **Wilke**, Jürgen (1976): Zeitungslehre I: Theoretische und rechtliche Grundlagen. Nachricht und Meinung. Sprache und Form. 6., neu bearb. Aufl., Berlin; New York.

E

Eilders, Christiane (1997): Nachrichtenfaktoren und Rezeption. Eine empirische Analyse zur Auswahl und Verarbeitung politischer Information, Opladen.

Eilders, Christiane; **Wirth**, Werner (1999): Die Nachrichtenwertforschung auf dem Weg zum Publikum: Eine experimentelle Überprüfung des Einflusses von Nachrichtenfaktoren bei der Rezeption, in: Publizistik (1999) 1, S. 35-57.

Eilders, Christiane (1999): Zum Konzept der Selektivität: Auswahlprozesse bei Medien und Publikum. In: Wirth, Werner; Schweiger, Wolfgang (Hrsg.): Selektion im Internet. Empirische Analysen zu einem Schlüsselkonzept, Opladen; Wiesbaden, S. 13-42.

Eilers, Jürgen (1978): Sport in 12 Cicero: Gesetze der Boulevardpresse, in: Hackforth, Josef; Weischenberg, Siegfried (Hrsg.): Sport und Massenmedien, Bad Homburg, S. 215-224.

Esser, Frank (1998): Die Kräfte hinter den Schlagzeilen. Englischer und deutscher Journalismus im Vergleich, Freiburg; München.

Enzensberger, Hans Magnus (1983): Der Triumph der BILD-Zeitung oder Die Katastrophe der Pressefreiheit, in: Merkur (1983) 6, S. 651-659.

F

Fabris, Hans Heinz (1996): Zur Wiederentdeckung journalistischer Qualität, in: Medien Journal (1996), 2, S. 3-16.

Fabris, Hans Heinz (1997): Hoher Standard, Qualität und Qualitätssicherung im Journalismus, in: Renger; Siegert (1997), S. 69-92.

Fabris, Hans Heinz u.a. (Hrsg.) (1999): Journalismus in der Informationsgesellschaft: Antworten aus Theorie und Praxis, Innsbruck; Wien.

Fasel, Christoph (1999): Monogramme des Inhalts, in: Journalist (1999) 9, (Beilage „Sage & Schreibe Werkstatt"), S. 2-4.

Faulstich, Werner (1995): Zeitung, in: Ders. (Hrsg.): Grundwissen Medien, 2. Aufl., München, S. 362-375.

Festinger, Leon (1973): Die Lehre von der „kognitiven Dissonanz“, in: Schramm, Wilbur (Hrsg.): Grundlagen der Kommunikationsforschung, München, S. 27-38.

Frank, Michael (2000): Wenn Cato dichtet, in: Süddeutsche Zeitung, 3.1.2000.

Früh, Werner (1980): Lesen, Verstehen, Urteilen: Untersuchungen über den Zusammenhang von Textgestaltung und Textwirkung, Freiburg.

Früh, Werner (1998): Inhaltsanalyse. Theorie und Praxis, 4., überarb. Aufl., Konstanz.

G

Garcia, Mario R. (1995): Ein neues Design hilft, auch die Inhalte neu zu organisieren, in: Flöper, Berthold L.; Raue, Paul-Josef (Hrsg.): Zeitung der Zukunft. Zukunft der Zeitung: Bilanz – Konzepte – Visionen, Bonn, S. 167-180.

Glotz, Peter; **Langenbucher**, Wolfgang R. (1969): Der mißachtete Leser. Zur Kritik der deutschen Presse, Köln; Berlin.

Göpfert, Winfried (1993): Publizistische Qualität: Ein Kriterien-Katalog, in: Bammé u.a. (1993), S. 99-110.

Grimm, Jürgen (1992): Lust an der Angst. Grenzerfahrungen der Unterhaltung, in: Bertelsmann Briefe (Oktober 1992), S. 58-61.

Groth, Otto (1995): Vermittelte Mitteilung: Ein journalistisches Modell der Massenkommunikation, hrsg. von Wolfgang R. Langenbucher, München.

Grunenberg, Nina (1966): Zirkus-Umbruch animiert zum Lesen, in: Die Zeit (1966) 47, S. 44f.

H

Haas, Hannes; **Pürer**, Heinz (1992): Berufsauffassungen im Journalismus, in: Stuiber, Heinz-Werner; Pürer, Heinz (Hrsg.): Journalismus. Anforderungen, Berufsauffassung, Verantwortung, Nürnberg 1992, S. 71-83.

Haas, Hannes; **Lojka**, Klaus (1998): Qualität auf dem Prüfstand. Bedingungen einer kommunikativen Leistungsdiagnostik für Journalismus und Öffentlichkeitsarbeit, in: Duchkowitsch, Wolfgang (Hrsg.): Journalismus als Kultur: Analysen und Essays, Opladen; Wiesbaden 1998, S. 115-132.

Hagen, Lutz M. (1995): Informationsqualität von Nachrichten. Meßmethoden und ihre Anwendung auf die Dienste von Nachrichtenagenturen, Opladen.

Haller, Michael; **Holzey**, Helmut (Hrsg.) (1992): Medienethik. Beschreibungen, Analysen, Konzepte; Opladen.

Haller, Michael (1995): Die Suche nach der wahren Empfindung, in: Sage & Schreibe (1995) 3, S. 8-9.

Haller, Michael (1997): Boulevard: ein Kunststück, in Sage & Schreibe (1997) 7-8, S. 19.

Haller, Michael (1999): Recherchieren. Ein Handbuch für Journalisten, 5., überarb. Aufl., Konstanz.

Haller, Michael (2000): Prüfen mit System, in: journalist (2000) 11, S. 16-19.

Hartmann, Frank (1995): Mit gebremstem Schaum, in: Sage & Schreibe (1995) 3, S. 10-12.

Hartmann, Thomas (1995): Transfer-Effekte – Der Einfluß von Fotos auf die Wirksamkeit nachfolgender Texte, Frankfurt (M.) u.a.

Hasebrink, Uwe (1997): Die Zuschauer als Fernsehkritiker. Anmerkungen zum vermeintlichen Mißverhältnis zwischen „Qualität" und „Quote", in: Weßler u.a. (1997), S. 202-215.

Heinze, Thomas (1990): Medienanalyse. Ansätze zur Kultur- und Gesellschaftskritik, Opladen.

Heijnk, Stefan (1990): Textoptimierung für Printmedien. Theorie und Praxis journalistischer Textproduktion, Opladen.

Held, Barbara; **Simeon**, Thomas (1994): Aufbruch im Osten: Kaufzeitungen – gedruckte Helfer in der Not? In: Reiter; Ruß-Mohl (1994), S. 202-231.

Henne, H. (1988): Stichwort Umgangssprache. Werkstattbericht zum neuen ‚Paul', in: Munske, H.H. u.a. (Hrsg): Deutscher Wortschatz. Lexikologische Studien, Berlin; New York, S. 813-826.

Holly, Werner; **Biere**, Bernd Ulrich (Hrsg.) (1988): Medien im Wandel, Opladen; Wiesbaden.

Holtz-Bacha, Christina (1989): Unterhaltung ernst nehmen. Warum sich die Kommunikationswissenschaft um den Unterhaltungsjournalismus kümmern muß, in: Media Perspektiven (1989) 4, S. 200-206.

Hortzitz, Nicoline (1997): Von den unmenschlichen Taten des Totengräbers Heinrich Krahle zu Frankenstein. Und andere wahrhaftige „Neue Zeitungen" aus der Frühzeit der Sensationspresse, Frankfurt (M.).

Hruska, Verena (1995): Die Zeitungsnachricht. Information hat Vorrang, 2. Aufl., Bonn.

Huber, Christian (1998): Das Journalismus-Netzwerk. Wie mediale Infrastrukturen journalistische Qualität beeinflussen, Innsbruck; Wien.

Huber, Christian (1996): Nachricht und Meinung. Ist ihre Trennung ein journalistisches Qualitätskriterium? In: Medien Journal (1996) 2, S. 36-46.

Huh, Michael (1996): Bild-Schlagzeilen: Wie das Fernsehen Nachrichten erfolgreich vermarktet, Konstanz.

Hummel, Roman (1991): Journalistische Spielarten. Zur Einordnung des Boulevardjournalismus, in: Bruck (1991a), S. 184-197.

Hutt, Allen (1973): The Changing Newspaper. Typographic Trends in Britain and America 1622-1972, London.

I - J

Ionescu, Andra (1996): Kriminalberichterstattung in der Tagespresse. Eine empirische Untersuchung der Tageszeitungen BILD, Nürnberger Nachrichten und Süddeutsche Zeitung im Zeitraum Januar und Juni 1989, Erlangen.

Jacobi, Claus (1996): BILD - vom Groschenblatt zur nationalen Institution, in: Ders.: 50 Jahre Axel Springer Verlag, Hamburg 1996, S. 86-103.

Jakobs, Hans-Jürgen; **Müller**, Uwe (1990): Augstein, Springer & Co. Deutsche Mediendynastien. Zürich; Wiesbaden.

Jansen, Bernd; **Klönne**, Arno (Hrsg.) (1968): Imperium Springer. Macht und Manipulation, Köln.

Joch-Robinson, Gertrude (1973): 25 Jahre Gatekeeper-Forschung: Eine historische Rückschau und Bewertung, in: Aufermann, Jörg u.a. (Hrsg.): Gesellschaftliche Kommunikation und Information, Frankfurt (Main) 1973, S. 344-355.

Jungmeister, Walter-Alexander (1991): Das Bildmaterial von Schweizer Tageszeitungen. Wirklichkeitskonstruktion durch rituelle Redundanz. Eine vergleichende inhaltsanalytische Untersuchung zu Form und Funktion der Presseillustration, Zürich.

K

Kaiser, Ulrike (2000): Mit Maß und Ziel, in: journalist (2000) 11, S. 10-15.

Karmasin, Matthias (1996): Qualität im Journalismus. Ein medienökonomisches und medienethisches Problem. Theoretische und empirische Ansätze, in: Medien Journal (1996) 2, S. 17-26.

Kepplinger, Hans Mathias (1989): Theorien der Nachrichtenauswahl als Theorien der Realität, in: Aus Politik und Zeitgeschehen. Beilage zur Wochenzeitung Das Parlament, 7. April 1989, S. 3-16.

Kimmel, Regine (1995): Schmuddelkinder der Großstadt, in: Sage & Schreibe (1995) 3, S. 13.

Klein, Marie-Luise; **Pfister**, Gertrud (1985): Goldmädel, Rennmiezen und Turnküken. Die Frau in der Berichterstattung der BILD-Zeitung, Berlin.

Klingemann, Hans-Dieter; **Klingemann**, Ute (1983): „Bild" im Urteil der Bevölkerung. Materialien zu einer vernachlässigten Perspektive, in: Publizistik (1983) 2, S. 239-259.

Knieper, Thomas (Hrsg.) (1993): Statistik. Eine Einführung für Kommunikationsberufe, München.

Knieper, Thomas (1998): Der „Ausländer" im Spiegel der politischen Karikatur Deutschlands, in: Quandt, Siegfried; Gast, Wolfgang (Hrsg.):

Deutschland im Dialog der Kulturen: Medien, Images, Verständigung. Konstanz 1998, S. 101-113.

Kobré, Kenneth (1996): Photo Journalism: The Professional's Approach, Boston u.a.

Koschnick, Wolfgang (1990): Am Anfang steht das Bild, in: Die Zeitung (1990) 10, S. 6.

Koschnick, Wolfgang J. (1998): Abkehr vom Boulevard, in: journalist (1998) 11, S. 12-22.

Koszyk, Kurt; **Pruys**, Karl Hugo (Hrsg.) (1973): dtv-Wörterbuch zur Publizistik, 3. Aufl., München.

Kotsch, Ralph (1999): Autsch, umgeknickt. Auch 1999 hat „Bild" die Karrieren von Verona Feldbusch und Nadja Abdel Farrag kräftig gefördert, in: Berliner Zeitung, 31.12.1999.

Kottwitz, Gisela (1970): Entwicklung von Kategorien zur vergleichenden Analyse von Bildaussagen in Zeitungen. – Überprüfung ihrer Verwendbarkeit am Beispiel einer Untersuchung der Bilder der Bildzeitung und der Frankfurter Allgemeinen Zeitung für Deutschland im Zeitraum vom 1.5.-31.10.67, Berlin.

Kromrey, Helmut (1990): Empirische Sozialforschung, Opladen.

Kroppach, Dieter (1976): Journalistische Aussageweisen. Ein Beitrag zur Sprache der Presse, in: Publizistik 21 (1976) 2, 196-207.

Krüger, Udo Michael (1996): Boulevardisierung der Information im Privatfernsehen, in: Media Perspektiven (1996) 7, S. 362-374.

Kruip, Gudrun (1999): Das „Welt"-„Bild" des Axel Springer Verlags. Journalismus zwischen westlichen Werten und deutschen Denktraditionen, München.

Küchenhoff, Erich u.a. (1972): BILD-Verfälschungen. Analyse der Berichterstattung dre BILD-Zeitung über Arbeitskämpfe, Gewerkschaftspolitik, Mieten, Sozialpolitik. Teil 1: Analyse. Frankfurt (Main).

Küpper, Norbert (1994): Das Zeitungs-Layout, in: Medium Magazin (1994) 3, Beilage „Journalisten-Werkstatt".

Küpper, Norbert (1999): Farbe (Beilage „Werkstatt"), in: Medium Magazin (1999) 8, S. 9.

L

Langenbucher, Wolfgang R.; **Mahle**, Walter (1974): Unterhaltung als Beruf. Herkunft, Vorbildung, Berufsweg und Selbstverständnis einer Berufsgruppe. Berlin.

Langer, Inghard; **Schulz von Thun**, Friedemann; **Tausch**, Reinhard (1999): Sich verständlich ausdrücken. 6., neu bearb. Auflage, München.

La Roche, Walther von (1992): Einführung in den praktischen Journalismus. 13., neu bearb. Aufl., München; Leipzig.

Leyendecker, Hans (1999): Das Blatt wendet sich, Süddeutsche Zeitung, 06.02.1999.

Lohmeyer, Henno (1992): Springer: Ein deutsches Imperium. Geschichte und Geschichten, Berlin.

Lüger, Heinz-H. (1995): Pressesprache, 2., neu bearb. Aufl., Tübingen.

Luger, Kurt (1991): Normalität als Ideologie. Die Lebenswelt der Kronen Zeitungs-Gemeinde, in: Bruck (1991), S. 53-64.

M

Macias, José (1990): Die Entwicklung des Bildjournalismus, München u.a.

Maurer, H. (1972): Die Entwicklung der englischen Zeitungsschlagzeile von der Mitte der zwanziger Jahre bis zur Gegenwart, Bern.

McQuail, Denis (1994): Mass Communication Theory. An Introduction, 3. Aufl., London u.a.

Meissner, Michael (1994): Zeitungsgestaltung. Typografie, Satz und Druck, Layout und Umbruch. 2., erw. Aufl., München.

Message (1999). Internationale Fachzeitschrift für Journalismus, (1999) 1.

Mende, Marcus (1996): Sensationalismus als Produktgestaltungsmittel. Eine empirische Analyse über die verlegerische und journalistische Orientierung am Sensationsbedürfnis in der deutschen Presse zwischen 1914 und 1933, Köln.

Mendelssohn, Peter de (1982): Zeitungsstadt Berlin. Menschen und Mächte in der Geschichte der deutschen Presse, überarb. und erw. Aufl., Frankfurt (Main) u.a.

Merten, Klaus (1995): Inhaltsanalyse. Einführung in Theorie, Methode und Praxis, 2., verb. Aufl., Opladen.

Meyer, Werner; **Frohner**, Jürgen (1979ff): Journalismus von heute. Loseblattsammlung, (Stand: 18. Ergänzungslieferung: 1996), Starnberg.

Meyer, Werner (1997): Zeitungspraktikum, 3., überarb. Aufl., hrsg. von Mercedes Riederer, Starnberg.

Meyers Lexikonredaktion (1995): Meyers Großes Taschenlexikon in 24 Bänden. 5., überarbeitete Auflage, Mannheim u.a.

Meyn, Hermann (1989): Moralische Instanz. Der deutsche Presserat und seine Entwicklung, in: Medium (1989) 2, S. 34-38.

Meyn, Hermann (1999): Massenmedien in Deutschland, Konstanz.

Minzberg, Martina (1999): BILD-Zeitung und Persönlichkeitsschutz. Vor Gericht und Presserat: Eine Bestandsaufnahme mit neuen Fällen aus den 90er Jahren. Baden-Baden.

Mittelberg, Ekkehart (1967): Wortschatz und Syntax der BILD-Zeitung, Marburg.

Mittelberg, Ekkehart (1968): Die Boulevardpresse im Spannungsfeld der Technik. Eine Sprachanalyse anhand der BILD-Zeitung, in: Muttersprache 78 (1968), S. 1-21.

Mittelberg, Ekkehart (1970a): Die Problematik und die Sprache der human interest story, in: Der Deutschunterricht 22 (1970) 6, S. 5-11.

Mittelberg, Ekkehart (1970b): Sprache in der Boulevardpresse, Stuttgart 1970.
Moen, Daryl R. (1989): Newspaper Layout and Design, 2. Aufl., Ames.
Müller, Hans Dieter (1968): Der Springer-Konzern. Eine kritische Studie, München.

N - O

Naeher, Gerhard (1991): Axel Springer: Mensch, Macht, Mythos. Erlangen u.a.
Neukirchen, Thomas (1995): Zwischen allen Stühlen, in: Sage & Schreibe (1995) 3, S. 14-15.
Noelle-Neumann, Elisabeth; **Schulz**, Winfried; **Wilke**, Jürgen (Hrsg.) (1997): Fischer Lexikon Publizistik – Massenkommunikation. Frankfurt (Main).
Nussberger, Ulrich (1984): Das Pressewesen zwischen Geist und Kommerz, Konstanz.
Ossorio-Capella, Carles (1972): Der Zeitungsmarkt in der Bundesrepublik Deutschland, Frankfurt (Main).
O.V.: Pest und Cholera, in: Der Spiegel, 06.07.1992, S. 46f.
O.V.: „Gefahr für uns alle“, in: Der Spiegel, (1968) 19, S. 42-46.

P

Pürer, Heinz (1992): Ethik in Journalismus und Massenkommunikation. Versuch einer Theorie-Synopse, in: Publizistik (1992) 3, S. 304-321.
Pürer, Heinz (1993): Einführung in die Publizistikwissenschaft. Systematik, Fragestellungen, Theorieansätze, Forschungstechniken. 5., überarb. Aufl., München.
Pürer, Heinz; **Raabe**, Johannes (1996): Medien in Deutschland. Bd. 1: Presse. 2., korr. Aufl., Konstanz 1996.
Pürer, Heinz (Hrsg.) (1996): Praktischer Journalismus in Zeitung, Radio und Fernsehen. Mit einer Berufs- und Medienkunde für Journalisten in Österreich, Deutschland und der Schweiz, 2., überarb. und erw. Aufl., Konstanz.

R

Rager, Günther; **Müller-Gerbes**, Sigrun; **Weber**, Bernd (Hrsg.) (1993): Leselust statt Pflichtlektüre: Die unterhaltsame Tageszeitung, Münster; Hamburg.
Rager, Günther; **Haase**, Helga; **Weber**, Bernd (Hrsg.) (1994): Zeile für Zeile – Qualität in der Zeitung, Münster; Hamburg.
Rager, Günter (1994): Dimensionen der Qualität. Wege aus den allseitig offenen Richter-Skalen? In: Bentele; Hesse (1994), S. 189-209.

Reger, Harald (1974a): Die Idiomatik der Boulevardpresse, in: Muttersprache 84 (1974), S. 230-239.

Reger, Harald (1974b): Die Metaphorik in der Boulevardpresse, in: Muttersprache 84 (1974), S. 314-325.

Rehe, Rolf F. (1985): Typography and design for newspapers, Darmstadt.

Reiter, Sibylle; **Ruß-Mohl**, Stephan (Hrsg.) (1994): Zukunft oder Ende des Journalismus? Publizistische Qualitätssicherung, Medienmanagement, redaktionelles Marketing, Gütersloh.

Renger, Rudi; **Rest**, Franz (1996): Optik für Alphabeten. Printmediale Qualität durch Gestaltung, in: Medien Journal (1996) 2, S. 47-56.

Renger, Rudi; **Siegert**, Gabriele (Hrsg.) (1997): Kommunikationswelten: wissenschaftliche Perspektiven zur Medien- und Kommunikationsgesellschaft, Innsbruck; Wien.

Renger, Rudi (1999): Heiter bis wolkig. Unterhaltung und Journalismus in der Mediengesellschaft, in: Latzer, Michael u.a. (Hrsg.): Phänomene und Trends in der Informationsgesellschaft, Innsbruck u.a., S. 293-311.

Reumann, Kurt (1997): Journalistische Darstellungsformen, in: Noelle-Neumann u.a. (1997), S. 91-116.

Riedmiller, Thomas (1988): Arbeitslosigkeit als Thema der Bildzeitung, Tübingen.

Rist, Tom (1975): Nachrichten in Schlagzeilen. Zur Syntax der Headline, in: Straßner, Erich (Hrsg.): Nachrichten. Entwicklungen - Analysen - Erfahrungen, München, S. 112-126.

Römer, Dieter (1997): Liebe, Triebe, Hiebe, in: Focus (1997) 29, S. 142.

Rogge, Jan-Uwe (1988): Gefühl, Verunsicherung und sinnliche Erfahrung. Zur Aneignung von populären Medien im Prozess der Zivilisation, in: Publizistik (1988) 2-3, S. 243-263

Roll, Evelyn (1999): Vorschreiben, was die Leute denken, in: Süddeutsche Zeitung, 16.06.1999.

Ronneberger, Franz (1994): Selbstkontrolle der Medien, in: Schiwy, Peter; Schütz, Walter J.: Medienrecht: Lexikon für Wissenschaft und Praxis, Neuwied u.a., S. 377-386.

Rühl, Manfred (1969): Die Zeitungsredaktion als organisiertes soziales System, Bielefeld.

Rühl, Manfred (1981) [Buchbesprechung], in: Publizistik (1981) 2, S. 294-296.

Rühl, Manfred; **Saxer**, Ulrich (1981): 25 Jahre Deutscher Presserat. Ein Anlaß für Überlegungen zu einer kommunikationswissenschaftlichen Ethik des Journalismus und der Massenkommunikation, in: Publizistik (1981) 4, S. 471-507.

Rühl, Manfred (1989): Organisatorischer Journalismus. Tendenzen der Redaktionsforschung, in: Kaase, Max; Schulz, Winfried: Massenkommunikation. Theorien, Methoden, Befunde. Opladen, S. 253-269.

Rühl, Manfred (1990): Operation „Gebrauchsverstehen" – Plädoyer für eine Funktionsverlagerung im Journalismus der Gegenwartsgesellschaft, in: Schmitz, Hermann-Josef; Tompert, Hella: Professionalität und Profil: Essentials eines engagierten Journalismus, Stuttgart, S. 49-68.

Ruhmöller, Thomas (1999): Zuspitzen ohne zu lügen, in: journalist (1999) 9 (Beilage: „Sage & Schreibe Werkstatt"), S. 8f.

Ruhrmann, Georg (1989): Rezipient und Nachricht: Struktur und Prozesse der Nachrichtenkonstruktion, Opladen.

Ruß-Mohl, Stephan (1992): "Am eigenen Schopfe ...". Qualitätssicherung im Journalismus. Grundfragen, Ansätze, Näherungsversuche, in: Publizistik (1992) 1, S. 83-96.

Ruß-Mohl, Stephan (1993): Netzwerke – Die freiheitliche Antwort auf die Herausforderung journalistischer Qualitätssicherung, in: Bammé u.a. (1993), S. 185-206.

Ruß-Mohl, Stephan (1994): Infrastrukturfaktor und Infrastrukturfalle. Plädoyer für ein Qualitätssicherungs-Netzwerk im Journalismus. In: Reiter; Ruß-Mohl (1994), S. 243-259.

Rust, Holger (1992): Im Wechselbad von Spaß und täglicher Entrüstung, in: Rheinischer Merkur, 31.7.1992.

S

Sandig, Barbara (1971): Syntaktische Typologie der Schlagzeile. Möglichkeiten und Grenzen der Sprachökonomie im Zeitungsdeutsch, München.

Saxer, Ulrich u.a. (1979): 20 Jahre Blick. Analyse einer schweizerischen Boulevardzeitung, Zürich.

Saxer, Ulrich; **Märki-Koepp**, Martina (1992): Medien-Gefühlskultur. Zielgruppenspezifische Gefühlsdramaturgie als journalistische Produktionsroutine, München.

Scharf, Catrin: Die unerträgliche Leichtigkeit des Seins, in: Sage & Schreibe (1997) 3, S. 10-13.

Schatz, Heribert; **Schulz**, Winfried (1992): Qualität von Fernsehprogrammen: Kriterien und Methoden zur Beurteilung von Programmqualität im dualen Fernsehsystem, in: Media Perspektiven (1992) 11, S. 690-712.

Scheuring, Christoph (1998): Der Aufmacher, in: Max (1998) 5, S. 94-102.

Schießl, Michaela (1993): Tanker in Bewegung, in: Journalist (1993) 5, S. 28-30.

Schmitz, Stefan u.a. (2000): Unser täglich ROT, in: Stern (2000) 50, S. 30-34.

Schmolke, Michael (1997): Kommunikationsgeschichte, in: Renger; Siegert (1997), S. 19-44.

Schneider, Wolf (1984): Deutsch für Profis. Wege zu gutem Stil, Hamburg.

Schneider, Wolf u.a. (1992): Unsere tägliche Desinformation. Wie die Massenmedien uns in die Irre führen, 5. Aufl., Hamburg.

Schneider, Wolf; **Raue**, Paul-Josef (1996): Handbuch des Journalismus, Reinbek bei Hamburg.

Schneider, Wolf; **Esslinger**, Detlef (1998): Die Überschrift: Sachzwänge – Fallstricke, Versuchungen – Rezepte. München.

Schnell, Rainer; **Hill**, Paul B.; **Esser**, Elke (1995): Methoden der empirischen Sozialforschung, München; Wien.

Schönbach, Klaus (1992): Erträge der Medienwirkungsforschung für eine Medienethik, in: Halle; Holzey (1992), S. 97-103.

Schramm, Wilbur (1949): The Nature of News, in: Journalism Quarterly (1949) 3, S. 259-269.

Schröter, Detlef (1988): Mitteilungs-Adäquanz: Studien zum Fundament eines realitätsgerechten journalistischen Handelns, in: Wagner, Hans (Hrsg.): Idee und Wirklichkeit des Journalismus. Beiträge aus Wissenschaft und Praxis, München, S. 175-216.

Schümer, Dirk (1994): Buntes Sortiment, in: Journalist (1994) 11, S. 40-43.

Schütz, Alfred (1971): Das Problem der Relevanz. Frankfurt (M.).

Schütz, Walter J. (1997): Pressewirtschaft, in: Noelle-Neumann u.a. (1997), S. 452-475.

Schütz, Walter J (2000): Deutsche Tagespresse 1999, in: Media Perspektiven (2000) 1, S. 8-29

Schuler, Thomas (1998): Lebenslänglich Kisch-Preisträger, in: Berliner Zeitung, 26.11.1998.

Schulte-Willekes, Hans (1977): Schlagzeile: Ein „BILD"-Reporter berichtet. Reinbek bei Hamburg.

Schulze, Rudolf (1993): Qualität ist, was sich verkauft, in: Bammé u.a. (1993), S. 235-255.

Schulz, Winfried (1976): Die Konstruktion von Realität in den Massenmedien. Freiburg; München.

Schuster, Martin; **Wickert**, Johannes (1989): Die Metapher als Figur der Bildkommunikation, in: Schuster, Martin; Woschek, Bernard P.: Nonverbale Kommunikation durch Bilder, Stuttgart, S. 53-57.

Schwitalla, Johannes (1993): Textsortenwandel in den Medien nach 1945 in der Bundesrepublik Deutschland: ein Überblick, in: Biere; Henne (1993), S. 1-29.

Sennett, Richard (1983): Verfall und Ende des öffentlichen Lebens. Die Tyrannei der Intimität, Frankfurt (M.).

Sontheimer, Michael (1995): Ein hartes Blatt. Journalismus an der Grenze der Geschmacklosigkeit, in: Spiegel Special (1995) 1: Die Journalisten, S. 38-43.

Springer, Axel (1972): Von Berlin aus gesehen. Zeugnisse eines engagierten Deutschen. Stuttgart.

Staab, Joachim F. (1990): Nachrichtenwert-Theorie. Formale Struktur und empirischer Gehalt, Freiburg.

Stahmer, Frank (1995): Ökonomie des Presseverlages, München.

Stark, Pegie (1992): Einige Anmerkungen zum Einsatz von Farbe in der Zeitung, in: Zeitungstechnik (1992) 6, S. 18-20.

Starkulla, Heinz (1993): Marktplätze sozialer Kommunikation. Bausteine zu einer Medientheorie, München.

Steinbrenner, Kathrin (1992): The Sun. Portrait einer englischen Boulevardzeitung. München (unveröffentl. Magisterarbeit).

Stevens, John D. (1991): Sensationalism and the New York Press, New York.

T - V

Taylor, S.J. (1992): Shock! Horror! The Tabloids in Action, London.

Thomas, Hans (1994): Was scheidet Unterhaltung von Information, in: Bosshart; Hoffmann-Riem (1994), S. 61-80.

Tunstall, Jeremy (1983): The Media in Britain, New York.

Vogtel, Roland (1986): Die Gefühle der BILD-Zeitung, in: Psychologie und Gesellschaftskritik, 10 (1986) 1, S. 41-70.

Voss, Cornelia (1999): Textgestaltung und Verfahren der Emotionalisierung in der BILD-Zeitung, Frankfurt (M.) u.a.

W

Wallisch, Gianluca (1995): Journalistische Qualität. Definitionen – Modelle – Kritik, Konstanz.

Wallraff, Günter (1981): Das BILD-Handbuch bis zum Bildausfall, Berlin.

Wallraff, Günter (1982): Der Aufmacher. Der Mann, der bei BILD Hans Esser war, veränderte und erw. Neuaufl., Köln.

Weber, Klaus (1980): Die Sprache der Sexualität in der BILD-Zeitung. Ein interdisziplinärer Versuch über formal-synthetische Literatur, Berlin.

Wehnelt, Joachim (1999): Abschied vom Boulevard, in: Die Woche, 26.11.1999.

Weischenberg, Siegfried (1990a): Nachrichtenschreiben. Journalistische Praxis zum Studium und Selbststudium, 2. durchges. Aufl., Opladen.

Weischenberg, Siegfried (1990b): Spielregeln der „Mediengesellschaft". Was der Journalismus (uns) kostet, den wir uns leisten, in: Schmitz, Hermann-Josef; Tompert, Hella: Professionalität und Profil: Essentials eines engagierten Journalismus, Stuttgart, S. 29-48.

Weischenberg, Siegfried (1994): Die Moral der Medien und der Charme der Moral. Reflexionen zur journalistischen Ethik nach Barschel und der Wiedervereinigung, in: Bentele; Hesse (1994), S. 161-188.

Weischenberg, Siegfried; **Löffelholz**, Martin; **Scholl**, Armin (1994): Merkmale und Einstellungen von Journalisten. Journalismus in Deutschland II, in: Media Perspektiven (1994) 4, S. 154-167.

Weischenberg, Siegfried (1992/1995): Journalistik. Theorie und Praxis aktueller Medienkommunikation. Bd.1: Mediensysteme, Medienethik,

Medieninstitutionen, Opladen 1992; Bd.2: Medientechnik, Medienfunktionen, Medienakteure, Opladen.
Wember, Bernward (1983): Wie informiert das Fernsehen? 3., erw. Aufl., München.
Wenderoth, Andreas (1999): Ist die Sau gut, fliegt die Mieze, in: Die Woche, 12.03.1999.
Weßler, Hartmut u.a. (Hrsg.) (1997): Perspektiven der Medienkritik: Die gesellschaftliche Auseinandersetzung mit öffentlicher Kommunikation in der Mediengesellschaft, Opladen.
Wetzenbacher, Bernd (1998): Qualitäts-Check, in: Projektteam Lokaljournalisten (Hrsg.): Lokaljournalismus. Themen und Management, München, S. 250-254.
Wiedemann, Verena (1992): Freiwillige Selbstkontrolle der Presse: eine länderübergreifende Untersuchung, Gütersloh.
Wiegerling, Klaus (1998): Medienethik, Stuttgart.
Wilke, Jürgen (1984): Nachrichtenauswahl und Medienrealität in vier Jahrhunderten. Eine Modellstudie zur Verbindung von historischer und empirischer Publizistikwissenschaft, Berlin; New York.
Wilke, Jürgen (1996): Ethik der Massenmedien, Wien.
Wilke, Jürgen (1997): Presse, in: Noelle-Neumann u.a. (1997), S. 382-417.
Wilke, Jürgen (1998): Was heißt journalistische Qualität? Auch ein Versuch zur Bestimmung ihrer Kriterien, in: Duchkowitsch, Wolfgang (Hrsg.): Journalismus als Kultur: Analysen und Essays, Opladen; Wiesbaden, S. 133-142.
Wittwen, Andreas (1995): Infotainment: Fernsehnachrichten zwischen Information und Unterhaltung, Bern u.a.
Wodak, Ruth (1991): Jedem Österreicher seine Krone – jedem Österreicher sein Vorurteil? In: Bruck (1991a), S. 108-127.
Wolf, Martin (1998): „Freunde, das ist die Wahrheit", in: Medium Magazin (1998) 6, S. 30-36.
Wolff, Jochen (1972): Bild und Schlagzeile als Informationsträger, Frankfurt (Main).
Wunden, Wolfgang (Hrsg.) (1994): Beiträge zur Medienethik, Hamburg

Z

Zimmer, Uwe (1996): Werkstatt. (Beilage), in: Medium Magazin (1996) 9.
Zimmer, Uwe (1999): Boulevardjournalismus am Ende, in: Fabris u.a. (1999), S. 57-62.

medien SKRIPTEN

Beiträge zur Medien- und
Kommunikationswissenschaft
Herausgeber:
Prof. Dr. Dr. Michael Schenk

Band 36

Wiebke Möhring

Die Lokalberichterstattung in den neuen Bundesländern

Orientierung im gesellschaftlichen Wandel

Der gesellschaftliche Umbruch in der DDR hatte auch für den lokalen Raum weitreichende strukturverändernde Konsequenzen. Welche Bedeutung den lokalen Medien in diesem Transformationsprozess zukommt, wird in dieser Studie erstmalig empirisch untersucht. Denn einerseits sind sie selbst von den gesellschaftlichen Veränderungen betroffen, zum anderen kommt ihnen als Informationsvermittler innerhalb des Wandels eine besondere Bedeutung zu. Das Buch zeichnet die Entwicklung ostdeutscher lokaler Tageszeitungen zwischen den Jahren 1991 und 1995 nach. Wie die Zeitungen die sozialen und politischen Transformationen aufgegriffen haben und ob sie durch ihre Lokalberichterstattung den Lesern eine Orientierungshilfe bieten können - das sind die zentralen Fragen dieser Langzeituntersuchung.